Stefan Heym
Werkausgabe

Stefan Heym
Schwarzenberg

Roman

Wilhelm Goldmann Verlag

Der Wilhelm Goldmann Verlag
ist ein Unternehmen der Verlagsgruppe Bertelsmann

Made in Germany · 1. Auflage · 4/88
© 1984 Stefan Heym
Alle Rechte der deutschsprachigen Ausgabe, mit Ausnahme der Rechte der
sozialistischen Länder, C. Bertelsmann Verlag GmbH, München 1984
Umschlagentwurf: Design Team München
Karte auf Seite 8/9: Lothar Meier
Satz: IBV Satz- und Datentechnik GmbH, Berlin
Druck: Presse-Druck Augsburg
Verlagsnummer: 7114
MV · Herstellung: Gisela Ernst
ISBN 3-442-07114-3

Zwo gewaltige Nationen ringen
um der Welt alleinigen Besitz,
aller Länder Freiheit zu verschlingen,
schwingen sie den Dreizack und den Blitz
...
Ach, umsonst auf allen Länderkarten
spähst du nach dem seligen Gebiet,
wo der Freiheit ewig grüner Garten,
wo der Menschheit schöne Jugend blüht.

Schiller
Der Antritt des
Neuen Jahrhunderts

Vorbemerkung

Der Ich-Erzähler, der in längeren Abschnitten dieses Buches zu Worte kommt, ist der Genosse Ernst Kadletz aus der Stadt Schwarzenberg, der seine Erinnerungen aus der Zeit der Republik und seine Gedanken dazu für mich auf Tonband sprach. Als ich, nach Beendigung der Arbeit, mit ihm eine etwaige zukünftige Verwendung der Aufnahmen erwog und die Rechte erwähnte, die sich daraus für ihn oder seine Erben ergeben könnten, blickte er mich zunächst verständnislos an; dann winkte er ärgerlich ab und sagte: »Geschenkt!«, und nach kurzer Pause: »Ich habe mir das alles jetzt von der Seele geredet, und ich will nichts mehr damit zu tun haben.«

Im übrigen hinterließ er, wie meine Nachfragen ergaben, keine Erben. Die Tonbänder wurden später abgeschrieben und die Abschriften bis zum Tod von Kadletz an sicherem Orte aufbewahrt. Erst danach machte ich mich daran, das Vorhandene zu sichten und zu ordnen, Überlappendes zu schneiden und die Redeweise, wo nötig, mit aller Behutsamkeit zu ändern.

In den anderen Kapiteln, in denen der sogenannte allwissende Erzähler die Fäden in der Hand hat, ist der Text mein eigener.

S. H.

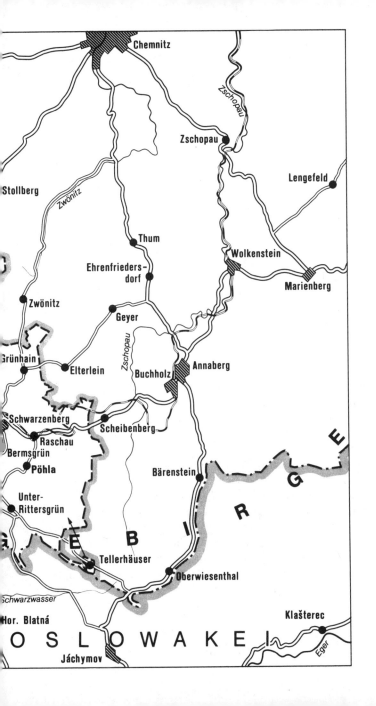

1
Aufzeichnung Kadletz:
Allgemeines

Die Republik Schwarzenberg ist nicht mehr auffindbar. Selbst das Gebiet, das einst zu ihr gehörte, ist aufgeteilt worden. Fast scheint es, als hätten gewisse Personen ein Interesse daran gehabt, alles Gedenken an sie auszulöschen, so als wäre diese kleine Republik, geleitet von wohlmeinenden und ehrlichen Leuten, keiner von ihnen hat sich in jenen Hungertagen auch nur um eine Krume Brot bereichert, etwas Schlimmes gewesen, eine Art Krankheit, eine Pestbeule, die man ausbrennt. Sie ist, wie soll man sagen, ein Nicht-Ereignis geworden; kein Wort über sie wird laut im Schulunterricht; und versuchen Sie einmal, an die Archive heranzukommen, die, durch die Zeit damals bedingt, sowieso nur Dürftiges enthalten.

Ich kann mich auch täuschen, wenn ich hinter dieser Verdrängung eines Stücks Geschichte eine Absicht vermute, welche, das liegt in der Natur der Dinge, eine politische gewesen sein müßte. Vielleicht waren die Gründe für die bald nach ihrer Besetzung erfolgte administrative Umstrukturierung der Republik und die Unterschlagung sogar des Namens Schwarzenberg durch die Neubezeichnung ihres Territoriums als Landkreis Aue auch wirklich nur verwaltungstechnischer Art, und die spätere Aufspaltung selbst dieser Verwaltungseinheit in die nunmehr viel kleineren Kreise Aue, Johanngeorgenstadt, Schwarzenberg und Schneeberg mag einfach damit zu erklären sein, daß durch eine solche Neueinteilung anstelle eines einzigen Behördenapparates ihrer vier entstehen konnten, die nun das Vierfache an Funktionärsstellen boten, mit zugehörigen Gehältern und Privilegien und zugehörigem Leerlauf. Im übrigen haben auch diese neugeschaffenen Behörden heute kaum irgendwelche Bedeutung, weil das ganze Gebiet dem Herrschaftsbereich der Wismut zugeschlagen wurde, die wie ein Staat im Staate ist, einschließlich eigener Sicherheitsorgane, und sogar einen eigenen Parteibezirk bildet, und die, nach außenhin eine Aktiengesellschaft mit fünfzig Prozent ihrer Aktien in Sowjethand, von einem sowjetischen Generaldirektor geleitet wird.

Sie wissen ja, was hinter der Firmenbezeichnung Wismut sich verbirgt: Uran, Kernenergie, die Bombe. Wenn ich mir vorstelle, wie anders die Geschichte der Republik vielleicht verlaufen wäre, hätten die Amerikaner gewußt, was da unter schwarzenbergischem Boden lagerte! Dabei hätten sie es wissen können, denn waren die Bergleute, die in früheren Zeiten in dieser Gegend nach Silber und Zinn gruben, nicht immer wieder auf Pechblende gestoßen, und waren die radioaktiven Quellen im Umkreis nicht ein bedenkenswerter Hinweis? Aber wie der Sergeant Whistler, der unter Lieutenant Lambert bei der amerikanischen Militärregierung in dem unserer Republik benachbarten Städtchen Auerbach seinen Dienst versah, während eines kleinen Beutezugs durch Schwarzenberger Photogeschäfte beiläufig vernehmen ließ, läuft das militärische Denken zumeist nur in einer Richtung, die noch dazu häufig die falsche ist. Heute beißen sich die Amerikaner in den Bauch, denn das Material für die erste Atombombe, die unsere sowjetischen Freunde zündeten, kam aus dem Territorium der Republik Schwarzenberg, und diese, im Besitz solcher Bodenschätze, hätte trotz ihres geringen Umfangs ein finanziell gesundes, wenn nicht gar wohlhabendes Staatswesen werden können, hätte man sie nicht eines Tages okkupiert und der Ostzone, wie sie damals hieß, einverleibt.

Zur Zeit ihres Endes gehörten zum Gebiet der Republik der ehemalige Landkreis Schwarzenberg und die kreisfreie Stadt Aue; kreisfrei hieß, daß diese Stadt, wir sprechen von der Periode vor Mai 1945, verwaltungsmäßig nicht dem Landrat in Schwarzenberg unterstand, sondern direkt der sächsischen Landesregierung in Dresden und, politisch, dem Gauleiter Mutschmann.

Nun werden Sie fragen, wie die Republik Schwarzenberg überhaupt entstanden ist. Geplant war ihre Gründung nicht, soviel ist sicher. Es konnte damals von irgendwelchem Planen auch gar nicht die Rede sein; die Menschen handelten in einer Art von Schock, und nur ganz wenige, wie etwa Max Wolfram oder Erhard Reinsiepe, dachten über den nächsten Tag hinaus. Dazu kam, daß in diesem Teil des Landes noch völlig unklar war, wer kommen und das Dorf oder die Stadt besetzen würde, die Russen oder die Amerikaner; die Mehrzahl der Leute, das war sogar unter den Fremdarbeitern und erst recht bei den Flüchtlingen spürbar, hoffte, es möchten die Amerikaner sein, weil diese aus einem bekanntlich sehr reichen Lande kamen und daher größere Vorräte mit sich führen würden, an die sich eventuell herankommen ließe, während die Russen, ebenso arm wie unzivilisiert und ungezügelt, und dazu rachsüchtig, die geringen Werte, die einem geblieben waren, plündern, die Weiber vergewaltigen und Gott weiß was noch für Schandtaten begehen würden.

An die Möglichkeit, daß gar keine Besatzer einrücken könnten, dachte niemand.

2
Militärisches Zwischenspiel

Sergeant James McNeill Whistler, ein Nachkomme des bekannten amerikanischen Malers James Abbott McNeill Whistler, dessen Bild »Whistler's Mother« im Louvre zu finden ist, dient zur Zeit beim Stab einer US-Panzerdivision, wo man ihn, in der Annahme, Talent sei vererbbar, als Kartenzeichner verwendet, gelegentlich aber auch, und wiederum seines Namens wegen, als Begutachter von Gemälden und anderen Kunstwerken, welche die Offiziere der Division sowie rechts und links anschließender Einheiten im Kriegsgetümmel mitgehen ließen, ohne deren Wert oder Unwert genauer zu erkennen.

Der Stab liegt an diesem 3. Mai des Jahres 1945 in einem romantisch anmutenden thüringischen Dorf, während die Spitzen der Division auf breiter Front, und ohne ersichtliche Eile, sich in Richtung Zwickau vorarbeiten, des Geburtsortes des Komponisten Robert Schumann, um von da aus auf die größtenteils zerstörte Industriestadt Chemnitz vorzustoßen. Vor Chemnitz soll dann, wie man beim Stabe erfahren hat, die ganze Bewegung zum Halten kommen, denn der in der Nähe der Stadt verlaufende 13. Längengrad ist als die vorläufige Trennlinie zwischen den sowjetischen und amerikanischen Besatzungszonen vorgesehen.

Whistler betritt, lässig grüßend, die Bauernstube, in welcher Lieutenant Lambert an einem Holztisch sitzt und, während er aus einer angeschlagenen grünen Keramiktasse Kaffee trinkt, versonnen auf ein in seiner Brieftasche steckendes, schon etwas verblaßtes Photo eines Mädchens blickt. Lieutenant Leroy Lambert, Whistlers direkter Vorgesetzter, ist der Sohn eines aus Leipzig stammenden lutherischen Pastors im Staate Wisconsin; er hat Germanistik studiert, drei Semester davon in der Heimatstadt seines Vaters, wo er eine junge Jüdin namens Esther Bernhardt kennen und lieben lernte. Seiner Deutschkenntnisse wegen ist er bereits zu einer Abteilung der amerikanischen Militärregierung abgestellt, hat aber seine Marschorder noch nicht erhalten und tut daher, wenn auch ohne großes Interesse, seinen Dienst im Divisionsstab weiter. Seit er, dicht hinter der kämpfenden Truppe, Deutschland wieder betreten hat, haben sich in seinem Wesen Änderungen vollzogen, über deren Ursachen und Auswirkungen er sich nicht ganz klar ist, die aber, ahnt er, mit einem Schuldgefühl gegenüber dem Mädchen auf dem Bilde, eben jener Esther, zu tun haben mögen. Whistler räuspert sich.

Lieutenant Lambert verstaut Brieftasche samt Photo in der Jacke seiner Uniform. »Probleme?« erkundigt er sich.

Whistler breitet, nachdem er die grüne Kaffeetasse beiseite geschoben hat, eine Karte auf dem Tisch aus. Auf dieser Karte, erkennt Lambert, hat Whistler mit blauem Farbstift eine punktierte Linie eingetragen, die westlich an Chemnitz vorbeiführt und unmittelbar nördlich der kreisfreien Stadt Aue abbricht. »Die oben«, bemerkt Whistler, »haben schon wieder Mist gebaut.«

»Inwiefern?« sagt Lambert, im Kopf noch immer die Frage, wie man in diesem wirren Deutschland oder auch weiter östlich ein lange schon verschollenes Mädchen auffinden könnte: am besten wahrscheinlich über die Militärregierung, bei der er ja arbeiten wird.

»Wie soll es von hier aus weitergehen?« sagt Whistler, auf die Stadt Aue weisend.

»Das wird Ihnen doch wohl mitgeteilt worden sein!« erwidert Lambert und versucht, sich auf die Eintragungen auf der Karte zu konzentrieren.

Whistler legt seinem Lieutenant eine auf schlechtem Papier vervielfältigte Direktive vor. »Da steht: an der Grenze des Landkreises Schwarzenberg entlang«, sagt er.

Lambert starrt auf die Karte.

Sergeant Whistler beugt sich über den Tisch. Mit seinem bläulich beschmierten Zeigefinger verfolgt er den Umriß des Landkreises Schwarzenberg, der einem etwa gleichschenkligen Dreieck ähnelt, mit dem Erzgebirgskamm bei Johanngeorgenstadt als Basis. Dann spreizt er Daumen und Mittelfinger, so daß deren Spitzen jeweils auf einem der Schenkel zu ruhen kommen. »An der Grenze entlang«, sagt er. »Aber an welcher Grenze? Der östlichen oder der westlichen?«

14

Lieutenant Lambert beginnt zu erkennen, in welch mißliche Lage er durch die unklare Direktive seiner vorgesetzten Stelle geraten ist, und er verflucht den umständlichen Dienstweg, auf dem seine Marschorder zur Militärregierung stecken geblieben sein muß. Er hat Visionen von Vorausabteilungen, russischen und amerikanischen, die sich in dem gebirgigen Gelände zwischen Aue, Schwarzenberg und Johanngeorgenstadt ineinander verstricken werden, wenn er Whistler die blaue Linie entlang der östlichen Grenze dieses verdammten Landkreises weiterführen läßt und die Sowjets zugleich mit den Panzern seiner Division dort einrücken. Wählt er aber die westliche Grenzlinie, und der Teufel will's, daß die Russen ihrerseits an der östlichen stehen bleiben, so kann es passieren, daß sich in diesen Bergen ein Widerstandsnest bildet, ein Drittes Kleinstreich sozusagen, das, einstweilen von keiner Seite bedroht, zum Asyl für allerhand hartnäckige Nazis und zum Ausgangspunkt ihrer unschönen Aktionen werden würde.

»Was meinen Sie denn, Whistler?« sagt er. »Wie würden Sie verfahren?«

»Ich«, sagt Whistler, »bin nur ein kleiner Sergeant.«

Lambert nimmt seine Brille ab und massiert die Druckstellen auf seinem Nasensattel. Man könnte versuchen, überlegt er, mit dem Korps in Verbindung zu kommen und Major Pembroke zu fragen, was der und seine Leute sich gedacht haben bei ihrer Direktive, und wenn sich, was er stark vermutet, herausstellt, daß sie dort gar nicht auf den Gedanken gekommen sind, daß jedes geschlossene Gebiet, mag es auch noch so klein sein, von Natur aus nach mehreren Himmelsrichtungen hin begrenzt ist, so ließe sich anregen, daß sie vielleicht erkunden könnten, wo die Russen haltzumachen gedenken.

Major Pembrokes Abteilung beim Stab des der Division übergeordneten Korps ist an diesem Morgen nur bedingt aktionsfähig, da die Herren in der vorhergehenden Nacht größere Mengen erbeuteten Champagners, gemischt mit Kognak, vertilgt haben. Major Pembroke, von seiner Ordonnanz aus dem Bett geholt, hängt triefäugig am Telephon und bemüht sich, seine Gedanken zu ordnen, während Lieutenant Lamberts Worte bald stärker, bald schwächer an sein Ohr dringen.

15

»Schwarzen – was?« ruft er in den Apparat. »Schwarzenberg? Wo liegt denn das? Und was, sagen Sie, ist dort?«

Lambert, am anderen Ende der notdürftig hergestellten Verbindung, versucht zu erklären: Ostgrenze, Westgrenze, die Russen.

Pembroke versteht nicht. »Wieso die Russen? Was haben Sie mit den Russen?«

Lambert setzt ihm die Situation noch einmal auseinander. Er hält seine Sätze simpel, Subjekt, Prädikat, Objekt.

»Und was sollen wir tun?« schreit Pembroke. »Verbindung aufnehmen – mit den Russen? Wir, hier?«

»Yes, Sir«, sagt Lambert.

»Sind Sie verrückt, Mann?« Pembrokes Stimme kippt über. »Nein, wir haben keinen sowjetischen Verbindungsoffizier beim Korps. Beim Armeestab dürfte einer sein, aber für so etwas ist der auch nicht zuständig. Armee müßte über Armeegruppe zum Obersten Hauptquartier gehen; dort werden sie, nehme ich an, einen Draht nach Moskau haben. Doch bevor das alles durch ist und der Rücklauf kommt, haben wir schon den nächsten Krieg.« Pembroke atmet schwer; so viele Worte, wegen so einer Lappalie.

Lambert schweigt.

»Lambert!« brüllt Pembroke. »Sind Sie noch da, Lambert?«

»Yes, Sir«, sagt Lambert und erkundigt sich vorsichtig, was er denn nun tun solle.

Major Pembroke, der meint, genügend gesagt zu haben, wird ungeduldig. »Sie sind an Ort und Stelle, Lambert. Also entscheiden Sie. Ende.«

Lieutenant Lambert legt den Hörer zurück auf das Gerät, sanft.

Sergeant Whistler blickt ihn fragend an.

Lambert erhebt sich. »Sie zeichnen die Karten, Whistler. Also entscheiden Sie. Ende.«

Whistler holt eine 25-Cent-Münze aus seiner Hosentasche. »Kopf«, sagt er, »ist West, Wappen Ost.« Dann wirft er die Münze mit einer geschickten Drehung des Handgelenks in die Luft. Die Münze klirrt auf den Tisch, rollt noch ein kleines Stück und kippt um.

»Kopf«, sagt Lambert.

3
Aufzeichnung Kadletz:
Anfänge

Dauernd umgeben von den verschiedensten Geräuschen, sind wir uns, da werden Sie mir beistimmen, ihrer kaum je bewußt. Wirklich wahrnehmen werden wir sie nur dann, wenn wir aus einer inneren Unruhe heraus oder auch aus einer Art wissenschaftlichem Interesse unser Augenmerk auf sie richten oder wenn ein ungewöhnlicher Laut unser Ohr trifft, ein besonders schrilles Klingeln, ein Schrei, ein Krachen – oder wenn sie plötzlich aufhören. Ganz verstummen sie natürlich nie; immer bleibt ein fernes Echo, ein verhallender Schritt, oder war es der eigene, der die Stille, die da eingetreten ist, um so auffälliger werden läßt.

Frieden.

Nach wie langer Zeit... Denn wann dieser Krieg eigentlich angefangen hatte, das wußte schon keiner mehr so richtig, wahrscheinlich begann er bereits mit den Fackelzügen der Uniformierten durch die Städte des Reiches und mit den gellenden Aufrufen der Führer.

Frieden.

Und dann diese unvorstellbare Stille. Aber Sie haben das ja wohl selber miterlebt, wenn auch an anderem Ort und unter anderen Umständen. In der vergangenen Nacht, pünktlich um null Uhr, so hatten sie im Radio angesagt, waren die Feindseligkeiten eingestellt worden – Feindseligkeiten, was für ein außerordentlich zurückhaltendes Wort für so viel Blut. In solcher Stille ist man versucht, nachzudenken: wie alles war und wie es geschehen konnte, auch wie es gekommen sein mag, daß man selbst noch lebt, trotz Verhaftung, Verhören, Konzentrationslager oder, andersherum betrachtet, gerade deshalb. Das nie mehr, hatte Bertha mir gesagt, als ich von dort zurückkam, ich bin deine Frau, hatte sie gesagt, und ich verlange von dir, daß du dich von jetzt an ruhig verhältst, die haben die

Macht, das siehst du doch, und es kommt mir kein unbedachtes Wort mehr aus deinem Mund, nichts, was sie reizen könnte, du tust deine Arbeit, wenn du welche kriegst, und wartest, bis sie dich vergessen. Und es gab ja auch keinen mehr, mit dem zusammen sich etwas hätte unternehmen lassen, eine kleine Stadt, dieses Schwarzenberg, keine dreizehntausend Einwohner damals, jeder beobachtete jeden, nicht mal ein Gespräch kam zustande. Da sah ich schließlich ein, so schwer es mir auch fiel, daß Überleben alles war. Es war sogar eine revolutionäre Pflicht: überleben, bis der Tag käme.

Das Sonderbare war nur, ob Sie es mir nun glauben oder nicht, daß der Tag gekommen war, und ich wußte es nicht. Nur diese Stille war um mich, und ich fragte mich, wo sind denn auf einmal die Leute? Und in dem Moment sagte eine Stimme: »Sind Sie nicht Herr Kadletz?«

Der Fragesteller mußte mein Erschrecken wohl bemerkt haben, denn er lachte leise und sagte: »Was starren Sie so, ich bin kein Gespenst.«

Ich sehe ihn noch vor mir, wie er da stand, vor dem Haus am Marktplatz, dürre Silhouette gegen die hellgrauen blechernen Rolläden, die an dem Tag heruntergelassen waren und so die Kleiderpuppen hinter den Schaufenstern verbargen, und wie er sich auf das Mädchen an seiner Seite stützte, das merkwürdig geistesabwesend zu sein schien und nur lebendig wurde, wenn es ihn anblickte. Ich spürte, daß ich ihn eigentlich kennen müßte, aber in welcher Gestalt hatte ich ihn einst gekannt, gewiß nicht in dieser, mit dem schütteren, an den Schläfen schon ergrauten Haar und dem ausgezehrten Gesicht, in dem die dunklen Augen wie die Höhlen in einem Totenschädel wirkten.

»Paula«, sagte er, »geh hin zum Herrn Kadletz und begrüß ihn.«

Das Mädchen löste sich von ihm und trat auf mich zu in ihren viel zu großen, abgetragenen Männerschuhen, auf welche die Hosenbeine in dicken Querfalten herabhingen, stellte den rechten Fuß hinter den linken und knickste vor mir mit einer Grazie, wie ich sie nur bei den Ballettänzerinnen gesehen habe, vor vielen Jahren einmal, in der Oper in Leipzig.

»Vielleicht heißt sie auch gar nicht Paula«, sagte er. »Vielleicht heißt sie Elisabeth oder Margit oder Undine; wer will das wissen.«

»Weiß sie es denn nicht?« fragte ich.

Er schüttelte den Kopf. »Da war das große Feuer in Dresden«, sagte er, und nichts weiter, nichts darüber, was nun hätte folgen müssen: ob und wie er selbst in das große Feuer geraten war, und ob er Paula oder Elisabeth oder Margit oder Undine dort aufgegriffen hatte oder ob sie ihm zugelaufen war, und wo sie sich beide in der Zwischenzeit aufgehalten hatten. Statt dessen, und so als hätte er's erst jetzt entdeckt, betrachtete er unter rotgerandeten Lidern hervor das breite Ladenschild über den Rolläden, Goldbuchstaben auf schwarzglänzendem Glas, *Hermann Reichert, Herren- und Damenkonfektion*, und mir fiel das Schild ein, das früher dort gehangen hatte, vor der Nacht, in der die Schaufensterscheiben zertrümmert wurden, ein ganz ähnliches Schild, nur lautete der Name des Besitzers anders, nämlich Noah Wolfram, und in dem Augenblick wurde mir klar, wer da vor mir stand, den Arm schützend um die Schultern des offensichtlich gemütsgestörten Mädchens gelegt: der Max, der junge Wolfram, der vor vierzehn Jahren aus dem Haus hier am Marktplatz von Schwarzenberg fortging, nach Berlin, um dort Philosophie und Sozialwissenschaft zu studieren.

Also auch einer, der's überlebt hatte. Was sagt man so einem Menschen, an so einem Tage?

Er war weltgewandter als ich, wie er denn überhaupt sich meistens als klüger und weitsichtiger erwies als die anderen. Er umging die Wiedererkennungsszene, indem er sagte: »Ja, der Herr Reichert. Ich hoffe, es ist ihm wohl bekommen.«

»Warum läuten Sie nicht an seiner Tür?« sagte ich. »Verlangen Sie, daß er Ihnen die Differenz erstattet zwischen dem wirklichen Wert des Ladens und dem, was Reichert Ihrem Vater seinerzeit gezahlt hat, nach der Kristallnacht, und nachdem man Ihrem Vater das Haar geschoren und ihn auf den zweirädrigen Karren gesetzt hatte, den Ihre selige Mutter dann den Marktplatz hinauf und durch die Straßen gezogen hat, weil sie ihren Mann nicht allein lassen wollte in einer solchen Stunde, und dabei war sie selbst gar nicht jüdisch gewesen.«

Der Max krümmte sich wie im Schmerz. Offenbar hatte er diese Einzelheiten nicht gekannt. Ich dachte, nun wird er doch bei Reichert an der Tür läuten, aber er sagte: »Wie soll einer zahlen für zwei Menschenleben, und in welcher Währung bitte?« Und dann: »Glauben Sie nicht, Herr Kadletz, daß es jetzt Wichtigeres zu tun gibt, als mit einem Mann wie Reichert abzurechnen?«

Wichtigeres, dachte ich. Gewiß. Reichert war ja nur einer von den Kleinen gewesen, ein Nutznießer, kein Täter. Wichtiger, dachte ich, sind der Ortsgruppenleiter Lippold und der Bürgermeister Dr. Pietzsch und der dicke Scharsich, der Gestapo-Chef, der mir zwei Zähne ausschlug, und der Herr Direktor Münchmeyer, dem die Werkzeugmaschinenfabrik am Orte gehörte und der in diesen Jahren, begünstigt von seinem Freunde Mutschmann, das Geld nur so gescheffelt hatte.

»Das Wichtigste«, sagte Wolfram, als hätte er meine Gedanken gelesen, »das Wichtigste in diesem Augenblick ist die Macht.«

Das Wort Macht, wie Sie wissen, kann in den Köpfen der Menschen sehr verschiedenartige Assoziationen erzeugen, je nachdem, wie man zu ihr steht. In der Zeit, die an dem Tag endete, von dem ich Ihnen gerade berichte, erschien sie in meiner Vorstellung meistens als ein Paar Schaftstiefel, die einen Grashalm zertreten; aus Wolframs Mund aber klang das Wort bereits anders und rief andere Bilder hervor, hatte wohl auch eine andere Bedeutung.

»Die Macht«, verkündete er, »liegt auf der Straße.«

Ich blickte unwillkürlich hinüber zum Ratskeller, wo gestern noch die Kommandostelle des Generals von Trierenberg gewesen war, mit bewaffneten Posten und geparkten Kübelwagen und Meldern, die auf Krafträdern herbeigebraust kamen; jetzt war der Eingang verschlossen und vergittert, und hinter den Fenstern rührte sich nichts.

»Man muß sie nur ergreifen, die Macht!« forderte er mit plötzlicher Intensität; dabei bildeten sich rote Flecken auf der Haut über seinen hervorstehenden Wangenknochen.

Als ob er irgend etwas ergreifen, geschweige denn festhalten könnte in seinem Zustand. »Kommen Sie doch erst einmal mit zu mir, Herr Wolfram«, schlug ich vor, »die Kleine auch.« Zugleich überlegte ich, was wir denn überhaupt in der Küche hätten, Bertha und ich, daß ich es wagen konnte, ihr auch noch Fremde ins Haus zu bringen. Im März und April schon war das dem Menschen laut Lebensmittelkarte Zustehende nicht mehr geliefert worden, nicht einmal dieses wenige, und wer keine Beziehungen zum Bauern und nichts von Wert zu verscheuern hatte, der hungerte eben.

Er setzte sich taumelnd in Bewegung; Paula, oder wie sie auch heißen mochte, stützte ihn wieder, von rechts, während ich seinen linken Ellbogen nahm. »Das ist das Fieber«, entschuldigte er sich, »die Nächte da oben in den Wäldern waren doch noch recht kalt...« Und mit einer Kopfbewegung zu dem Mädchen hin: »Sie hat mich gewärmt, und sie brachte auch immer etwas Eßbares angeschleppt, sie hat eine Nase dafür, wo etwas zu finden ist, und stiehlt hervorragend.«

Der anerkennende Ton schien bis in ihr Bewußtsein zu dringen; die starren Gesichtszüge belebten sich, und sie stieß kleine juchzende Laute aus. »Gute Paula«, sagte er, »brave Paula.« Aber da hatte sie sich schon abgewandt und blickte wieder stumpfsinnig vor sich hin. Es fiel mir schwerer, als ich erwartet hatte, ihn bis zu meiner Wohnung zu bringen, trotz Paulas Hilfe. Seine Glieder bewegten sich wie die einer an zu losen Schnüren geführten Marionette; bei jeder Steigung des Weges lief ihm der Schweiß übers Gesicht; und am Ende mußte ich ihn fast tragen, indem ich seinen Arm mir über die Schulter legte. Warum, fragte ich mich, bemühe ich mich so um ihn? Ich war ihm in keiner Weise verpflichtet; auch seinem Vater nicht, der zwar schließlich Selbstmord begangen hatte, mit dem ich jedoch weder durch Freundschaft noch durch andere Beziehungen verbunden gewesen war und den ich in meiner Schubkastenmentalität sogar der Klasse der Ausbeuter zugerechnet hatte, bis ich ihn dann halb betäubt auf jenem Karren sitzen sah. Warum also? Im nächsten Moment aber wies ich meine Bedenken erschrocken von mir: Wie weit hatten die Menschen sich in der schrecklichen Zeit, die nun hoffentlich hinter uns lag, voneinander entfremdet, daß ein bißchen Menschlichkeit schon Selbstüberredung erforderte?

Hier an diesem Tisch, an dem wir jetzt sitzen, Sie und ich, saßen wir an dem Tag auch; es hat sich vieles verändert in meinem Leben, und ich sehe vieles anders als damals, gerade in bezug auf Max Wolfram; aber das Äußerliche ist geblieben, die Möbel, die alte Tapete, der Vorhang. Bertha, meine Frau, hatte nach dem ersten Schock über die unerwarteten und wenig erwünschten Gäste doch eine Mehlsuppe zustande gebracht, sogar mit etwas Fett darin, und stand nun mit dem Rücken gegen die Anrichte dort drüben gelehnt und sah den zweien beim Essen zu, Wolfram, dem der volle Löffel in der Hand zitterte, und dem Mädchen, das sich den seinen in regelmäßigem Rhythmus in den Mund schob.

Dann klingelte es an der Wohnungstür. Bertha wurde fahl, und ich wußte, was ihr durch den Kopf schoß, denn auch ich hatte im ersten Moment den gleichen Gedanken gehabt: die Polizei. »Bertha«, sagte ich, »beruhige dich; das ist vorbei; sie haben die Macht nicht mehr. Geh, mach die Tür auf.«

»Die Macht«, wiederholte Wolfram seine Formel, »liegt auf der Straße.«

Der Mann, der geklingelt hatte und nun, schwer und bedächtig, in die Stube trat, hieß Kiessling, Fritz Kiessling; jetzt wohnt er in Aue bei seiner Schwester; wenn Sie wollen, können Sie ja auch zu ihm hingehen mit Ihrem Tonbandgerät und sich seine Erlebnisse berichten lassen. Kiessling also kam herein und sagte, gerade als hätte er Wolframs Worte gehört: »Den Scharsich haben sie erschlagen. Oben vor seiner Villa, gerade wie er wegwollte: Fremdarbeiter, sagen die Leute.«

»Der Scharsich«, erläuterte ich Wolfram, »hat hier in Schwarzenberg die Gestapo geleitet«, und ich stellte mir den Dicken vor, wie er dalag, die wasserblauen Augen hervorquellend über den grauen, wulstigen Backen, und das Blut auf dem Trottoir; ich bin ja mehr für das ordentliche Verfahren, aber wahrscheinlich hätte er dem Richter, wenn es je einen solchen gäbe, in aller Aufrichtigkeit erklärt, wie er nur seine Pflicht getan, ein Beamter, Dienst ist Dienst.

»Und was jetzt?« fragte Wolfram und legte seinen Löffel zurück auf den leer gegessenen Teller. »Ergreifen wir nun die Macht?«

»Da ist doch wohl noch der Russe«, sagte Kiessling, »oder der Amerikaner. Einer von beiden wird bald genug hier sein.«

22

»Und was, wenn keiner von ihnen käme?« sagte Wolfram und zu dem Mädchen: »Geh hin zu dem Herrn und begrüß ihn.«

Paula erhob sich gehorsam, trat vor Kiessling, placierte den rechten Fuß hinter den linken und knickste auf ihre so graziös anmutende Weise. Kiessling runzelte die Stirn: anscheinend waren hier alle verrückt, auch Bertha und ich, die wir uns mit solch absonderlichen Wesen abgaben, und an einem solchen Tage.

4

Er war, wie man so sagt, ein Toter auf Urlaub. Der Spruch war lange schon gefällt, die Stimme des Vorsitzenden gezügelt, unterbetont, dennoch mitbebend in ihr der Widerwille gegen den Angeklagten, und lange schon hockte er in dieser Zelle, aus der nur ein Weg hinausführte: hin zum Schafott. Wie oft kann der Mensch sterben? Der Tod selbst ist eine momentane Sensation, danach die Schwärze, das Nichts; das Sterben findet vorher statt, in den Schichten des Bewußtseins, die wiederum auf die einzelnen Organe einwirken, auf Herz, Pankreas, Galle, Blase, Darm, vor allem Darm; welch unglaubliche Mengen hatte er aus sich herausgeschissen in jenen Nächten des Grauens, woher nahm sein Körper das!

Und dann der stellvertretende Staatsanwalt, morgens um vier, jedesmal kam er morgens um vier, die Schläge der Gefängnisturmuhr kaum verhallt: *Die Vollstreckung ist verschoben.*

Auf wann? – Nie eine Antwort.

Er tobte, schrie Unverständliches.

Der Staatsanwaltsvertreter zog sich zurück, indigniert. Der Wärter blieb noch einen Moment, drohte irgendwelche Strafen an, lächerlich, womit noch konnte man ihn bedrohen, schließlich sagte er: Seien Sie doch froh, Wolfram!

Worauf die Erschöpfung einsetzte, innere Leere, alles in ihm sackte zusammen. Und doch kam der Schlaf nicht, nur der Schmerz dauerte an, der wahnsinnige Druck unter Schläfen und Augen und auf die Brust, so als zöge ein eiserner Reifen sich um seine Rippen zusammen.

War da einer, der sich das ausgedacht hatte, diese exquisite Quälerei? Oder gab es tatsächlich in der bröckelnden Bürokratie noch Gruppierungen, die einander bekämpften und in deren Auseinandersetzung das Leben des Verurteilten irgendwie von Wichtigkeit war? Von Wichtigkeit in dieser Zeit, in der alles bereits zusammenstürzte? Oder vielleicht gerade in dieser Zeit?

Er suchte sich zu erinnern. Wen gab es, der ein Interesse an seinem Schicksal haben könnte, an seinen Ideen, seiner Arbeit? Doch diese sämtlich nicht, deren Denken nicht weiter reichte als ihre stupiden Machtgelüste. Wer hatte damals das Manuskript in die Hände bekommen, und wer war bestellt worden, es zu beurteilen, *Soziale Strukturen der Zukunft*, Untertitel: *Vergleichende Studie utopischer Gedankengänge?* Professor Pfleiderer? Oder der Dr. phil. Benedikt Rosswein, der dann den steilen Aufstieg bei der SS machte, nachdem er mit plumpen, bösen Worten das noch unveröffentlichte Buch als ein jüdisches Machwerk verdammt hatte, verfaßt in der Absicht, die Ideale des neuen Staates auf listige Weise in Frage zu stellen und zu subvertieren? Oder noch andere?

Natürlich waren die *Strukturen* mehr als eine vergleichende Studie gewesen, mehr als eine der üblichen wissenschaftlichen Schriften, die sich mit Aufzählungen und einem geringen Quantum von Interpretationen begnügten; es war ein Programm geworden, entwickelt in der unmöglichsten Periode der Weltgeschichte, da auf allen Seiten, diesseits und jenseits der Ozeane, die Menschen sich anschickten, einander in ihrem Blut zu ertränken, ein Programm, an dem sein Hirn, wie ein Kreisel, der nicht aufhören konnte, sich zu drehen, noch hier in dieser Zelle arbeitete, Staaten erdenkend, in denen die Vernunft regierte, mit Verfassungen, die die Freiheit des Menschen und sein Glück für alle Zeiten garantierten.

Der letzte Aufschub war vor fünf Tagen erfolgt; bald würde es wieder heißen, er möge sich vorbereiten. Es schien da einen Turnus zu geben, nach dem das Spiel vor sich ging, Druck und Gegendruck noch angesichts des von Ost und West her vordringenden Feindes, über dessen Bewegungen die Wärter gelegentlich seine Bemerkungen machten, wobei er stets hinzufügte: »Da werden wir denn doch bald an die Reihe kommen«, leider aber im unklaren ließ, ob das *Wir* sich auf die noch verbliebenen Teile des Reichs, die Stadt Dresden, dieses Gefängnis oder auf ihn, Max Wolfram persönlich, bezog. Auf jeden Fall, so schien es ihm, konnte das Wechselspiel bei dem allgemeinen Auflösungszustand nicht lange mehr andauern; und alles hing davon ab, welches sein Status sein würde, wenn das Räderwerk rasselnd zum Stillstand kam, und auf welches Feld der Zeiger gerade wies: Aufschub oder Exekution.

Auf Exekution, wie sich herausstellte. Schon der Kalfaktor, der ihm die magere Ration durch die Klappe in der Tür zuschob, flüsterte davon; dann kam der Wärter, umständliches Klirren der Schlüssel, und teilte, kaum in der Zelle, mit, ja, nun wär's wohl soweit, der Galgen stünde schon, es würden ihrer zweie sein diesmal, er und ein gewisser Röhricht, gleichfalls Hochverrat, es würde ihm aber noch offiziell verkündet werden, und der Pfarrer würde auch noch mit ihm sprechen und ihn trösten wollen; ob er Papier und Stift gebrauchen möchte, ein Abschiedsbrief vielleicht, obwohl er doch schon mehrere geschrieben habe bei vorigen Gelegenheiten, welche alle wohlverwahrt im Büro beim Herrn Direktor lägen, bereits zensiert, und auf ihre Absendung warteten.

Danke, sagte er, es gäbe nichts mehr zu schreiben, und spürte wieder das Würgen im Halse und wie ihm die Knie schlotterten, zugleich aber schien es ihm, daß beides geringer sei als letztes Mal; schon daß er beobachten und sich mit dem Grad seiner Panik befassen konnte, war ein Beweis dafür, daß diese Panik ihn nicht mehr ganz und gar beherrschte; es blieb da Raum zum Denken: wie bedauerlich und zugleich grotesk es doch war, daß er, mit all den Alternativen zur Verbesserung der Welt im Kopf, nach dem Zusammenbruch dieses idiotischen Staates nicht mehr vorhanden sein würde; Raum auch, äußerliche Erscheinungen wahrzunehmen, die plötzliche Taghelle, nein, Helle greller noch als der Tag, in der vergitterten Luke, das schrille Winseln der Sirenen und gleich darauf das tiefe Dröhnen der Bomber, das Rattern der Flak, die dumpf krachenden Explosionen. Wo war der Wärter hingeraten? Die Tür stand offen, niemand blockierte die Öffnung, doch vergingen Sekunden, wie viele, wußte er nicht, bis das Hirn dies alles registrierte; inzwischen füllten die Gänge sich mit Rauch, der staubig stinkend ihm in die Zelle drang; das Gebäude erbebte, einmal, zweimal, Risse wucherten in der Decke, überall knisterte es, Schreie drangen ans Ohr, an den Türen wurde gerüttelt, und dann, betäubende Welle, die Hitze, die ersten Flammen, steil und schwefelgelb. Er durchlief

Korridore, in denen es gellte und jammerte, stolperte Treppen hinab, durch deren schwankendes Gerüst Feuer züngelte, geriet in Labyrinthe, in denen immer wieder Gitter glühten; da und dort, wie Silhouetten, Gestalten, ob Sträflinge, ob Wärter, sie unterschieden sich nicht; einer wälzte sich, bereits brennend und heulend wie ein Tier, auf zementnem Boden; anderswo hatten sich welche ineinander verkeilt und schlugen aufeinander ein; jemand begann zu schießen, es klang unernst, lachhaft im Donner der immer noch detonierenden Bomben, der berstenden Pfeiler, der in sich zusammenstürzenden, rauchenden Wände.

Er kauerte, gekrümmt wie ein Fötus, unter einem Stück steinernen Bogengewölbes, ringsum der Dampf und die Flammen; der Galgen stand schon, war ihm gesagt worden; nun stand auch der Galgen nicht mehr, nichts stand mehr, und dennoch war der Tod gekommen, nicht der erwartete, ein anderer, aber nicht gar so viel anders, Erstickung so oder so, ein Toter auf Urlaub, wie oft kann der Mensch sterben?

Oder doch noch einmal ein Aufschub?

Er hob den Kopf, erkannte, über die Trümmer hinweg, ein Stück Himmel, schaurig rot, aber zweifellos Himmel, bis schwärzliche Schwaden, windaufgewühlt, den Ausschnitt wieder verdeckten. Mit letzter Kraft, nur wann ist des Menschen Kraft je seine letzte, raffte er sich auf, zog sich in die Höhe, kletterte über Geröll, das ihm Kleidung und Haut versengte, kroch mit blutenden Händen und Knien aufwärts, aufwärts, erklomm eine Art Gipfel und brach zusammen.

Als er zu sich kam, war das Mädchen bei ihm: unter wirrem Haar ein rußgeschwärztes Gesicht, im lodernden Licht ringsumher die starren Züge zu gespenstischem Leben erweckt. Sie hatte fast nichts am Leibe, ein baumwollenes Hemd, zerschlissen; die nackten Füße bluteten. Sie schüttelte ihn wieder, stieß heisere Laute aus, deren Bedeutung er nicht verstand. Ein Tosen war um sie beide, ein wilder Orgelton: ein riesiger Sturmwirbel, heiß und funkenerfüllt, trug brennende Äste, Tapetenfetzen, Bilderrahmen, ein Kinderwagenverdeck mit sich in die Lüfte und säte neue Flammen überall. Wolfram sah die Stadt, die schon keine mehr war, orangene Zungen aus schwarzen Türmen, der Fluß ein feuriges Band. Er sah die weit aufgerissenen Augen des Mädchens, das Entsetzen darin, warum lief sie nicht fort, aber sie packte ihn bei den Schultern, wies mit bebender Hand in irgendeine Richtung, weg, nur weg von hier, und wieder die seltsam kehligen, drängenden Laute, ein Bellen fast.

Wie lange sie gelaufen waren, würde er nie sagen können. Irgendwo war dann Gras unter ihren Füßen gewesen, nachtfeuchtes Gras, eine Mulde, nahebei gluckerte ein Bach, ein halboffener Schober, Reste von Heu; über den Gipfeln des Hügels ein goldener Heiligenschein: die Stadt. Das Mädchen lag da, die Augen geschlossen, atmete tief. Dann zog sie ihn an sich.

Leben.

5
Aufzeichnung Kadletz:
Der Traum

Bei uns kommt der Frühling später als anderswo. Das macht die Höhe. Wenn unten im Lande die Kirschbäume schon in Blüte stehen und auf den Flächen das Wintergetreide längst grünt, öffnen sich bei uns erst die Krokusse, die Bauernweiber, über die Erde gebückt, stecken die Saatkartoffeln in den kargen Boden der winzigen Äcker, die eingebettet liegen zwischen den Steinen der Berge, und in den Wäldern findet sich noch, geschützt vom Schatten der Bäume, grauer Schnee.

Ich beschreibe Ihnen das, damit Sie die Vorfrühlingsstimmung mitempfinden können, die über der Landschaft lag, obwohl man schon Mai schrieb, und die, für mich wenigstens, auch symbolische Bedeutung hatte, obwohl ich gewöhnlich solche gefühlsbeeinflußten Haltungen wenig ernst nehme.

Wir gingen den Waldweg hinauf, der von dem Dorf Bermsgrün zum Arbeiterheim oben auf der Anhöhe führt, Wolfram und ich, und neben Wolfram das Mädchen, das nicht zu überreden gewesen war, daheim bei meiner Bertha zu bleiben; ein ganzes Stück vor uns zogen die Genossen Artur Schlehbusch und Bruno Bornemann und Bornemanns Schwägerin Helene, ein knochiges Mannweib, aber voller Güte, und vor diesen wieder marschierte der Genosse Kiessling, ein Gewehr über der Schulter; er traue dem Frieden nicht, hatte er gesagt, und von Werwölfen geredet, die unweit von Schwarzenberg, in der Gegend von Sosa, gesehen worden wären.

Hauptsächlich um mich auf das Treffen vorzubereiten, zu dem wir uns begaben, wollte ich mir noch einmal durch den Kopf gehen lassen, was Wolfram gestern abend erklärt hatte, als wir zu sechst beisammensaßen, fünf von uns irgendwie fassungslos, weil es nun deutlich war, daß die Prophezeiung des sechsten, des Ankömmlings

29

aus der großen Welt, sich bewahrheitet hatte und wirklich keiner in Schwarzenberg einmarschiert war, weder der Russe noch der Amerikaner. Wolfram sprach erst, nachdem wir andern unsere ziemlich wirren Gedanken, wie mir schien, geäußert hatten; eine Reihe praktischer Vorschläge, die wir gleichzeitig machten, ergaben insgesamt kein System, wenn sie nicht gar in Widerspruch zueinander standen. Er hustete viel, während er dann redete und so etwas wie ein Programm entwickelte; er hatte eine Art, sich auszudrücken, die überzeugend wirkte, selbst wenn man nicht jeden Punkt, den er vortrug, verstand; erst später tauchten einem die Zweifel auf.

Aber mein Versuch, mir noch vor der Zusammenkunft über alles dies klar zu werden, mißlang. Ich konnte mich nicht konzentrieren, was Sie vielleicht verstehen werden, wenn ich Ihnen von der Geschichte des Arbeiterheims oberhalb von Bermsgrün und meiner Beziehung zu dem Weg, auf dem wir uns befanden, berichte. Warum überhaupt war die Versammlung hier angesetzt worden und nicht unten in der Stadt, etwa im Ratskeller, der zentral genug lag; weder Dr. Pietzsch, der Bürgermeister, noch irgendwelche anderen Behörden würden es mehr gewagt haben, einer größeren Gruppe von Arbeitern, auch wenn sie als Regimegegner bekannt waren, die Benutzung des Lokals zu versagen; aber jeder, den wir gestern oder heute früh noch ansprachen, hielt es für selbstverständlich, daß wir uns im Arbeiterheim treffen würden, auf eigenem Boden gewissermaßen, in dem Haus, das einst mit eigenen Händen erbaut worden war und das die Bermsgrüner Kollegen, auf eigene Faust, vor einigen Tagen erst den Nazis entrissen hatten und seither besetzt hielten. Hier hatte seit 1933 die SA gesessen, und hierher hatten sie uns damals geschleppt, um uns zusammenzuschlagen, in aller Ruhe und Abgeschiedenheit; und wie ich nun den Weg hinaufging an diesem Vorfrühlingstag, rechts und links die hohen Fichten, sah ich in der Erinnerung die Lichtkegel der Scheinwerfer zwischen den Stämmen geistern, während wir auf der offenen Ladefläche des Lastautos standen, zusammengepfercht wie das Vieh, wehrlos, machtlos: wir, die wir geschult worden waren mit Zitaten von Marx und Lenin und Stalin über die Arbeitermacht und die Diktatur des Proletariats, und zusammen mit uns, ihr hastiger Atem sich mischend mit unsrem, die andern, die an solche Zitate zu glauben sich weigerten, dafür aber irgendwelche parlamentarischen Spielregeln zu befolgen gedachten, und die wir darum beschimpft und nach Kräften bekämpft hatten, als wären sie der Feind gewesen.

Sie müssen verzeihen, wenn ich der Reihe nach berichte, so wie ich die Dinge erlebt habe, und da, wo sie mir hinzugehören scheinen, die Gedanken einschiebe, die ich mir zu den Vorgängen machte, und wenn nötig auch etwas über die Personen sage, die in dem Zusammenhang eine Rolle spielen, ihre Herkunft, ihre Tätigkeit, ihren Charakter; ich kann's nicht anders tun, ich bin kein Reporter und kein Schriftsteller; aber ich bin sicher, Sie werden meine Aussagen schon in die richtige Form bringen. Wir langten also auf dem Plateau an, und auf einmal stand der Bau vor meinen Augen, unverändert in all den Jahren, in denen ich mich von ihm ferngehalten hatte oder von ihm ferngehalten worden war: das Hauptgebäude aus Feldsteinen, sorgfältig geschichtet und verfugt, darüber das hohe Giebeldach und der Quertrakt, Fachwerk; auf dem Pflaster neben dem Flaggenmast lagen die verkohlten Reste der Hakenkreuzfahne, die dort gehangen hatte. Ich schluckte, um das Würgen in der Kehle loszuwerden: dies Haus und das Stück Berg, auf dem es stand, gehörte wieder uns, wir waren wieder wer, nachdem wir so lange uns geduckt hatten und gekrochen waren, und ich blickte mich um, und die Sonne brach durch die Wolken, ich weiß, ich hätte das nicht erwähnen sollen, es klingt rührselig, aber was kann ich dafür, die Sonne schien tatsächlich aus dem Dunkel hervor, und ich war davon tief berührt, und in der Ferne sah ich Schwarzenberg mit dem Schloßturm und dem Turm der Georgskirche im Licht, und ich dachte, es könnte doch sein, daß Wolfram mit seinen Hoffnungen und Projekten recht hatte.

Inzwischen trafen die anderen Genossen ein, die von mir und Schlehbusch und Kiessling und den beiden Bornemanns eingeladen worden waren; aus Schwarzenberg kamen sie, aus Bermsgrün, aus Raschau, aus Beierfeld, die Ortschaften gehen eine in die andere über, ein Industriegebiet, meistens Metallverarbeitung, das aus dem Bergbau der Gegend und den alten Hammerwerken erwachsen ist, die Arbeiter zum großen Teil Häusler, die noch ein Fetzchen Acker und ein paar Karnickel und Hühner haben, in guten Zeiten auch eine Ziege, ein Schwein oder gar eine Kuh. Ich habe einmal, als ganz junger Mann, eine Aufführung von Schillers Tell gesehen, die Rütli-Szene, da traten sie auch so auf die Bühne, von mehreren Seiten, und grüßten mit Würde; sie hatten wohl auch, ganz wie wir, einander lange Zeit nicht gesehen und wußten, daß ihr Vorhaben etwas Neues und Unerhörtes war, die Schaffung eines Bundes, der in die Geschichte eingehen würde, und der Sturz eines Tyrannen; nur daß unserer bereits gestürzt und tot war und überall sonst im Lande andere Herren das Regiment in die Hand genommen hatten, nur hier in Schwarzenberg und Umgebung nicht, wir waren uns selbst überlassen oder wieder den Nazis; die witterten bereits Morgenluft, der Herr Dr. Pietzsch, der Bürgermeister, war dabei, so hörte man, eine Bürgerwehr zusammenzustellen zwecks Gewährleistung von Ruhe und Ordnung, und wer zu dieser Truppe gehören würde, war leicht zu erraten.

Aber bevor ich auf die Zusammenkunft selbst eingehe, auf die Vorgänge dort und ihre Resultate, kurz etwas über die Teilnehmer. Man muß die Verhältnisse von damals sich vorstellen: was war denn überhaupt an Männern vorhanden, die in der gegebenen Lage aktiv werden konnten? Die Alten und Kranken, die Lahmen und Verkrüppelten, all das, was unter dem Stichwort Wehruntauglich lief; dann eine recht gemischte Gesellschaft von Leuten, die von den Chefs ihrer Firmen als unabkömmlich für die Waffenproduktion reklamiert worden waren, in der Fabrik von Münchmeyer und in den ESEM-Werken machten sie ja bis in den April hinein, bis der Strom ausfiel, Granaten, Spezialgewehre und Torpedoteile; und schließlich wir, die politisch Gebrandmarkten: geheimpolizeilich als nicht genügend gefährlich eingestuft, um in Gefängnisse und Konzentrationslager abgeschoben zu werden, dennoch aber als wehrunwürdig betrachtet und so auch in unseren Papieren bezeichnet. Die Frauen? Unter den fünfunddreißig, höchstens vierzig Anwesenden, die Liste ist verlorengegangen, sonst könnte ich's Ihnen genauer sagen, befanden sich neben Helene Bornemann ihrer noch zwei oder drei, die aber die ganze Zeit schwiegen; das Mädchen Paula, das zwar einiges Aufsehen erregte, konnte in irgendwelchem politischen Zusammenhang kaum gezählt werden. Daß so wenig Frauen beteiligt waren, ist nicht weiter erstaunlich; trotz der Industrie in diesem Teil des Gebirges, die aber auch nicht eben als Großindustrie gelten konnte, war die Kultur eher dörflich-kleinstädtisch, das Christentum stark pietistisch, die Frau also zweitrangig; Reden, öffentliche vor allem, und politisches Handeln blieb den Männern überlassen. Von diesen nun, soweit sie hier im Vorhof des Arbeiterheims in Grüppchen beieinanderstanden, der Dinge harrend und manche sichtlich bedrückt in dem Gedanken an die Probleme, die sie auf sich zukommen sahen, war etwa die Hälfte Kommunisten, die anderen waren Sozialdemokraten oder Parteilose; all dies Kategorien, die es im alten Sinne gar nicht mehr gab, da sie mit der Vernichtung der genannten Parteien als legale Körperschaften und mit ihrem Versagen als wirksame Faktoren im Untergrund Wesen und Gültigkeit verloren hatten; den Kommunisten allerdings war trotz ihres Unvermögens eine Aura geblieben, eine gespenstische, die, von Goebbels kräftig untermalt, durch die stetig vordringende Rote Armee beträchtliche Realität erhielt.

Man hatte, schien mir, den falschen Raum für die Versammlung gewählt; die Gaststube, in der die Tische, bedeckt mit bierbefleckten Tüchern, noch standen, wäre geeigneter gewesen; so aber nahm die kleine Schar im Versammlungssaal Platz, an dessen kahlen Wänden sich dunkle Vierecke abzeichneten, wo bis vor kurzem noch Führerbilder, Fahnen und kämpferische Spruchbänder hingen; wir hatten eben doch noch nicht richtig Besitz ergriffen von unserer Welt. Ich fror, und die anderen empfanden wohl ähnlich, denn man rückte so eng wie möglich zusammen; dann sagte einer aus Raschau, ich war ihm vor Jahren begegnet, hatte aber seinen Namen vergessen: »Kadletz! Der Kadletz soll die Versammlung leiten!« Als Begründung gab er an, ich wäre schließlich Stadtverordneter gewesen in Schwarzenberg vor 1933. Ob er nun meinte, das Amt von damals verleihe mir heute noch Autorität oder daß ich in dieser Funktion genügend parlamentarische Erfahrungen gesammelt haben müßte, weiß ich nicht zu sagen; auf jeden Fall geschah, was immer geschieht, sobald der kollektive Blick sich auf einen gerichtet hat, von dem zu erwarten ist, daß er die Verantwortung übernehmen könnte, die man selber nicht tragen möchte: der Mann erhält Beifall; und ich war, ehe ich mich's versah, per Akklamation gewählt. Instinktiv schlug ich für den Posten des zweiten Vorsitzenden, den ich für unbedingt notwendig erklärte, einen gewissen Bernhard Viebig vor, einen farblosen Mann mit grauem Stoppelhaar, der bei der Post arbeitete und, wie ich mich zu erinnern glaubte, Sozialdemokrat gewesen war; auf diese Weise war eine Art Parität gewahrt, und es würde nicht heißen können, daß die Kommunisten schon bei der ersten Gelegenheit alles an sich rissen.

Ich stand nun also an der Stirnseite des Saals, neben dem einzig vorhandenen Tisch, vor mir drei, vier Dutzend Gesichter, von denen ich die meisten noch erkannte, obzwar die Jahre der Verfolgung und des Kriegs sie stärker verändert hatten, als normale Zeiten es getan hätten, und spürte eine peinliche Leere im Gehirn. Früher, wenn ich zu sprechen hatte, und seien es auch nur ein paar einleitende Worte, war alles vorbereitet gewesen, Linie und Marschroute von zentraler Stelle gegeben und über Bezirks- und Kreissekretariate herabgeleitet bis zu der örtlichen Organisation; jetzt war da nichts, woran ich mich halten konnte, nur das Lächeln Wolframs, das zu besagen schien: Mut, alter Junge, zeig ihnen, was du an Ideen hast.

Ob es ihnen ähnlich ergangen sei wie mir, begann ich schließlich, mich meinem Publikum zuwendend; nachdem ich begriffen hätte, daß alles vorbei war, das mächtige Reich, das einst auf tausend Jahre geplant, zerbrochen, der Druck, der so lange auf uns gelastet, von uns genommen, sei ich durch die Straßen gelaufen wie blind, ratlos, was zu tun wäre, und doch in der Erkenntnis, daß etwas getan werden müsse, zugleich aber mich vertröstend mit der Ausrede, da werde eine verständnisvolle Besatzungsmacht uns schon anweisen durch ihre Vorschriften und Verordnungen. Doch jetzt, fuhr ich fort, habe sich herausgestellt, daß die Stadt Schwarzenberg samt näherer Umgebung, und allen Berichten zufolge der gesamte zugehörige Landkreis, vielleicht als einziger in ganz Deutschland, nicht besetzt worden wären, weder von der Roten Armee noch von den Amerikanern, nur in Aue, das ja verwaltungsmäßig auch nicht zum Landkreis gehöre, hätten sich amerikanische Spähtrupps gezeigt, wären aber bald wieder abgerückt, so daß wir hier in Schwarzenberg, nachdem, wie im Rundfunk gemeldet, die Reichsregierung zu existieren aufgehört hätte, nun ohne Staat und Obrigkeit dastünden, dafür aber in unserem Niemandsland Tausende von fliehenden Wehrmachtsangehörigen und zivile Flüchtlinge aller Art und Herkunft vorfänden, dazu Kriegsgefangene, Fremdarbeiter und Vertriebene von da und dort, welche, einschließlich der hier ansässigen Bevölkerung, sämtlich beköstigt und behaust werden wollten, von ärztlicher Versorgung ganz zu schweigen, und welche binnen kurzem zu rauben und plündern beginnen würden, ein allgemeines Chaos herbeiführend, mit Mord und Totschlag verstärkt durch die zu erwartende Tätigkeit von Werwölfen und SS, wenn nicht wir Arbeiter das Nötige unternähmen, um unsere Betriebe und Gemeinden zu schützen und für Ordnung und Organisation zu sorgen.

Dies sei der Grund gewesen, daß wir, die Genossen Kiessling und Schlehbusch, und Bruno und Helene Bornemann und ich, uns an eine Anzahl der hier Anwesenden gewandt und den Vorschlag zu dieser Zusammenkunft gemacht hätten, von der, so hoffte ich, Impulse ausgehen würden zur Bekämpfung der Not und zu einer allmählichen Verbesserung der Lage.

Sie werden mir zugeben, daß meine Ausführungen, deren Details mir erinnerlich sind, weil ich mir noch am gleichen Abend längere Notizen machte, die Schwierigkeiten unserer Situation in keiner Weise vertuschten, ohne daß ich darum vorweggenommen hätte, was zu Recht der Versammlung zustand: Meinungen zu äußern, Vorschläge zu machen, Entscheidungen zu treffen. Allerdings überfiel mich, nachdem ich geendet hatte, die Furcht, daß angesichts der drohenden Katastrophe und unserer totalen Hilflosigkeit, was hatten wir denn schon für Mittel, die Leute sagen könnten: Was geht's uns an? Hat je einer auf uns gehört? Mögen doch die, die das Unglück uns eingebrockt haben, etwas dagegen tun! Von uns kann jeder nur für sich selber sorgen, sind wir irgend jemandem verpflichtet, sind wir der Staat?

Wahrscheinlich hatte mehr als einer derartiges auch im Sinn, aber er sprach es nicht aus, erdrückt von dem Schweigen, das meinen Worten gefolgt war und das andauerte, bis einer der Bermsgrüner

Arbeiter ankündigte, man habe bei der Eroberung des Arbeiterheims mehrere Kasten Bier im Keller gefunden und sichergestellt; vielleicht wäre es angebracht, wenn man diese jetzt heraufbrächte, um die Zungen zu lösen.

Ich weiß noch, wie mir das Zeug die trockene Kehle herunterlief und wie mir auf einmal leichter wurde; aber in dem Moment, da ich die Flasche absetzte, spürte ich wieder die Unruhe, grundlos diesmal, wie ich zunächst meinte, denn das Bier hatte tatsächlich die Hemmungen beseitigt, und es wurden Fragen gestellt, sachliche Fragen, und Antworten gegeben, vernünftige Antworten; die sich da äußerten, waren isoliert gewesen voneinander und verlangten nach Information, wie es dort stünde und wie da, in den Betrieben und außerhalb, ob man von Vorräten wisse, von Kohle und Blechen, von Waffen und in wessen Händen diese wären, und wie sich den Nazis gegenüber verhalten, den großen, den kleinen, und wem man Gehorsam schulde, dem Landrat, dem Bürgermeister, dem Amtsvorsteher, dem Polizisten oder keinem von ihnen. Die Sache lief, ich konnte zufrieden sein, das Durcheinander war nicht beängstigend, ich brauchte nur auf den Tisch zu klopfen, zu sagen, einer nach dem anderen, Kollegen, bitte; aber ich konnte mich nicht dazu aufraffen, mein Denken kreiste um den Mann, der da in den Saal getreten war, ungeladen, weil keiner, ich auch nicht, gewußt hatte, daß er in Schwarzenberg war, und der sich nun in die hinterste Reihe setzte und die Vorhänge im Saal beobachtete, in der Haltung, die ich seit je an ihm kannte, den Kopf ein wenig schief, als lausche er nicht nur auf Worte: Erhard Reinsiepe, Bergbauingenieur und Fachmann für Nichteisenmetalle, später in irgendeiner Funktion, zu der er sich nie äußerte, und mein politischer Mentor, bis er eines Februartages, nach dem Reichstagsbrand, ohne ein Wort des Abschieds verschwand. Ja, ich hätte ihn begrüßen, auf ihn zueilen, ihn zu mir nach vorn holen und den Versammelten vorstellen müssen: hier war einer, den wir in dieser Stunde brauchen konnten, einer mit langer politischer Erfahrung auch außerhalb unserer Täler, der wohl zu beurteilen imstande war, was zu tun wäre unter den vorhandenen Umständen und wie man vorzugehen hätte; aber ich tat's nicht, ich weiß nicht genau, weshalb, vielleicht weil noch ein Ressentiment in mir schwelte wegen der Art, wie er verschwunden war und sich der Verantwortung entzogen hatte.

Statt dessen gab ich Max Wolfram das Wort, vor allem, weil ich ihn für fähig hielt, die Vielfalt von Fragen, die sich ergeben, und Fakten, die sich herausgestellt hatten, nach ihrer Priorität zu ordnen und in ein System zu bringen und, darauf aufbauend, Allgemeingültiges zu sagen, das wiederum als Ausgangspunkt für erste Aktionen dienen mochte.

Ich hatte Wolfram noch nie vor einer größeren Anzahl von Menschen sprechen hören und war mir des Risikos bewußt, das ich einging, indem ich ihm, der doch im Grunde wenig mit diesen Arbeitern gemein hatte, eine so schwierige Aufgabe zuschob. Meine Befürchtungen schienen zunächst auch sich bestätigen zu wollen; er sprach leise und unkonzentriert, von einem Fuß auf den anderen tretend, während er dem Mädchen Paula, das neben ihm saß, mechanisch übers Haar streichelte; dann aber faßte er sich, seine Stimme wurde fester, seine Augen begannen zu glänzen, als sei das Fieber, das er am Tag seiner Ankunft gehabt hatte, plötzlich zurückgekehrt, und bald wurde deutlich, daß er eine wohldurchdachte Konzeption vortrug, die er bei unseren Vorgesprächen mit den Genossen Schlehbusch und Kiessling und den beiden Bornemanns entweder noch nicht gehabt oder uns vorenthalten hatte. Er ging aus von der Frage des Schutzes der Betriebe, der Maschinen darin und der dort gelagerten Materialien und Erzeugnisse; aber für wen sollte man sie schützen, für die Herren Münchmeyer von der Maschinenfabrik und Pilz von der Firma ESEM, die mit den Nazis paktiert und sich an deren Aufträgen gesundgestoßen und geholfen hatten, diesen Krieg über uns zu bringen, oder für uns selbst: unser Brot von morgen? Schutz der Betriebe durch die Arbeiter hieß über kurz oder lang aber Übernahme der Betriebe, der großen zumindest, durch die Arbeiter, darüber müsse man sich klar sein, und hieß auch, sie gegen ihre jetzigen Besitzer, die Unternehmer, zu schützen, die ihre Betriebe lieber ausgeraubt und zerstört sehen würden, als sie denen zu überlassen, die sie schützten. Und damit im Zusammenhang die Frage: Wem schulden wir Gehorsam? Die Antwort: Nur uns selbst; die alte Macht war zusammengebrochen und hinweggefegt, ihre

Vertreter, gestern noch hoffärtig drohend, versteckt in irgendwelchen Kammern unter irgendwelchen Betten oder den Röcken ihrer Weiber; es gab keinen Landrat, wenn wir ihn nicht bestätigten, keinen Bürgermeister, wenn wir ihn nicht wählten, keine Beamten und Polizisten, keine irgendwie geartete Behörde, wenn wir sie nicht einsetzten, wir, durch unsere Vertreter, durch ein Komitee, einen Ausschuß, die wir ausstatteten mit unserer Macht, der Macht, die wir, das Volk von Schwarzenberg, die Arbeiter, die einzigen, die nach diesem Krieg ein Recht darauf hatten, in diesem Augenblick in unsere Hände nahmen und die, nach Lage der Dinge, zunächst eine bewaffnete sein mußte, fähig und bereit, die Unterdrücker von gestern nun ihrerseits zu unterdrücken, im Namen der Gerechtigkeit, der Freiheit und der Zukunft.

Und dann zu mir gewandt: »Der Genosse Kadletz hat vorhin von einem Niemandsland gesprochen. Aber sind wir denn niemand? Ist dieses Land kein Land, sind diese Berge und Wälder keine Heimat, sind diese Städte und Dörfer, ob auch zerstört, diese Gruben und Werke, ob auch stillgelegt, nicht unser Erbteil?« Wir, fuhr er dann fort, so wie wir hier versammelt wären, und viele, die zu uns stoßen würden, hätten eine wohl einzigartige Gelegenheit: auf befreitem Boden, aber ohne Druck von seiten fremder Mächte, mochten sie auch noch so wohlwollend sein, ohne Form, die uns vorgeschrieben, ohne Schema, das uns vorgezeichnet, etwas aufzubauen, das wirklich unser sein würde, nach unseren Ideen und unseren Notwendigkeiten errichtet. Und sei das Gebiet, auf dem wir's versuchten, noch so klein, und die Bedingungen, unter denen wir's versuchten, noch so schwer, wir müßten es unternehmen, »nicht nur«, schloß er, »weil kein Weg außer diesem uns bleibt, sondern weil wir hier ein Muster schaffen können für andere, wenn wir's richtig beginnen und wenn es uns gelingt, Demokratie und Sozialismus miteinander zu verknüpfen in unserem – nennen wir's nicht Niemandsland, nennen wir es –«

»– Republik Schwarzenberg«, sagte ich halb im Scherz und dennoch mitgerissen vom Schwung seiner Worte und dachte zugleich, ein Tor, ein Visionär, dieser Wolfram, soll das, was er da vorschlägt, Ernst sein, oder sind es nicht eher Phantasien aus einer Todeszelle?

Die Leute, bemerkte ich, hatten ihn wohl angehört, aber fraglich war, wieviel von seinen Gedankengängen und dem, was dahinter steckte, sie verstanden hatten, und tatsächlich bröckelte die Stimmung, die er erzeugt hatte, feierlich und unwirklich im gleichen Maße, bereits ab, und ein Kopfschütteln hier und dort deutete an, daß so mancher sich zu überlegen begann, was das große Gerede denn solle zu einer Zeit, wo alles im Zerfall war und kein Mensch wußte, woher die nächste Brotkruste kommen sollte für seine Kinder.

Ich ahnte, welch Tohuwabohu von spöttischen Fragen und ablehnenden Meinungen binnen kurzem auf mich zukommen und wie das eine fruchtbare Diskussion hemmen würde, und ich blickte mich um nach einem, der das Machbare in Wolframs Vorschlägen aufgreifen und in eine reale Perspektive setzen könnte. Aber Kiessling wie auch Schlehbusch und Bruno und Helene Bornemann schienen wenig willens, sich zu äußern, und bevor ich mich entschließen konnte, jemanden aufzufordern, dessen Fähigkeiten und Denkweise mir nicht vertraut waren, hatte Reinsiepe sich erhoben und zu sprechen begonnen, von seinem Platz im Hintergrund des Saales aus, und so beherrschend war seine Stimme und so zwingend seine Art zu sprechen, daß ich nach zehn Sekunden statt der Gesichter, die bisher mir zugewandt gewesen waren, nur Reihen von Hinterköpfen sah.

Jawohl, sagte er, nachdem er erklärt hatte, wer er war, ohne viel darauf einzugehen, woher und auf welchem Weg und aus welchen Gründen er gerade nach Schwarzenberg gekommen sei, jawohl, die Macht den Werktätigen, jawohl, ein Aktionsausschuß, bestehend aus bewährten Antifaschisten, welcher die Macht ausüben und alle Verwaltungsorgane, alte wie neu zu schaffende, anleiten und kontrollieren würde, jawohl, Schutz der Betriebe und anderer Einrichtungen zum Zweck ihrer baldigen Übernahme, aber der Rest von dem, was Freund Wolfram ausgeführt hatte, so hübsch es auch geklungen habe, sei ja wohl Zukunftsmusik gewesen, weniger als das noch, schöne Träumereien, denn es sei ja bekannt, daß das durch die Alliierten, vor allem aber durch den heldenmütigen Kampf der Roten Armee zerschlagene Reich in Besatzungszonen aufgegliedert wurde und es daher wenig wahrscheinlich sei, daß ausgerechnet dem Landkreis Schwarzenberg eine Eigenexistenz zugewiesen sein könnte; näher liege doch anzunehmen, daß in kurzer Zeit, vielleicht nur Tagen, eine der Besatzungsmächte auch hier das Sagen haben werde; es gehe also nur darum, für eine minimale Frist zu verhindern, daß hier alles drunter und drüber gehe, und zu sichern, daß das Vorhandene an Lebensmitteln und anderen Gütern gerecht an die Bevölkerung verteilt werde. Den Versammelten obliege es, einen solchen Aktionsausschuß, wie es ihn übrigens, manchen hier erinnerlich, im Jahre 1923 während des erfolgreichen Kampfs der Schwarzenberger Arbeiter gegen den faschistischen Putschversuch damals schon gegeben habe, zu wählen und den Mitgliedern des Ausschusses ihren Arbeitsbereich zuzuweisen.

Dagegen war nichts einzuwenden. Es war sogar genau, was nach Wolframs Worten notwendig gewesen war, es war nüchtern, richtungsweisend, und es bot Raum und Gelegenheit für konstruktive Einzelvorschläge, die nun von den Versammelten kommen würden. Auch Wolfram schien nichts einzuwenden zu haben; jedenfalls schwieg er.

Später, es war schon Abend, und alles, was sich besprechen ließ, war besprochen, was sich regeln ließ, geregelt worden, der Aktionsausschuß gewählt, die Verantwortlichen für die einzelnen Aufgaben benannt, sogar die ersten Freiwilligen für eine provisorische Polizei gefunden, standen wir, nun doch schon recht erschöpft, vor dem Arbeiterheim und warfen, bevor wir uns auf den Heimweg machten, einen Blick auf das Tal. Winzige Lichtlein flammten hier und da auf, noch gab es keinen Strom, aber die Sterne zeigten sich am Himmel, und der Mond warf einen fahlen Schimmer auf die Türme von Schwarzenberg. »Paula«, sagte Wolfram, »geh und begrüß den Herrn Reinsiepe.«

Sie rührte sich nicht.

Reinsiepe trat auf sie zu, den Kopf schief, und griff lächelnd nach ihrer Hand. Sie wich zurück.

»Justine«, sagte er, »kennst du mich denn nicht mehr?«

Sie bemühte sich zu sprechen, brachte aber nur unverständliche Laute zustande, die hastig von ihren Lippen kamen.

40

Reinsiepe schien überrascht, dann peinlich berührt. Schließlich sagte er zu Wolfram: »Sie heißt Justine Egloffstein. Ich war eine Zeitlang im Haus ihrer Eltern untergebracht.«

»Und weiter?« fragte Wolfram.

»Weiter nichts. Der Luftangriff auf Dresden kam. In der Nacht verlor ich sie aus dem Auge.«

»Für mich«, sagte Wolfram, »bleibt sie Paula.«

Reinsiepe zuckte die Achseln. »Das mögen Sie halten, wie Sie wollen.«

6
Militärisches Zwischenspiel

Unteroffizier Konrad Stülpnagel, einsneunzig, breite Schultern, breites Gesicht, darin tiefliegende, zumeist von den Lidern halb bedeckte Augen, gehört zu jener Sorte Soldaten, die, wie es im Offiziersjargon bezeichnet wird, »natürliche Führungsqualitäten« besitzen, das heißt, seine Nerven sind stumpf genug, um ihn, gerät er in Bedrängnis, vor Panikreaktionen zu bewahren, ohne daß deshalb das Begriffsvermögen beeinträchtigt gewesen wäre, welches das Hirn erst befähigt, auf die gespeicherten militärischen Informationen zurückzugreifen und die für die jeweilige Situation anwendbaren rasch und zuverlässig auszuwählen. So strahlt er, obwohl sein Denken in keiner Weise kreativ, Kraft und Ruhe aus, ein Eindruck, der durch seinen schweren Körperbau und die muskulösen Hände mit den klobigen Fingern noch verstärkt wird.

Ein solcher Mann, gut bewaffnet außerdem mit Maschinenpistole und anderem Kriegsgerät, wird es fertigbringen, seine Einheit mitsamt den unterwegs aufgelesenen Versprengten unversehrt aus dem Chaos der zerfallenen Heeresgruppe Schörner heraus, zwischen den Amerikanern einerseits und den vom Osten her vordringenden sowjetischen Truppen andererseits hindurch, und dabei noch verschiedentlich auftauchenden tschechischen Freischärlern kleinere Rückzugsgefechte liefernd, über die auf dem Erzgebirgskamm verlaufende sächsisch-böhmische Grenze hinweg ins Schwarzenbergische zu führen. Erst dort, in einer kleinen, abgelegenen Talsenke, zu seiten eines eilig dahinsprudelnden Baches und in Sichtweite einer winzigen Ansiedlung, nicht mehr als vier oder fünf Häuser sind es, von denen silberner Rauch aufkräuselt, gestattet er seinen erschöpften Leuten, sich ins Gras zu werfen, während er, ein wenig abseits, mit dem Gefreiten Egloffstein beratschlagt.

Beratschlagen heißt hier, daß Stülpnagel redet, ihm genügt ein gelegentliches Wort von Egloffstein, ein Nicken, ein wie zum Pfeifen gespitzter Mund, um seine Gedanken, höchst prosaische Gedanken, trotz seiner Müdigkeit in Bewegung zu halten. Dabei empfindet er den scheuen, bewundernden Blick, den der junge Egloffstein gelegentlich auf ihn wirft, als eine ungeheure Bestätigung; er weiß, daß Egloffstein weiß, und daß auch die anderen wissen, daß sie ohne ihn verloren gewesen wären, umstellt und niedergemacht von den plötzlich rabiat gewordenen Tschechen, oder niedergewalzt von den amerikanischen Panzern, oder niedergeschossen von den russischen Kommissaren. Er braucht diesen Egloffstein, und der braucht ihn; Egloffstein ist ein zerbrechliches Wesen, eigentlich nicht recht tauglich zum Soldaten, zartgliedrig, elfenbeinerne Haut und samtbraune Augen, hat auch das Abitur gemacht, Not-Abitur, und kennt Sprachen und Verse; abends manchmal läßt er Egloffstein Verse sprechen, unverständliche, dunkle, die anderen müssen auch mit zuhören, wehe, wenn sie lachen oder auch nur sich räuspern, der Mensch soll gefälligst noch etwas Höheres kennen als Schlagen und Stechen und Saufen und Fressen und Huren.

Stülpnagel weiß auch, daß es welche gibt, die insgeheim sagen, daß er's treibt mit dem Egloffstein und sich von ihm den Schwanz lecken läßt und ihn in den Arsch fickt; aber das ist total erfunden und eine große Gemeinheit, denkt Stülpnagel, und wenn er den Kerl erwischt, der das verbreitet, wird er ihn eigenhändig und auf der Stelle erschießen.

»Nach Hause willst du also«, sagt er zu Egloffstein. »So. Und wohin nach Hause, bitte? Nach deinem Dresden, dich verkriechen im warmen Elternhaus? Aber ich sage dir, Hans, wenn da überhaupt noch was übrig ist von der Stadt, dann sitzen die Russen drin, und ich kann dich mir schon vorstellen in Sibirien, mit deinen zarten Gliederchen und der weichen Haut und die hübschen Locken vom Kopf geschoren, wie der Iwan dir das Baumfällen beibringt, ritsch-ratsch, um kippt der Baum, ritsch-ratsch, um kippt das Hänschen.«

»Wir haben den Grenzpfahl gesehen, alle von uns«, sagt Egloffstein. »Wir haben das Schlimme doch hinter uns, und der Krieg ist aus.«

»Nichts haben wir hinter uns«, sagt Stülpnagel. »Auch hier wird der Iwan sein, und die Amerikaner, und dich finden sie allemal noch. Ohne mich bist du geliefert, verstehst du, nichts bist du ohne mich, eine geklatschte Fliege. Oder?«

Egloffstein sieht leidend aus. Aber er schweigt. Er hat immer einen gebraucht, der stärker war als er und an den er sich anlehnen konnte, und den er für Schutz und Unterstützung durch Anschmiegsamkeit und Gehorsam entlohnte, bis dann ein noch Stärkerer sich einstellte, auf den er seine Anhänglichkeit übertrug; das war schon in der Schule so gewesen, und dann kam das Judenmädchen Esther, die so in sich ruhend und unnahbar erschien, trotz ihrer verzweifelten Lage, versteckt, wie sie sich in der Kammer des Egloffsteinschen Hauses halten mußte, und die dann doch große Schwester und Brüderchen mit ihm spielte, so daß man sich richtig inzestuös vorkam.

»Du wirst«, sagt Stülpnagel, »unbewaffnet und ohne Helm zu den Häusern dort drüben hingehen und höflich an die Tür klopfen und mit den Leuten ins Gespräch kommen; sag ihnen, du hättest lange nichts zu fressen gekriegt und fühltest dich ganz elend und krank und wolltest nur nach Hause zu dem Herrn Pfarrer, deinem Vater, und der lieben frommen Mama, und der Schwester, die so hübsch im Ballett tanzt als zweiter Schwan von rechts. Es wär' ja noch nicht mal gelogen, außer daß der Herr Pfarrer leider das Zeitliche gesegnet hat, und die Weiber werden einem harmlosen Jungen wie dir trauen, und du wirst feststellen, was es dort zu holen gibt, und zu erfahren suchen, wie die Lage aussieht, und wessen Truppen wo liegen. Und darauf kommst du sofort hierher zurück und berichtest. Klar?«

»Klar«, sagt der Gefreite Egloffstein, und Stülpnagel blickt ihm nach, wie er über die steinigen Wiesen in Richtung der Häuser stolpert, und er denkt, nein, der Junge kommt wieder, der haut nicht ab, der nicht. Stülpnagel hat einiges gelernt über die Abhängigkeiten, die zwischen Menschen entstehen, besonders Menschen im Krieg, und er weiß diese auszunutzen, zum eigenen Vorteil, aber auch zu Nutz und Frommen der Männer, die er befehligt. Die haben inzwischen gegessen, was noch an Krümelzeug vorhanden war in ihren Taschen, und liegen im Gras und warten darauf, daß er ihnen mitteile, was nun kommen soll, und daß er sie hinführe, wo sie sich den Wanst noch einmal richtig vollschlagen können, bevor sie auseinanderlaufen. Aber Stülpnagel sagt nichts, wenigstens nichts Wesentliches; er wechselt ein paar Worte mit dem einen oder anderen, über Blasen an den Füßen und Läuse im Hemd und anderes der Art, alles Dinge, die den Mann an seinen Führer binden, denn sie schaffen ihm das Gefühl, daß hier einer ist, der sich sehr wohl Sorgen macht um das Wohl des gemeinen Soldaten.

Dann erblicken sie, in der Ferne, kaum mehr als ein Punkt in der Landschaft, den Egloffstein, und sehen, wie er näher kommt, daß er mächtig mit den Armen rudert und läuft, so rasch er kann, fast ist es, als hörte man ihn keuchen, und Stülpnagel geht ihm entgegen, schweren Fußes, ihn erschüttert nichts.

Dennoch ist das, was Egloffstein ihm zu sagen hat, von solch weittragender Bedeutung, daß er's zunächst nicht glauben mag, bevor er sich dazu äußert, die Lider hebt und Egloffstein durchdringend anblickt: will der ihn in eine Falle locken? Und wiederholt: »Keiner? Keiner, sagst du, hat dieses Gebiet besetzt? Woher willst du das so genau wissen?«

»Komm doch selber mit hin und frag nach«, sagt Egloffstein, Schweiß auf der Stirn und noch immer außer Atem. »Der Alte, mit dem ich gesprochen hab', war heute früh noch in Schwarzenberg, sagt er, dort wüßten die Leute auch nicht genau, wer eigentlich regiert, die einen meinten, sagt er, der Bürgermeister Pietzsch und der Landrat Wesseling wären noch immer im Amte, andere aber hätten von einem Aktionsausschuß geredet, der die Sache in die Hand nähme, Kommunisten wohl großenteils; jedenfalls aber wäre keine Kommandantur im Orte, und nirgendwo wären Russen zu sehen, und Amerikaner auch nicht.«

Dem Stülpnagel beginnt das nun doch möglich zu erscheinen, vorausgesetzt natürlich, der Alte dort drüben in den Häusern hat Egloffstein nicht die Hucke vollgelogen; aber warum sollte er, und ausgerechnet mit einer so ausgefallenen Geschichte? Ein Gebiet, das noch unbesetzt ist, denkt Stülpnagel, allerdings wäre da noch auszuloten, wie weit sich das erstreckt, aber ganz gleich, hier ließe sich bleiben, eine Weile zumindest, zu fressen wird's bei den Bauern schon geben, man muß sie nur richtig in die Zange nehmen; und unscharf und nebelhaft noch zeichnet sich in seinem Hirn das Bild einer Truppe ab, die man schaffen könnte, mit seinen eigenen Leuten als Kern: Kampfgruppe Stülpnagel. Wo Kampfgruppe Stülpnagel sich zeigte, war Deutschland, noch war nicht alles verloren, aber Disziplin mußte her, Gehorsam aufs Wort und bedingungslose Unterordnung, damit der Laden nicht auseinanderfiel, und dann würde man schon sehen, auch Hitler hatte einst klein angefangen, aber zielbewußt und mit eisernem Willen, und hätte die Welt erobert, wenn er sich nicht mit den Russen und den Amerikanern zugleich angelegt hätte.

»Hans«, sagt er zu Egloffstein und nickt in Richtung des Gepäcks, das man am Hang neben dem Bach abgelegt hat, »bring mir meinen Beutel.«

Egloffstein trottet gehorsam ab und bringt seinem Freund und Beschützer das Gewünschte. Dieser entnimmt dem Beutel ein Paar Offiziersepauletten, die er, er weiß selbst nicht, warum, an einem böhmischen Straßenrand aufgelesen hat, wohin sie irgendein flüchtender Hauptmann geworfen haben mußte.

»Steck mir sie an«, befiehlt Stülpnagel.

Gefreiter Egloffstein reißt erstaunt die Augen auf, aber er gehorcht und bemerkt mit weiterem Erstaunen, welch Wandel über Stülpnagel kommt, sobald dieser, ausgestattet mit den neuen Rangabzeichen, auf seinen Haufen zuschreitet: sein Gang wird anders, nämlich leicht federnd, er zieht den Bauch ein und reckt den Hals und stößt das Kinn kühn nach vorne, und heller und schärfer als früher ist auch die Stimme, mit der er das Lachen der Männer abtötet, die die gestreiften Schulterstücke zunächst für einen Witz halten, und dann kommandiert: »Antreten!« und darauf, nachdem sie, viel zu lässig für seinen Geschmack, sich in Reih und Glied geordnet haben, sie anblökt: »Alle mal herhören!«

Wer geglaubt habe, er könne sich jetzt in die Büsche schlagen, erklärt er, schon ganz der Kompaniechef, den müsse er leider enttäuschen; nein, daraus werde nichts, noch seien sie nicht, auch er nicht, aus dem Eid entlassen, den sie geschworen haben, und er habe sie nicht den zahlreichen Gefahren des Rückzugs entrissen, damit sie sich jetzt in alle Winde zerstreuten und schließlich doch noch in irgendeinem Gefangenenlager verreckten; statt dessen harrten ihrer große Aufgaben, denn er habe erfahren, und zwar aus bester Quelle, daß das Gebiet um die Stadt Schwarzenberg, in deren Nähe sie sich nun befänden, von keinerlei feindlichen Truppen besetzt sei, weder von Russen noch von Amerikanern; hier gäbe es also zu tun, was, könne jeder sich denken, denn wo noch ein Stück von Deutschland, auf dem sich kämpfen ließe, da würden deutsche Männer gebraucht, weil sie wohl wüßten, Ordnung muß sein, und die würden sie hier schaffen, und zwar gründlich, sie, die Kampfgruppe Stülpnagel; und wo die Kampfgruppe Stülpnagel stünde, da hätten weder der Bolschewismus, der blutige, noch irgendwelche roten Aktionsausschüsse eine Chance und würden vielmehr ausgerottet.

Und wartet. Die Sekunden ziehen sich hin, und je mehr Zeit vergeht, dieses weiß Stülpnagel, desto mehr kommen die Leute zum Nachdenken und desto größer werden Zweifel und Unsicherheit, und am Ende laufen sie ihm doch davon, und er hat kein Mittel mehr, sie zu halten. Aber da nimmt der Gefreite Egloffstein Haltung an und ruft, für alle vernehmlich und im genau richtigen Tonfall: »Jawohl, Herr Hauptmann!« und, zögernd zunächst, dann aber immer rascher aufeinanderfolgend und zum Schluß unisono, erschallt das Echo: »Jawohl, Herr Hauptmann!« und Stülpnagel kommandiert: »Wegtreten! Fertig machen zum Abmarsch!« und führt seine Kampfgruppe, Minuten später nur, in Richtung der Häuser, wo sich, hofft er, dies und das auftreiben lassen wird zur Unterstützung der Moral der Truppe.

7

Aufzeichnung Kadletz:
Machtübernahme

Heute, wo alles wieder, wie man zu sagen pflegt, seinen Gang geht und wir alle, der eine mehr, der andere weniger bequem, in Selbstverständlichkeiten eingebettet sind, wird es doch kaum einem einfallen, Begriffe, deren Bedeutung längst feststeht, in Frage zu stellen oder die eigene Fähigkeit zu bezweifeln, den Platz, der ihm von der Obrigkeit zugeteilt wurde, zur allgemeinen Zufriedenheit auszufüllen. Aber in Zeiten, wo der Mensch nicht mehr weiß, wer das Sagen im Lande und wer zu parieren hat, und der geordnete Fluß amtlichen Papiers, der sich von Dienststelle zu Dienststelle bewegt, plötzlich ins Stocken gerät, ja, die Dienststellen selber im Leeren zu hängen scheinen, ergeben sich auf Schritt und Tritt Probleme, die vorher keiner so richtig durchdacht hat, und Fragen, die auf einmal ganz neuartig klingen, wie zum Beispiel die Frage des Genossen Bruno Bornemann, von diesem vorgebracht, nachdem ihm seitens des Aktionsausschusses der Auftrag erteilt wurde, den Posten des Bürgermeisters der Stadt Schwarzenberg zu übernehmen: Was denn Macht und Befugnis des Bürgermeisters wären, in normalen Zeiten und unter den gegenwärtigen Umständen insbesondere, und was denn überhaupt Macht eigentlich sei und wie man sie ausübe; der Dr. Pietzsch, ein Nazi zwar und darum als Feind zu betrachten, besäße immerhin eine akademische Ausbildung und hätte eine lange Beamtenlaufbahn hinter sich; er, Bornemann, wisse dagegen nur, wie man Metall formt, und habe keinerlei Kenntnis von Theorien, und seine Schwägerin Helene, die ihn in solchen Punkten mitunter berate, sei im Augenblick mit einer Anzahl anderer Frauen unterwegs, um die vorhandenen Bestände an Lebensmitteln aufzunehmen, damit wenigstens der Mangel gerecht verteilt werden könnte.

Ja, was war das, die Macht? Meine eigenen Vorstellungen von ihr waren, wie ich bei früherer Gelegenheit, glaube ich, bereits berichtete, eher bildhafter Natur und daher etwas unpräzise; jedenfalls besagten sie wenig über das Wesen der Sache, und es würde, so fürchtete ich, dem Genossen Bornemann auch kaum helfen, ihm die Worte des Genossen Lenin bezüglich jener Köchin ins Gedächtnis zu rufen, die gleichfalls imstande sein sollte, die Macht auszuüben; in der Praxis wäre auch diese gute Frau mit ähnlichen Problemen konfrontiert gewesen wie jetzt der Genosse Bornemann.

»Macht«, erklärte Wolfram, »ist die Übersetzung des eigenen Willens in die Tat anderer.«

»Hervorragende Definition«, sagte Reinsiepe trocken. »Aber wie macht der Bornemann das, die anderen veranlassen, zu tun, was in seiner eigenen Absicht liegt?«

»Durch Überzeugung?« schlug Schlehbusch, harmloses Gemüt, vor.

Reinsiepe grinste.

»Natürlich ist Konsens das Wünschenswerte«, sagte Wolfram.

»Nur wieviel Zeit wird er haben«, fragte Reinsiepe, »den wünschenswerten Konsens herbeizuführen? Bei diesen Menschen?«

»Diesen Menschen«, bemerkte Wolfram, aber man sah ihm an, daß er sich unwohl fühlte, »diesen Menschen sind die gewohnten Denkmuster zerbrochen. So werden sie besseren Argumenten zugänglich sein.«

»Oder sich ihnen total verschließen«, sagte Reinsiepe.

Ich muß gestehen, daß mir der Disput damals recht abseitig vorkam, und manches daran blieb mir auch unverständlich, vor allem die schlecht verhohlene Feindseligkeit, mit der beide, Reinsiepe wie Wolfram, gegeneinander argumentierten. »Wie lang«, wollte Wolfram von dem anderen wissen, »haben Sie eigentlich dort drüben gelebt, daß Sie die Macht nur auf der Furcht der Menschen voreinander basieren lassen?«

Reinsiepe fuhr auf. »Als ob es das nicht auch anderswo gegeben hätte«, sagte er heiser, »und hier in Deutschland besonders! Sie selber, Verehrter, haben's doch wohl am eigenen Leib zu spüren bekommen!«

»Gerade darum müssen wir jetzt differenzieren«, erwiderte

Wolfram mit erzwungener Ruhe. »Die alte Frage *Wer Wen* muß erweitert werden; sie muß lauten: Wer Wen, und durch Wen, und Wie? Oder wollen Sie nicht, ebenso wie ich, einen besseren Zustand herbeiführen als den, den wir gehabt haben?«

Im Rückblick erst, Jahre später, ist mir klar geworden, auf welches Land sich Wolframs *dort drüben* bezog; weder wußte ich damals mit irgendeiner Gewißheit, wo Reinsiepe sich in der Zeit seiner Abwesenheit aufgehalten hatte, noch wäre ich, hätte ich es gewußt, auf den Gedanken gekommen, daß dort etwas anderes als Menschlichkeit und Gerechtigkeit geherrscht haben könnten; denn war nicht just aus diesem Grunde der ganze Haß der Nazis gegen eben dies Land dort drüben gerichtet gewesen?

Aber inzwischen war die Debatte, und ich muß sagen Gott sei Dank, zu praktischen Fragen zurückgekehrt, zuallererst zu den Eigenheiten der Struktur der Administrative im Landkreis Schwarzenberg, die ja zweigeteilt war zwischen dem Landrat des Kreises und den örtlichen Bürgermeistern, wobei ersterer zwar nicht weisungsbefugt, dennoch aber eine Art Kontrollinstanz und absegnende Hand war. Der Aktionsausschuß mußte entscheiden, ob er beide, Landrat wie Bürgermeister, in einem Akt für abgesetzt erklären sollte, wobei er sich fragte, ob unsere Kräfte ausreichend waren, beider Funktionen zugleich zu übernehmen, oder ob wir Herrn Wesseling angesichts der Tatsache, daß er, wie jeder wußte, niemals Mitglied der Nationalsozialistischen Partei geworden war, sondern in all den Jahren seinen Landratsposten auf Grund seiner fachlichen Kenntnisse und seiner bekannt konservativen Einstellung gehalten hatte, nicht noch ein Weilchen weiterwirtschaften lassen und uns zunächst des Bürgermeisteramts und der Kommandostellen der Polizei bemächtigen sollten. Unter der Bedingung, daß Herr Wesseling die Autorität des Aktionsausschusses der Antifaschisten als der obersten Vertretung der Arbeiterklasse von Schwarzenberg anerkannte und sich dieser Autorität unterordnete, wurde beschlossen, so zu verfahren und, um noch ein Übriges und der Gesetzlichkeit Genüge zu tun, den Landrat zu veranlassen, durch eigene Unterschrift die Amtsenthebung des Dr. Pietzsch zu sanktionieren.

Vielleicht werden Sie einwenden, wir hätten größeres Vertrauen in die eigene Kraft zeigen sollen, und Reinsiepe trug seine Verachtung für unser schwächliches Lavieren auch ziemlich offen zur Schau; aber ich neige heute noch zu der Ansicht, daß wir recht taten, indem wir nicht mehr abbissen, als wir schlucken konnten; und auch so hätte dieser erste Schritt zur Übernahme der Macht noch mißlingen können, wäre es nicht für Reinsiepes überzeugende Art des Verhandelns mit Herrn Wesseling gewesen.

Reinsiepe hatte eben im Umgang mit Mächtigen Erfahrungen, die uns fehlten, selbst wenn die Büros und Ämter, in denen er diese seine Erfahrungen gesammelt hatte, durchaus andere gewesen waren als die, welche wir uns jetzt zu erobern anschickten; Amtsstube bleibt Amtsstube, und Schreibtisch und Amtssessel mitsamt ihren Bequemlichkeiten und Privilegien formen den Menschen in stärkerem Maße, als jedes andere Arbeitsgerät es tut. Aber das nebenbei; jedenfalls gab es mir eine gewisse Sicherheit, daß Reinsiepe, neben Wolfram, Bornemann, Kiessling und Schlehbusch, mit von der Partie war, die sich nun auf den Weg zu Herrn Wesseling machte.

Das Landratsamt befand sich da, wo die Kreisbehörde auch heute noch sitzt, in der Schloßstraße, neben dem Amtsgericht und diagonal gegenüber dem Schloßturm, hinter dessen mittelalterlichem Mauerwerk vier Etagen kreisförmig angelegter Gefängniszellen sich befanden, in deren einer ich einst eine Zeitlang einsaß, die aber jetzt, nach der Freilassung der noch von den Nazis in Gewahrsam gehaltenen Politischen, größtenteils leerstanden und neuer Insassen harrten; zur Übersetzung des eigenen Willens in die Tat anderer, um Wolframs Definition zu folgen, gehört eben seit Urzeiten schon auch das Loch, in dem man Widersetzliche verschwinden lassen kann.

Entgegen dem Rat Wolframs, der uns auf den Überraschungseffekt zu setzen empfahl, ein Gedanke, zu dem Reinsiepe nur die Achseln zuckte, hatten wir uns, besonders da Bornemann als zukünftiger Bürgermeister auf Wahrung der Formen bestand, bei Herrn Wesseling für zwölf Uhr mittags angesagt; telephonisch, denn das Telephon funktionierte ja wieder dank der Bemühungen des Genossen Bernhard Viebig, der die Leitung der Postdienste übernommen und die Arbeiter des Elektrizitätswerks überredet hatte, die Stromversorgung wenigstens für Zwecke der Kommunikation wieder in Gang zu bringen; denn was wäre, so Viebig, die neue, aus den Reihen der Arbeiter gebildete demokratische Regierung ohne die Möglichkeit, ihre Anordnungen rasch und zuverlässig zu verbreiten?

Landrat Wesseling, dies war zu erkennen, sobald man sein Dienstzimmer betrat, war ein Liebhaber von Schlingpflanzen; da rankten sich nicht nur die üblichen Tradescantia und Philodendron und Cissus; nein, auf sichtlich nach seinen Instruktionen erbauten Bambusgestellen wuchs ein Stück tropischer Landschaft, hinter deren üppigem Grün er, wenn die Unruhe ihn trieb, zeitweilig verschwand, so daß seine Stimme dann wie die eines im Urwald Verirrten zu uns drang. »Ach ja«, ließ er sich vernehmen, »aber wie kann ich tun, was Sie verlangen? Ich bin ja gerne bereit, meine Herren, anzuerkennen, daß Sie sich als Antifaschistischer Aktionsausschuß konstituiert haben und sich nun, getragen vom Vertrauen der Arbeiterklasse, wie Sie sagen, als einzige gesetzliche Vertretung und höchstes Machtorgan des Volkes von Schwarzenberg, Landkreis wie Stadt, betrachten, und es ehrt mich« – dies zwischen dem Blätterwerk hindurch – »daß Sie angesichts meiner bekannten Nichtzugehörigkeit zur Nationalsozialistischen Deutschen Arbeiterpartei gedenken, mich bis auf weiteres, das heißt, bis zu einer endgültigen Entscheidung über die Zukunft dieses Landkreises, in meinem Amt zu belassen; aber immerhin gibt es, auch wenn die Reichsregierung durch die bedingungslose Kapitulation ihrer Repräsentanten nicht mehr existent ist, doch eine sächsische Landesregierung, deren Hoheitsrecht sich auf die nicht besetzten Teile des Staates Sachsen, also zum Beispiel auf den Landkreis Schwarzenberg, erstreckt und der ich unterstehe, solange noch keine alliierte Dienststelle ihr dieses Hoheitsrecht ausdrücklich entzogen und eine andere Behörde mit dessen Ausübung beauftragt hat. Meine Befugnisse als Landrat gehen nicht halb so weit, wie Sie zu denken scheinen, und die Absetzung eines nach den Bestimmungen des Gesetzes gewählten Bürgermeisters anzuordnen oder auch nur durch meine Unterschrift zu rechtfertigen steht gänzlich außerhalb meiner Kompetenz.«

Ah, wenn wir zu der Zeit gewußt hätten, was sich erst nach dem Ende der Republik herausstellte, als eine Sekretärin der von der so-

wjetischen Kommandantur eingesetzten Kreisverwaltung auf der
Suche nach einem ganz anderen Vorgang die Ablagen des Landratsamtes durchstöberte: daß nämlich der Herr Wesseling die Stunden
vor unserem Besuch offenbar dazu verwendet hatte, eiligst einen
Brief an die amerikanische Militärregierung in Auerbach zu schreiben, mit Kopie zu seinen eigenen Akten, und diesen per Boten zu
expedieren; einen Brief, der, von Wesseling in seiner Eigenschaft als
Head of the Administration of the District of Schwarzenberg gezeichnet und, wie man mir versicherte, in einem recht mangelhaften
Englisch verfaßt, folgende Kernsätze enthielt: Ich bitte Sie, meinen
Landkreis umgehend zu besetzen; die anständige und fleißige Bevölkerung wünscht die Besetzung, weil sie darin eine Garantie für
die Aufrechterhaltung von Ruhe und Ordnung sieht. Und weiter er-
suchte er in diesem Brief die US-Militärregierung, ihm zu gestatten,
bis zur Besetzung seines Landkreises durch die Amerikaner und
wiederum zum Zweck der Aufrechterhaltung von Ruhe und Ordnung die örtlichen Polizeiorgane, die alten natürlich, welche sonst,
mit Waffen auszurüsten, und begründete das Ganze mit der drohenden Hungersnot, die die Gefahr von Seuchen und Unruhen mit sich
bringe und die allerdings, das muß man auch aus der Sicht von heute
anerkennen, traurige Realität war.

So aber, in Unkenntnis dieses Briefes und getragen von dem Bewußtsein, daß wir ihm ja nicht übelwollten, sondern ihn zu tolerieren und so weit tunlich auf unsere Seite zu ziehen trachteten, waren
wir, das heißt Bornemann, Schlehbusch, Kiessling und ich, durch
seine juristischen Einwände, denen wir nichts entgegenzusetzen
vermochten, etwas außer Fassung gebracht; Wolfram allerdings, so
bemerkte ich, hatte diese ruhiger hingenommen als wir, und Reinsiepe, den Kopf schief wie immer, wenn er sich überlegen fühlte, betrachtete Wesseling mit blinzelndem Interesse und erkundigte sich:
»Und wo, bitte, befindet sich Ihre sächsische Landesregierung zur
Zeit?«

»Im Sporthotel in Oberwiesenthal.«

Die Antwort war so prompt gekommen, daß die Vermutung na-
helag, der Landrat müsse seit der Besetzung der Ruinen von Dresden durch die sowjetische Armee über die Bewegungen seiner flüch-

tigen Regierung recht gut auf dem laufenden gehalten worden sein. Aber nicht dieser Punkt beschäftigte mich in dem Augenblick; vielmehr sah ich die Landkarte des Königreichs Sachsen vor mir, die ich in der vierten oder fünften Schulklasse zu studieren gehabt hatte und derzufolge Oberwiesenthal, höchster Kurort Mitteldeutschlands, nicht mehr zu schwarzenbergischem Verwaltungsgebiet gehörte, sondern zum Landkreis Annaberg; dort aber sollten doch längst die Russen sein! Waren diese noch nicht in Oberwiesenthal aufgetaucht, oder waren auch im Annabergischen, trotz sowjetischer Präsenz, die Verhältnisse noch ebenso ungeklärt wie bei uns, das Alte zäh sich an seine Positionen klammernd, während das Neue, tapsig, seine ersten Schritte tat?

»Dann rufen Sie doch in Oberwiesenthal an!« sagte Kiessling, dem die Pistole, die er jetzt ständig bei sich trug, die Jacke ausbeulte; und da mein Ärger über Wesselings Spitzfindigkeiten, durch die ich mich hatte ins Bockshorn jagen lassen, mein Gefühl der Minderwertigkeit vor beamteter Würde zu überwiegen begann, unterstützte ich Kiessling lautstark: »Jawohl, rufen Sie doch an im Sporthotel, Herr Landrat, und lassen Sie sich von Ihrer Regierung bescheinigen, was Sie auf Ihre Kappe nehmen dürfen und was nicht!«

Derart bedrängt, trennte Wesseling sich von seiner grünen Kulisse, trat zurück an seinen Schreibtisch, setzte sich umständlich hin und ließ sich mit Oberwiesenthal verbinden. »Geben Sie mir Herrn Regierungsrat Schramm.«

Nach einer Weile war Regierungsrat Schramm offenbar am Apparat. Das Heil Hitler unterblieb, aus verständlichen Gründen; man sprach kurz vom gegenseitigen Wohlbefinden, wobei der Landrat das seine als »zeitentsprechend« bezeichnete. Dann aber kam er zum Punkt, schilderte seine Lage – »die Herren von dem neugeschaffenen Aktionsausschuß, Sie verstehen, Herr Regierungsrat, die Herren fordern gewisse Maßnahmen« – das Ganze nicht, ohne uns gelegentlich einen Blick zuzuwerfen, der auch bei uns um Verständnis für seine Lage zu werben schien.

Was er zu hören bekam, machte ihm sichtlich wenig Freude, und er sagte: »Ich? Wieso ich? Die Entscheidungspflicht liegt immer noch...« Auf einmal: »Wie bitte?«

Er war blaß geworden unter seinen Stoppeln, und man merkte ihm an, wie sehr er sich zu beherrschen suchte. »Aber ja, Herr Regierungsrat«, sagte er, »ich verstehe. Ich verstehe.«

Er schluckte. Dann ließ er den Hörer auf die Gabel gleiten. Seine Augen waren plötzlich rotgerandet, und der Schweiß stand ihm auf der Stirn, als er sich uns zuwandte. »Sowjetisches Militär hat soeben das Hotel betreten. Die Regierung hat sich aufgelöst.«

»Es war zu erwarten.« Reinsiepe nickte teilnahmsvoll. »Möchten Sie, Herr Wesseling, daß wir uns zum Gedenken an die Herren erheben?«

Das hatte Reinsiepe so an sich, diesen sanften Sarkasmus. Mir war sein Verhalten in dem Moment ganz lieb, denn es half mir, zu den Aufgaben, die vor uns lagen, zurückzufinden. »Wir dürfen also annehmen, Herr Landrat«, sagte ich, »daß Sie sich von jetzt an verpflichtet sehen, mit dem Antifaschistischen Aktionsausschuß zusammenzuarbeiten und dessen Beschlüsse durchzuführen, die, das versichern wir Ihnen, ausschließlich dem Wohl der Bevölkerung dienen werden und der Festigung der –« Ich hielt inne. Ich hätte natürlich an dieser Stelle von demokratischer Ordnung oder ähnlichem sprechen können. Aber statt dessen sagte ich, ihn dabei fixierend: »– Festigung der Republik Schwarzenberg.«

Möglich, daß gerade Wesselings Art, sich staatspolitisch zu geben, mich veranlaßt hatte, ihm diese bisher nur als Idee in ein, zwei Köpfen existierende Republik als konkreten Begriff unter die Nase zu halten. Aber *Republik Schwarzenberg* schien mir unserem Grüppchen eine wohltuende Legitimität zu verleihen, und was sollte dieses Schwarzenberg, das durch Gott weiß welchen Zufall auf einmal selbständig geworden war, denn sein, wenn nicht eine Republik?

»Republik?« fragte der Landrat, und dann, als hätte er erst jetzt verstanden, wiederholte er: »Republik Schwarzenberg!« Und brach in ein keckerndes Lachen aus, in dem sich die ganze Spannung, unter der er gestanden hatte, zu lösen schien, und ich sah, daß er uns im nächsten Satz mitteilen würde, dies alles sei doch wohl recht unernst und wir möchten ihn jetzt bitte in Ruhe lassen und uns trollen, damit er, als nunmehr einzige gesetzliche Behörde im einzigen noch unbesetzten Teil Deutschlands, sich seinen Pflichten widmen könne, die auch ohne die Einmischung einer selbsternannten Abordnung sicher sehr wohlmeinender Bürger schwer genug auf ihm lasten würden.

»Jawohl, Republik Schwarzenberg!«

Das war von Max Wolfram gekommen, der nun zu aller Überraschung auf Wesselings klobigen Schreibtisch zuschritt und, die hageren Fäuste auf die grünledern bezogene Platte gestützt, den Mann anfauchte: »Und Sie werden uns nicht daran hindern, Herr Landrat, hier eine Republik zu errichten, en miniature, zugestanden, und in diesem winzigen Stück Deutschland, gerade weil dieses Deutschland soviel Schuld auf sich geladen hat, neue Wege zu suchen, bessere.«

Wesseling blickte ihn sonderbar an. »Meine Hochachtung«, sagte er dann, »das nenne ich mir eine edle Haltung. Auch ich übrigens, wenn ich das erwähnen darf, habe mir angesichts des allgemeinen Zusammenbruchs bereits Gedanken über neue und bessere Wege gemacht.« Er bemerkte den Ausdruck auf Wolframs von Leiden gezeichnetem Gesicht und fügte hastig hinzu: »Natürlich kann und will ich mich in keiner Weise mit Ihnen vergleichen. Aber soweit es sich mit meinen Auffassungen vereinen läßt, würde ich Ihnen mit Freude bei der Verwirklichung Ihrer Ideen zur Seite –«

»Dann schreiben Sie uns mal fünf Zeilen«, unterbrach ihn Wolfram in plötzlich sehr nüchternem Ton, »etwa des Wortlauts: Sehr geehrter Herr Dr. Pietzsch, übergeben Sie den Überbringern dieses, den Herren Soundso und Soundso, ordentlichen Vertretern des Antifaschistischen Aktionsausschusses, welcher im Namen der arbeitenden Klassen die Macht in der Republik Schwarzenberg übernommen hat, Ihr Rathaus mit sämtlichem darin befindlichen Inventar, Akten, Geldmitteln usw. intakt, und halten Sie sich zur Verfügung der genannten Herren. Gezeichnet. Amtssiegel.«

Wesseling blickte in Richtung seines Urwalds, zog sich aber keineswegs dorthin zurück. Ich hatte sogar das Gefühl, daß er ein wenig erleichtert war. Phantasten, als welche wir und insbesondere Wolfram ihm bisher erschienen sein mußten, waren gefährlich, man wußte nie, was ihnen noch in den Kopf kommen würde; aber trotz der nochmaligen Erwähnung der absurden Republik Schwarzenberg waren der Text, der ihm vorgeschlagen, und der Ton, in dem dieser ihm vorgetragen worden war, so beruhigend bürokratisch gewesen, daß der Landrat anscheinend zu dem Schluß kam, wir müßten trotz unserer Eigenheiten Vernunftgründen zugänglich sein; und so sagte er, uns geduldig belehrend: »Aber Sie haben doch gehört, meine Herren, daß ich einen solchen Brief nicht schreiben kann. Gewiß, im Gegensatz zu mir war Herr Dr. Pietzsch Mitglied der Nationalsozialistischen Partei, und ein örtlich prominentes sogar, und er mag manchen Leuten auch Unrecht getan haben; aber ich bin nicht sein Richter, und im übrigen besteht da, wie ich Ihnen bereits erklärte, die Kompetenzfrage –«

»– die sich doch wohl inzwischen erledigt hat«, warf ich ein, und Kiessling, die Hand auf der Waffe in seiner Jackentasche, ergänzte: »Die sächsische Landesregierung hat sich doch aufgelöst!«

Wesselings fülliges Gesicht rötete sich, aber er schwieg, und die verkniffenen Lippen deuteten an, daß er nicht die Absicht habe, sich weiter mit uns zu unterhalten.

»Ist das Ihr letztes Wort?« fragte Bornemann, dem es offensichtlich lieber gewesen wäre, bei seiner Amtsübernahme von Dr. Pietzsch ein landrätliches Papier in der Hand zu haben.

Keine Antwort.

Später hat Wolfram mir erzählt, was er in diesem Moment empfand. Die fiebrige Hitze, die er schon überwunden glaubte, sei wieder in ihm aufgestiegen, und er habe gedacht, sollen denn Kerle wie dieser immer wieder tun und lassen dürfen, was ihnen gefällt, und die Zukunft blockieren, die uns vorschwebt; und es sei ihm eine Art Genugtuung gewesen, daß der Anzug, den ich ihm endlich hatte verschaffen können, ihm an den dürren Knochen gehangen habe wie die Lumpen an einer Vogelscheuche, im Gegensatz zu dem glatten Sakko an Wesselings stämmigem Leibe; und so habe er sich nicht einmal die Mühe gemacht, das Beben in seiner Stimme zu unterdrücken, als er ihm sagte: »Ob Sie nun Nationalsozialist waren oder nicht, Herr Landrat: wer es jetzt noch unternimmt, Leute zu schützen, die mitverantwortlich sind für das, was hierzulande geschah, der wird sich gefallen lassen müssen, daß er ebenso behandelt wird wie diese.«

Wesseling duckte den Kopf, als erwarte er noch einen zweiten, diesmal aber auch physisch spürbaren Schlag; zugleich huschte sein vogelartiger Blick hilfesuchend umher, bis er auf Reinsiepe fiel. Dieser hatte sich Wesseling gegenüber bisher ziemlich zurückgehalten, vielleicht weil er annahm, daß Wolfram, und wer sonst noch auf den Landrat eingeredet hatte, genügten, seinen Widerstand zu brechen, vielleicht aber auch, weil er meinte, den Mann noch brauchen zu können, und sich und uns den Weg zu ihm nicht durch unnötig zur Schau gestellte Feindseligkeit verbauen wollte. So blieb er auch jetzt noch, während wir andern sämtlich aufgesprungen waren, auf seinem Stuhle sitzen, strich mit dem Daumennagel die Glut seiner Zigarette ab und legte den auf diese Weise für späteren Genuß bewahrten Stummel zurück in sein Etui. »Warum sperren Sie sich denn gegen die paar Worte, Herr Wesseling«, sagte er ganz ruhig. »Der Dr. Pietzsch ist sowieso nicht zu retten, aber für Ihre Zukunft wird einiges von Ihrem Verhalten in diesen Tagen abhängen.«

Ich kann es nicht beschwören, aber mir war, als knisterte in diesem Augenblick ein Funke gegenseitigen Verständnisses zwischen dem Landrat und Reinsiepe; jedenfalls erhob Wesseling sich jetzt, begab sich schweren Schrittes zur Tür und rief seine Sekretärin.

Wie sich dann herausstellte, taten die Zeilen, die er ihr diktierte und deren Inhalt im großen ganzen dem von Wolfram Gewünschten entsprach, durchaus ihre Wirkung auf Dr. Pietzsch, eine sehr ähnliche übrigens wie die, welche im entsprechenden Moment das Telephongespräch mit Oberwiesenthal auf ihn selbst gehabt hatte. Zunächst jedoch blieb der Brief, mit Amtsstempel auf Bogen wie Kuvert versehen, in meiner Rocktasche, und wir zogen, nach kühlem Abschied, zum Rathaus, ein recht langer Weg, da man das alte, historische, vor Jahren schon in eine Gaststätte verwandelt und das neue nicht wieder in der Altstadt, in Schloßnähe, sondern jenseits der Bahnlinie, unten am Fluß, errichtet hatte.

Außerdem waren wir hungrig. Wir waren immer hungrig, mein Frühstück an diesem Morgen war ein Brei gewesen, dessen Bestandteile meine Frau vor mir geheimhielt und der einen nicht sättigte, dafür aber den Darm reizte; und nun, mit all dem Hin und Her im Landratsamt, war die Mittagszeit längst vorüber, und wir fühlten uns allesamt schwach in den Knien, bis auf Reinsiepe, der kräftig ausschritt, so als verfügte sein Körper über geheime Reserven.

Vor dem Rathaus lungerte ein gutes halbes Dutzend Typen herum, die mir mißfielen; zwei von ihnen kannte ich flüchtig, war ihnen im Lauf der Jahre in irgendwelchen Wirtshäusern begegnet, wo sie die beständigen Siegesnachrichten lauthals begrüßten und verkündeten, daß es nun aber den Russen, oder den Engländern oder wem auch immer, gehörig an den Kragen gehen würde. Wir ließen sie stehen, stießen das Tor auf und wollten schon die breite Treppe zum Obergeschoß hinaufsteigen, wo wir die Amtsräume des Bürgermeisters vermuteten, aber da kam ein empörtes »Halt!« aus dem Verschlag links des Eingangs, und so eingefahren waren unsere Reflexe, daß wir, mit Ausnahme von Reinsiepe, tatsächlich anhielten und warteten, bis der Pförtner, ein einbeiniger Kriegskrüppel, aus seiner Loge herausgehinkt kam und uns entgegentrat: Wohin wir denn wollten?

»Zu Doktor Pietzsch«, sagte Wolfram, dem das Lächerliche der Situation bewußt geworden war: die neue Welt, blockiert von einem ältlichen Mann mit Holzkrücke.

»Sind Sie die Herren von diesem Aktionsausschuß?« verlangte der Pförtner zu wissen.

Man war also bereits orientiert im Rathaus, durch Wesseling wahrscheinlich. Vom oberen Treppenabsatz her genoß Reinsiepe die Szene. Wolfram, der den Krüppel nicht gut beiseite stoßen konnte, sagte zwischen den Zähnen hindurch: »Halten Sie uns nicht auf!«

»Der Herr Bürgermeister ist beschäftigt«, sagte der Pförtner. »Sie sollen morgen oder übermorgen wiederkommen.«

»Ich bin der Bürgermeister von jetzt an«, sagte Bornemann. »Damit du's weißt.«

Der Pförtner wurde unsicher. Zuviel an Unerwartetem war in den letzten Tagen und Wochen geschehen, zu viele Umschwünge und Veränderungen hatten stattgefunden, und wenn es sich tatsächlich ergeben sollte, daß der Mann hier in der abgewetzten Wolljacke sein neuer Chef wurde, dann war es besser, sich von vornherein mit ihm auf guten Fuß zu stellen. Inzwischen aber hatten die Typen von draußen sich eingefunden und aus einem Zimmer nahe des Eingangs, einer Art Wachlokal wohl, Verstärkung erhalten, bläßliche Jünglinge, aber auch ältere Jahrgänge, gutbürgerlich gekleidet, einige auch in Uniformhosen und Schaftstiefeln, und mehrere von ihnen mit Karabinern bewaffnet, an die sie sich nervös klammerten: Dr. Pietzschens Bürgerwehr offenbar.

Ich blickte mich um. Reinsiepe stand immer noch auf seinem Treppenabsatz, die Arme verschränkt und den Kopf schief. Wolfram war neben mich getreten; sein Adamsapfel bewegte sich krampfhaft, im nächsten Augenblick würde er einen Wutanfall bekommen, und was darauf folgen würde, war nicht ganz abzusehen.

»Genosse Kiessling!« sagte ich.

»Jawohl, Genosse Kadletz!«

»Hol deine Leute, Genosse Kiessling«, sagte ich, »und das Maschinengewehr.«

Ich wußte nicht, ob Kiessling irgendwelche Leute zur Hand hatte, und wenn ja, ob diese mit Maschinengewehren umgehen konnten, ich wußte überhaupt nicht, was oder wer in dem Moment aus mir sprach; ich wußte nur, daß ich es satt hatte, mich von dem Gesindel, das mich immer kujoniert hatte, noch länger herumstoßen zu lassen, und ich war auch nicht sonderlich erstaunt, als Kiessling antwortete: »Jawohl, Genosse Kadletz!« und die Hand mit jener Lässigkeit an die Mütze legte, mit der ein erfahrener Soldat seine Order empfängt, und ohne Eile das Rathaus verließ.

Es war still geworden, so still, daß Reinsiepes amüsiertes Hüsteln von der Treppe her deutlich zu hören war. Wolfram nickte mir zu, er schien erleichtert zu sein, daß ich die Sache in die Hand genommen hatte.

»Und nun zu euch«, sagte ich zu dem Haufen, der uns immer noch, wenn auch nicht mehr so bedrohlich dicht, umstand. »Kapiert gefälligst, wer hier von heute an das Sagen hat. Und jetzt verduftet!« Dann schob ich ein paar von den Kerlen beiseite und stieg, gefolgt von Wolfram, Schlehbusch und Bornemann, langsam die Treppe hinauf. Erst in dieser Minute spürte ich, wie erschöpft ich war.

Wie es dann weiterging, möchten Sie wissen? Das alte Lastauto mit aufmontiertem Maschinengewehr, auf dem Kiessling und seine

Leute schließlich eintrafen, wurde nur gebraucht, um den Dr. Pietzsch zum Schloßturm zu transportieren, wo eine Zelle für ihn bereitstand. Er würde erheblich besser behandelt werden, hatte Bornemann ihm nach der Amtsübernahme versichert, als wir seinerzeit von seinesgleichen behandelt worden waren.

Nun können Sie einwenden, daß angesichts solcher Gegner unsere Machteroberung keine so stolze Errungenschaft gewesen sei, ja, sogar einer gewissen Komik nicht entbehrte, und vor allem, daß sie ohne die vorhergehende Niederringung der Wehrmacht durch die sowjetische und andere alliierte Armeen niemals möglich gewesen wäre. Zweifellos. Aber vergessen wir doch nicht, daß es in Deutschland noch nie gelungen war, eine Revolution aus eigener Kraft zum Siege zu führen; alle Bemühungen in der Richtung waren stets in Blut erstickt worden; so daß unsere erfolgreiche schwarzenbergische, so klein und schäbig sie auch erscheinen mag, immerhin ein Präzedenzfall ist und als ein bescheidenes Beispiel für künftige Versuche dienen könnte.

8

Er war der einzige, der es sich leisten konnte, in Ruhe nachzudenken. Nein, nicht ganz: Reinsiepe, der, für Wirtschaft und Industrie zuständig, den ganzen Tag über konferierte und organisierte, inspizierte, konfiszierte, improvisierte, schien dennoch Muße auch für Überlegungen abstrakter Natur zu finden; seine zufälligen Bemerkungen, meist belehrenden Inhalts, ließen das erkennen, vor allem aber wurde es deutlich, wenn er in den allmorgendlich um sieben Uhr stattfindenden Beratungen im Konferenzzimmer des abgesetzten Bürgermeisters Pietzsch das Wort nahm. Was Reinsiepe da sagte, bestach durch seinen nüchternen Pragmatismus, und gegen die Richtung, in die seine Darlegungen wiesen, war gleichfalls kaum etwas einzuwenden; wahrscheinlich wäre Wolfram, hätte ihn jemand deswegen befragt, gar nicht imstande gewesen zu erklären, was ihm ein so unbehagliches Gefühl gab.

Ein rascher Blick versicherte ihn, daß Paula oder Justine, wie sie Reinsiepe zufolge heißen sollte, noch immer still auf ihrem Stühlchen in der Ecke saß, neben dem Aktenschrank, dessen Inhalt er auch irgendwann würde durchsehen müssen. Diese Sieben-Uhr-Sitzungen des Aktionsausschusses, nach dem Einzug ins Rathaus auf Kadletz' Anregung hin instituiert, hatten schon durch die Umgebung, in der sie stattfanden, die holzgetäfelten dunklen Wände, den grünbezogenen Konferenztisch, eine anheimelnde bürokratische Atmosphäre; man war die Regierung, auch wenn man sich nicht so bezeichnete und der Minister nebenher als sein eigener Laufbursche fungieren mußte und die Tagesordnung ein wirres Durcheinander war. Zugleich aber, und zwar mit dem konkreten *Du gehst dahin, du dort, du übernimmst das, du jenes, und führst es durch, ganz gleich wie* schob sich die Welt draußen, die nach-apokalyptische, in den gepflegten Raum, und da war die Unsicherheit wieder, man war eben doch nur ein kleiner Mann, und woher sollten die Kraft kommen und die Fähigkeiten, und wer stand schon hinter einem; und nur der Druck, der auf einem jeden lastete, Zaudern hieß schon Versagen, verhinderte, daß man vor den eignen inneren Zweifeln kapitulierte.

Die Angst vor der Inferiorität gegenüber dem Unerprobten, die die anderen in der Runde insgeheim miteinander verband und die sie, meistens sogar mit Erfolg, durch ihre Betriebsamkeit zu betäuben suchten, war seine Sache nicht. War allerdings auch Reinsiepe nicht; aber während Reinsiepe, als Mann der Praxis, der industriellen wie der politischen, für die übrigen Mitglieder des Ausschusses akzeptabel blieb, schuf diese Andersartigkeit im Falle des einstmaligen cand. phil. und heute noch Experten für allerhand Utopien Max Wolfram eine meistens recht gut kaschierte Distanz. Wie sonst war es zu erklären, daß man ihm mit lächelnder Billigung Reinsiepes das Ressort Unterricht und Erziehung zuteilte, wohl wissend, daß sämtliche Schulen und schulähnlichen Räume bis zur Türschwelle mit Verwundeten und Flüchtlingen belegt waren, so daß er, im Gegensatz zu ihnen, die an Arbeit und Verantwortung schier erstickten, in dem eigens für ihn bereitgestellten Dienstzimmer ohne einen wirklichen Aufgabenkreis dasitzen würde?

Nun, es blieben ja neben den Morgenkonferenzen noch genug Gelegenheiten, sich Gehör zu verschaffen, und es mochte sogar gut und nützlich sein, daß er sich nicht zu verschleißen brauchte und die Zeit hatte, sich Gedanken über Grundsatzfragen zu machen, die beantwortet werden mußten, sollten die einzelnen Maßnahmen nicht Sinn und Linie verlieren und im Gestrüpp eines opportunistischen Alltags hängen bleiben; und vielleicht lag auch, bewußt oder nicht, die Delegierung gerade einer solchen Pflicht an ihn in der Absicht von Männern wie Kadletz und Kiessling, und sie betrachteten den toten Posten, auf den er sich geschoben wähnte, in Wirklichkeit als ein Privileg, das einzige, welches sie in ihrer bedrängten Lage zu vergeben hatten.

Er nahm Papier und Stift zur Hand, strich sich über die Stirn und schrieb, oben Mitte:

Republik Schwarzenberg
Richtlinien für den Unterricht.

Und stockte. Paula, in ihrer Ecke, ließ ein Kinderhalskettchen, das weiß Gott wie in ein Fach seines Schreibtischs geraten war, blutrote Glasperlen und vergoldetes Blech, von einer Hand in die andere gleiten. Unterricht, dachte er: Themen, Tendenzen, Methoden, das alles hing ja wohl von der Art des Staates ab, den man zu errichten plante; nicht umsonst hatten, von Plato an, alle besseren Utopisten die ideale Erziehung der Jugend ausführlich behandelt, und in Andreaes *Christianopolis* war, mit der Beschreibung der acht Hörsäle der Stadt, dem Gegenstand sogar der größte Teil des Buches gewidmet; aber Andreae war auch ein armer Schulmeister gewesen, der sich da seine Träume gestaltete.

Paula hörte auf, mit dem Kettchen zu spielen; sie mußte wohl bemerkt haben, daß er sie beobachtete.

»Paula«, sagte er, »komm her.«

Sie erhob sich und kam zu ihm.

»Setz dich hierher«, sagte er und wies auf den Stuhl neben seinem Schreibtisch.

Sie blieb aber stehen, mit einem Ausdruck im Gesicht, den er als nachdenklich bezeichnet hätte, wäre nicht zugleich der Blick ins Leere gewesen, nichtssagend, teilnahmslos. Das war ja das Übel, daß sich nur schwer erkennen ließ, wieviel sie von dem verstand, was man ihr mitzuteilen sich bemühte. Mitunter war ihm, als sei er bis zu den Schichten durchgedrungen, in denen Eindrücke rezipiert wurden und Gedanken sich formten; dann schien sich etwas zu rühren und zu versuchen, sich einen Weg nach außen zu bahnen, nur um irgendwo stecken zu bleiben und traurig zu versacken; er wünschte, er wüßte mehr von den Auswirkungen psychischer Schocks und der erforderlichen Therapie; vielleicht konnte der Arzt am Ort, der einzige, der noch da war, ein Dr. Fehrenbach, ihn beraten, aber der Mann war, wie er erfahren hatte, Allgemeinmediziner und vollauf beschäftigt mit den reichlich grassierenden Diphtherie und Ruhr, den grippösen Erkrankungen, bösartigen Hautausschlägen und Ödemen, sämtlich Folgen der Unterernährung. »Paula«, sagte er und suchte seinem Ton die richtige Balance zwischen Eindringlichkeit und freundschaftlichem Zuspruch zu geben, »du mußt mir helfen. Ich möchte wissen, was du denkst. Es geht doch etwas vor in deinem Kopf, das zeigst du ja deutlich. Und du empfindest Abneigung, Dankbarkeit, Liebe, deine Gefühle äußern sich auf vielerlei Weise. Du hast nur Schwierigkeiten, dich auszudrücken, die richtigen Worte wollen dir nicht einfallen, oder aber du kennst sie durchaus, kannst sie nur nicht über die Zunge bringen. Da ist etwas wie ein Block. Aber das wird wieder verschwinden. Auf einmal wirst du wieder reden können und lachen, und alles wird sein wie einst. Oder wir werden daran arbeiten, den Block zu beseitigen, allmählich. Wir werden üben, Wörter, ein Wort nach dem anderen. Ich bin« – er wies mit dem Daumen auf sich selbst – »Max.« Und wieder, die Lippen langsam, überdeutlich bewegend, so als artikulierte er für eine Taubstumme: »M – a – x. Wiederhole: Max. Sag: Ich höre dich, Max, ich verstehe dich. Sag: Ich will wieder sprechen, Max. Für dich, Max. Sag: Max. Sag irgend etwas.«

Sie lächelte. Es war ganz unzweifelhaft ein Lächeln, auch wenn es sofort wieder erlosch, und sie trat neben ihn und strich ihm übers Haar; dann legte sie ihm ihr Kettchen um den Hals, tat einen Schritt zurück und musterte ihn, den Kopf schräg, und stieß eines ihrer glucksenden Geräusche aus, dieses offensichtlich eine Äußerung von großem Wohlgefallen, wenn nicht gar Glück.

»Du müßtest öfter lächeln, Paula«, sagte er. »Du bist nämlich schön, auf eine ganz eigene Art, es ist wie ein Widerschein von etwas, das von innen her kommt, und ich werde dich immer beschützen, du brauchst niemals mehr Angst zu haben.« Er schob ihr den Stift hin und den Bogen, auf dem er die Richtlinien für den Unterricht in der Republik Schwarzenberg hatte entwerfen wollen. »Schreib. Wenn dich etwas am Sprechen hindert, so schreib. Schreib: Max.« Und noch einmal, mit der übertriebenen Dehnung der Lippen: »M – a – x. Schreib bitte. Schreib!«

Sie griff nach dem Stift.

Er schloß die Augen und atmete auf. Der wievielte Versuch war das gewesen, sie zu erreichen, sie zu irgendeiner Reaktion zu veranlassen. Aber als er dann aufblickte, sah er, daß sie nicht schrieb, sondern zeichnete, mit kindlichen Strichen, oder vielleicht gar nicht so kindlichen, eher auf vertrackte Weise raffinierten, einen Mädchenkopf zeichnete, dem ihren ähnlich, nur überdeckt von spinnwebartigen Linien, als wartete das Mädchen dort darauf, daß einer der Fäden zerreiße, aber da war wohl zuviel des Symbolischen hineingedeutet in die Krakelei, und nun zeichnete sie das Kettchen, das sie ihm um den Hals gelegt hatte, am Halse des Mädchens, Perle um Perle, Glied um Glied, so daß das Beherrschende auf dem Bild nicht mehr der Mädchenkopf war, sondern das Detail der Kette, und sagte mit der gleichen extremen Bewegung der Lippen, die er angewandt hatte: »P – a – u – l – a.«

Das erste Wort, dachte er und spürte sein Herz schlagen; es war wie eine Auferstehung, die vor seinen Augen stattfand. Und dieses erste Wort war Paula gewesen, nicht Justine. War Justine vergessen, zusammen mit ihrer Vergangenheit, mit allem, was vor dem Schock gewesen war, oder lag in dem *Paula* ein Bekenntnis zu ihm, zu einem neuen Leben?

Sie schrak zusammen.

Wolfram hob den Kopf: da stand einer in der Tür, in jener Bittstellerhaltung, in der ihm, seitdem er im Amte saß, schon so viele begegnet waren.

»Sie stören, Herr«, sagte er, »sehen Sie das nicht?«

»Ich habe mehrmals geklopft«, sagte der andere, »entschuldigen Sie.« Dabei starrte er auf das Kettchen an Wolframs Halse und dann auf das Mädchen, das, zögernd zunächst, auf ihn zuschritt, darauf den rechten Fuß hinter den linken setzte und, mit einer Armbewegung wie ein müder Flügelschlag, vor ihm einen Knicks wie bei Hofe vollführte.

»Erstaunlich«, sagte der Eindringling und schien sich aufzurichten; jedenfalls wirkte er auf einmal größer. »Sind das die neuen Begrüßungsformen?«

»Immerhin besser als der gereckte Arm und das Geschnarr dazu«, sagte Wolfram. »Meinen Sie nicht auch, Doktor Rosswein?«

»Habe ich mich also doch nicht so sehr verändert? Es ist ja seine Zeit her, seit wir uns über das Thema Utopie in die Haare gerieten.« Rosswein näherte sich, ohne eine Aufforderung abzuwarten, dem Schreibtisch, wobei er mit höflicher Geste dem Mädchen den Vortritt ließ. »Ihre Sekretärin, Herr Kollege?«

Die graugestrichenen amtlichen Wände neigten sich in sonderbarem Winkel und begannen um Wolfram zu kreisen. Er erhob sich mit Mühe und nahm Paula bei der Hand, als müsse er sie vor dem ungebetenen Gast schützen. »Einer wie Sie, Rosswein, ändert sich nicht«, sagte er. »Ich werde Sie verhaften lassen.«

Rosswein griff sich einen Stuhl. »Ich bin ziemlich erschöpft«, bemerkte er. »Ich bin fast den ganzen Weg von Oberwiesenthal hierher zu Fuß gelaufen; ein Stück hat mich ein Bauer auf seinem Wagen mitgenommen.«

»Und zu welchem Zweck der lange Marsch?« fragte Wolfram. Das Zimmer, mit den beiden Gestalten darin, rotierte immer noch, aber die Bewegung verlangsamte sich. »Was wollen Sie? Und ausgerechnet von mir?«

»Vielleicht fortfahren, wo wir damals aufgehört haben?« sagte Rosswein. »Sie werden doch, wie ich Sie kenne, versuchen, in Ihrem Miniaturstaat Ihr Utopia zu bauen? Also, ein paar Erfahrungen haben meine Parteigenossen und ich schließlich gemacht, deren Kenntnis Ihnen dabei von Nutzen sein könnte; oder sind Sie nicht der Meinung, daß das soeben zugrunde gegangene Reich nicht auch ein Experiment in dieser Richtung war, historisch gesehen?«

»Wenn Sie die Hölle ebenfalls als eine Spezies von Utopia betrachten, erstrebenswert und allen Menschen ein Ziel, dann ja.« Das Schwindelgefühl hatte sich gegeben, in Wolframs Hirn herrschte wieder Klarheit, die Bilder, die es aufnahm, waren wie gestochen. »Das Reich unserer Träume«, fuhr er höhnisch fort, »mit dieser Ausgeburt aus bösartigen Ressentiments und trübem Provinzmief, diesem Hitler, als oberstem Philosophen, mit diesen biertriefigen Prügelknechten und niedrigen Beamtenseelen als Gralsrittern und dem ganzen dummen, duckmäuserischen Kleinbürgerhaufen in der Rolle von selbstlosen Weltverbesserern?«

»Man muß nehmen, was einem die Geschichte bietet«, sagte Rosswein. »Wir leben alle nur in unserer Zeit.«

Wolfram betrachtete ihn. Die dunklen Bartstoppeln ließen die Gesichtszüge, die einst von einer gewissen Sensibilität gezeugt, inzwischen aber sich verhärtet hatten, verroht erschienen, und in den geröteten Augen saß, trotz aller Arroganz im Blick, die Furcht.

»Haben Sie nicht selber geschrieben, Herr Kollege«, griff Rosswein seinen Faden auf, »daß jede bisher entworfene Utopie eine Diktatur war, die die Menschen zu ihrem Glück zwang und jene, die sich eine andere Art von Glück vorstellten, liquidierte? Und es konnte auch nicht anders sein, schrieben Sie, denn der als bester aller möglichen konzipierte utopische Staat mußte jede Kritik an seinem Verhalten, jeden Änderungsvorschlag als ein Unterfangen betrachten, das bestmögliche Modell durch eines von zwangsläufig minderem Wert zu ersetzen. Das war ja das Bestechende an Ihrer Dissertation, Herr Kollege, daß sie so illusionslos war und eine ethische Begründung für die Notwendigkeit von Geheimpolizei und Konzentrationslagern lieferte.« Er nickte zufrieden. Dann wandte er sich Paula zu und sagte: »Verzeihen Sie mir bitte, Fräulein, daß ich Sie gezwungen habe, diese Fachsimpelei anzuhören.«

Paulas Blick blieb stumpf.

»Sie vergessen all die anderen Punkte in meinem Manuskript«, sagte Wolfram und dachte zugleich, was lege ich mich mit dem Manne an, er ist ein Mörder, einer von jenen, die erst den Geist töten und dann den Leib, ich hätte ihn längst schon dem Genossen Kiessling übergeben sollen.

Die glanzlosen Augen des Mädchens, ihre absolute Gleichgültigkeit beunruhigten Rosswein. Dennoch trumpfte er auf: »Diese anderen Punkte, Herr Kollege, beinhalten nichts als einen jüdischen Dreh: die Einführung der Demokratie im Paradies, über die Hintertreppe. Darum habe ich Ihre Dissertation ja abgelehnt. Regieren Sie mal ein Weilchen, und Sie werden merken, selbst hier in Ihrem kleinen Schwarzenberg, wie recht ich hatte mit meinem Votum. Aber als Ausgleich für die verdorbene akademische Laufbahn, die Sie aus rassischen Gründen ja sowieso nicht hätten beschreiten können, habe ich Ihnen das Leben gerettet. Ja, ich, SS-Standartenführer Dr. Benedikt Rosswein, Ministerialdirektor im Justizministerium in Dresden: über mich lief das, Aufschub der Hinrichtung des Strafgefangenen Max Wolfram, zwecks ich weiß schon nicht mehr, es hatte jedesmal eine andere Begründung zu sein, darunter Signatur und Stempel, die Belege wären noch da zu Ihrer Einsicht, wenn die Stadt noch da wäre, so jedoch müssen Sie mir schon ohne diese glauben.«

Er lehnte sich zurück, schlug die Knie übereinander und wippte nervös mit dem Fuße. Er trug Knickerbocker-Hosen aus braunem Cheviot-Stoff und einen dazu passenden Sakko, sehr sportlich, und ebenso sportlich dickbesohlte Halbschuhe mit breiten Laschen, die die Schnürsenkel verdeckten; er wirkte kostümiert, das wußte er, der deutsche Wochenend-Ausflügler; das ihm gemäße Habit war die Uniform. Und sagte mit plötzlich belegter Stimme: »Nehmen Sie doch endlich die elende Kette vom Halse! Sie sehen ja aus, als wäre Ihnen der Kopf abgeschlagen und provisorisch wieder aufgesetzt worden.«

»Seit wann sind Sie so zimperlich?« sagte Wolfram. Aber er löste den Verschluß des Kettchens, dem er längst keine Bedeutung mehr geschenkt hatte, und gab Paula ihr Spielzeug zurück.

»Zimperlich?« Rosswein ärgerte sich, Gefühl gezeigt zu haben. »Ich weiß nicht. Ich habe einer Hinrichtung mit dem Beil noch nie beigewohnt; bei uns in Dresden wurde gehängt, wie Sie sehr wohl wissen. Und nun, auch in Ihrem eigenen Interesse, Herr Kollege, würden Sie bitte das Fräulein veranlassen, sich ein Weilchen zurückzuziehen.«

Wolfram zuckte die Achseln. »Das Fräulein, selbst wenn es in der Lage wäre, unserem Gespräch zu folgen, ist physisch nicht fähig, irgend jemandem davon zu berichten.«

»Ach so«, sagte Rosswein und hob die Brauen, »darum!«

»Das Fräulein ist ein Opfer Ihres Krieges.«

»Wenn Sie meinen«, wehrte Rosswein ab, »daß ich für dieses auch noch verantwortlich bin, so wäre das eine jener unzulässigen Verallgemeinerungen, wie sie sich leider des öfteren auch in Ihrer Dissertation finden und von einem Mangel an wissenschaftlicher Objektivität zeugen. Aber lassen wir das. Mag sie bleiben, irgendwelche Indiskretionen könnten sowieso nur Ihnen schaden.«

Wolfram schwieg.

»Sie fragten mich vorhin«, Rosswein schien sich seiner wieder sicher, »weshalb ich zu Ihnen gekommen bin. Ich bin gekommen, um mir die Hand waschen zu lassen, die bisher die Ihre gewaschen hat. Ich muß irgendwo unterkriechen, wo weder Russen noch Amerikaner herumschnüffeln, also in Ihrem Schwarzenberg, und ich brauche Papiere, legale, oder was heute eben als legal gilt, also von Ihrer

Behörde.« Er lächelte. »Sie sehen, ich bin bescheiden, Herr Kollege. Ich will nur ein paar Minuten Ihrer wertvollen Zeit, gegen Monate, in denen ich für Sie tätig war. Und außerdem werden Sie mich ja binnen kurzem los sein, während Sie mir blieben in Ihrer Zelle, ein schwieriges Dauerproblem, eine permanente Gefahr. Unter uns Utopisten darf ich doch mit Ihrer Hilfe rechnen?«

Ein Mörder, dachte Wolfram wieder, ein Mörder, der von seinem Opfer abließ, weil er es bereits vernichtet hatte. Und er dachte an seinen Vater, der da auf dem Handkarren saß, von der eigenen Frau durch die Straßen dieser Stadt gezogen. Er hätte an noch Schlimmeres denken können, er selbst hatte Schlimmeres erlebt, die Verhöre, den Prozeß, das Warten auf den Tod; aber er dachte an den alten Mann auf dem Handkarren und daran, daß jetzt alle möglichen Leute kommen würden und erklären, wie sie diese greise Jüdin hätten auf der Parkbank ausruhen lassen, obwohl die Bank klar und deutlich als für Juden verboten gekennzeichnet war, und wie sie jenem jüdischen Kind noch ein Stück Brot zugesteckt, obwohl es bereits auf dem Transport war irgendwohin weit weg, und wie sie überhaupt insgeheim allesamt Widerstandskämpfer gewesen.

»Ich sehe, da ist eine elektrische Klingel an Ihrem Tisch«, sagte Rosswein, »und ich sehe, Sie haben sie nicht benutzt. Sie wägen also ab, meine politischen Sünden, die ich nicht ableugnen kann, gegen die Tatsache, daß Sie, wenn ich nicht gewesen wäre, kaum vor dieser Klingel sitzen und darüber nachdenken könnten, ob Sie auf den Knopf drücken sollen oder nicht.«

Wolfram lachte, nicht einmal laut. Auch Paula lachte, sofort, es klang wie das Spielwerk in einer großen Puppe, und Wolfram bemerkte, daß Rosswein jetzt die Hände zitterten. »Ich werde Ihnen erklären, Rosswein, warum ich gelacht habe«, sagte er. »Ich habe nämlich diese Klingel noch gar nicht ausprobiert. Ich weiß nicht einmal, ob sie funktioniert und, wenn sie funktionierte, wo sie läuten und wer sie hören würde. Wenn ich Sie festnehmen lassen will, muß ich zur Tür gehen und von dort aus jemanden rufen. Und genau das werde ich tun.«

Er stand auf und kam um den Schreibtisch herum. Auch Rosswein hatte sich erhoben; er sah sehr bleich aus und schwitzte auf

Nase und Oberlippe. »Ich hätte nie geglaubt, daß Sie so undankbar sein könnten«, sagte er heiser, »undankbar und, auch wenn das Wort immer gegen uns benutzt wurde, unmenschlich.«

»Nach Dienstrang und Funktion fallen Sie in die Kategorie Kriegsverbrecher, Rosswein«, sagte Wolfram, »und auch in der Republik Schwarzenberg wird mit solchen nicht anders verfahren werden als in den besetzten Zonen.«

Ohne eine weitere Antwort abzuwarten, riß er die Tür auf. Und blieb stumm.

»Gut, daß ich Sie antreffe!« Reinsiepe ließ seine Hand, die gerade nach der Klinke hatte greifen wollen, sinken. »Ich möchte etwas mit Ihnen besprechen, Wolfram.«

»Nun, dann will ich Sie beide nicht weiter stören«, sagte Rosswein, auf Reinsiepe zumarschierend, und ging mit den Worten: »Sie entschuldigen mich wohl!« an ihm vorbei, schritt ohne besondere Hast den Korridor entlang zur Treppe und verschwand.

Reinsiepe schüttelte den Kopf. »Was stehen Sie denn so verblüfft da, Wolfram? War mein Auftritt so unvermutet? Ich bin immer für eine Überraschung gut, das wissen Sie ja. Und wer war denn Ihr Besucher? Hätte ich ihn kennenlernen sollen?«

Wolfram hatte sich gefaßt. »Der Mann war Assistent gewesen bei dem Professor, bei dem ich eigentlich promovieren wollte. Aber das ist schon lange her.«

»Und meldet sich jetzt bei Ihnen?« forschte Reinsiepe weiter. »So ganz aus heiterem Himmel?«

Im Grunde, und obwohl er es sich nur widerwillig eingestand, fühlte Wolfram sich erleichtert, daß Reinsiepes plötzliche Ankunft und Rossweins Flucht ihn der Durchführung seiner Entscheidung enthoben hatten. »Es gibt keinen wirklich heiteren Himmel«, sagte er und lud Reinsiepe ein, auf dem Stuhl Platz zu nehmen, auf dem vor anderthalb Minuten noch Rosswein gesessen hatte. »Zu keiner Zeit, und in dieser erst recht nicht.«

»Wieso kam er dann also?« sagte Reinsiepe, und da er fand, daß Wolframs Antwort zu lange auf sich warten ließ, wandte er sich Paula zu, die sich so weit von ihm entfernt wie möglich in ihre Ecke neben dem Aktenschrank zurückgezogen hatte. »Dann erzähl du uns mal, Justine«, sagte er freundlich, »was der fremde Mann hier wollte.«

Paula, oder war es Justine, zog den Kopf zwischen die auf einmal gekrümmten schmalen Schultern, und die rasch aufeinanderfolgenden kehligen Laute, die sie ausstieß, drückten Abwehr und fast so etwas wie Entsetzen aus. Dann, als sei sie in Panik, riß sie sich aus ihrem Versteck heraus, lief stolpernd zu Wolfram hin und verschanzte sich hinter seinem Rücken.

»Vielleicht hatte sie Angst vor dem Kerl«, meinte Reinsiepe. »Er sah ja auch aus wie einer, vor dem man unter Umständen Angst haben könnte.« Und zu Paula: »Erzähl schon.«

»Sie wissen doch, daß sie nicht spricht«, sagte Wolfram.

»Zu mir vielleicht doch.« Reinsiepe verzog den Mund. »Ich kenne sie ja. Sie war immer völlig normal, eher der kühle Typ, neigte überhaupt nicht zu hysterischen Reaktionen. Überlassen Sie sie mir mal ein paar Stunden. Ich bin überzeugt, Justine und ich kriegen das schon hin. Nicht, Justine?«

Wolfram spürte, wie Justine, oder war es Paula, sich stärker an seinen Rücken preßte. »Mich würde interessieren, Reinsiepe«, sagte er, »was zwischen ihr und Ihnen eigentlich vorgefallen ist.«

»Und ich würde gerne wissen«, erwiderte Reinsiepe, »wer dieser ehemalige Assistent Ihres ehemaligen Professors wirklich war, der es da so eilig hatte. Ich will Ihnen auch sagen, warum ich es wissen möchte. Ich bin der Meinung, Wolfram, daß Sie hier in Unterricht und Erziehung nur Ihre Zeit verplempern, während Sie anderswo nötiger gebraucht werden, und meine Absicht war, als ich zu Ihnen kam, Ihnen mitzuteilen, daß ich Sie morgen zum Leiter der Abteilung Justiz vorschlagen werde.«

»Der Mann heißt Benedikt Rosswein und hat mir das Leben gerettet«, sagte Wolfram.

»Ach«, sagte Reinsiepe. »Wie denn?«

»Er war Ministerialdirektor im Justizministerium in Dresden und höherer SS-Führer.«

»Also auch auf Ihrem neuen Gebiet tätig«, sagte Reinsiepe. »Das trifft sich dann ja, und Sie können sich gleich in Ihrem Amt bewähren, indem Sie ihn vor Gericht bringen.«

»Ich bewundere Sie.« Wolfram blickte Reinsiepe an. »Und ganz besonders Ihre Fähigkeit, in so kurzer Zeit einen so entscheidenden Einfluß zu gewinnen.«

»Das Kollektiv!« verkündete Reinsiepe und schob das Kinn vor, so daß er plötzlich einem erzgebirgischen Nußknackermännchen ähnelte, wie sie in der Gegend von Schwarzenberg geschnitzt werden. »Ich arbeite stets durch das Kollektiv. Das Kollektiv, Wolfram, denken Sie daran, ist alles.« Und wandte sich, schon im Weggehen noch einmal um, winkte Paula, oder war es Justine, mit leichter Hand zu und rief: »Also, auf Wiedersehen!«

Wolfram wartete, bis das Mädchen sich von ihm gelöst und sich wieder in ihre Ecke zurückgezogen hatte; dann trat er ans Fenster und sah hinaus auf den verwilderten kleinen Park vor dem Rathaus, in dem, versehen mit einer roten Armbinde und im Ellbogen den Karabiner, einer von Kiesslings Leuten langsam auf und ab ging. So viele Fragen, dachte er, und woher die Antworten nehmen, und begann zu befürchten, daß er geirrt und sich selber überschätzt hatte, als er annahm, er sei gegen die Unsicherheiten gefeit, von denen die anderen Mitglieder des Ausschusses, außer Reinsiepe natürlich, gequält wurden.

Draußen senkte sich die Dämmerung. Er ging zurück zu seinem Schreibtisch, setzte sich müde, knipste die nur trüb leuchtende Lampe an, nahm einen zweiten Bogen Papier zur Hand und schrieb, oben Mitte:

Republik Schwarzenberg
Verfassung.

Auch ein utopisches Werk, dachte er. Aber schließlich fiel es in sein neues Ressort.

9
Aufzeichnung Kadletz:
Tatjana

Ich habe mir lange überlegt, ob ich das erzählen soll.

Aber ich meine doch, man kann das Persönliche nicht einfach beiseite lassen. Nicht nur der Verstand des Menschen, auch seine Gefühle bestimmen sein Verhalten, und eine Aufzählung von Ereignissen, selbst die vollständigste, ist eben nicht die ganze Geschichte. Dazu kommt, daß ich noch jetzt, in der Erinnerung, das Gesicht dieser Frau vor mir sehe, in der offenen Tür des abfahrenden Güterwaggons, und ihre großen grauen fragenden Augen, und ihr Lächeln, das mir bedeuten soll, es sei da nichts zu bereuen und ich hätte durchaus richtig gehandelt; und es belastet mich heute wie damals zu wissen, hätte ich nur ihren Namen gerufen, Tatjana, sie wäre in letzter Sekunde noch abgesprungen.

Doch auch ohne einen so dramatischen Ausgang hat das Erlebnis meine Haltung in vielerlei Hinsicht verändert; und wenn ich, in den letzten Tagen der Republik, mich eindeutig auf Max Wolframs Seite schlug, so liegt hier eine der Ursachen dafür. Es war eben keine gewöhnliche Liebesaffäre, und schon gar nicht eine der so häufigen kurzen Begegnungen hiesiger Männer mit irgendwelchen zwangsverpflichteten russischen oder polnischen Frauen, die, noch hungriger als sie, sich für einen Kanten Brot, eine halbe Zigarette zu ihnen legten.

Zwangsarbeiter, beiderlei Geschlechts, gab es eine Menge auf schwarzenbergischem Gebiet. Im Rathaus hatten wir nur die Statistik von 1944, hergestellt auf Veranlassung von Doktor Pietzsch: da waren es etwa sechzehnhundert allein hier in der Stadt; vom Landkreis gab es keine Zahlen, wenigstens behauptete der Landrat Wesseling, er besäße keine, und ich sehe nicht, warum er uns in diesem Punkt belogen haben sollte.

Man hatte die Fremden, als sie während des Krieges hergebracht wurden, zumeist in die großen Werke gesteckt; aber auch in die kleineren Betriebe wurden welche vermittelt, und manche arbeiteten sogar für billiges oder für gar kein Geld auf Bauernhöfen. Sie hausten in beschlagnahmten Gasthäusern, in ausgedienten Sälen, in hastig zusammengenagelten Baracken; Verpflegung und Hygiene waren jämmerlich, und nun, da alles sich aufgelöst hatte und es auch keine Arbeit mehr gab, strömten sie aus der ganzen Gegend in die Städte, vor allem natürlich nach Schwarzenberg; sie bettelten und stahlen unterwegs, die Männer bewaffneten sich, es lag ja genug von dem Zeug herum nach dem Zusammenbruch der Wehrmacht, und niemand wußte, auch wenn den dicken Scharsich von der Gestapo sein Schicksal mit Recht ereilt hatte, was sie sich an Racheakten noch einfallen lassen würden; denn daß sie nach allem, was sie am eigenen Leib erfahren hatten, der deutschen Bevölkerung freundlich gesinnt sein würden, war kaum zu erwarten.

Uns im Ausschuß war klar, daß wir trotzdem mit ihnen verhandeln und sie für uns gewinnen mußten; versäumten wir das, so würde es zu totaler Anarchie kommen und zu bürgerkriegsähnlichen Zuständen; und ebenso klar war uns, daß wir sie, schon der Versorgungslage wegen, baldmöglichst abschieben müßten, zu den Russen hinüber, die sie dann weiterzutransportieren haben würden.

So bekam ich denn das mir inzwischen vertraute *Also du übernimmst das* zu hören; ich erkannte natürlich, was da alles schiefgehen konnte, aber ich durfte mich nicht weigern, denn ich war, wenn man es so ausdrücken will, für die Beziehungen der Republik mit dem Ausland zuständig, und daß es sich hier um Ausländer handelte, war nicht zu leugnen. Ich bat nur, daß mir der Genosse Kiessling zugeordnet würde, unbewaffnet bitte; allein hätte ich mich, konfrontiert mit ich weiß nicht wie vielen dieser erbitterten, erregten Leute, doch recht unsicher gefühlt, und Kiessling hatte etwas Beruhigendes an sich.

Meine Frau sagte: »Du bist ja verrückt, Ernst, du läßt dir auch alles aufhalsen. Die sind völlig verroht und verwahrlost, und sie haben keinen mehr, der sie im Zaum hält, und in der Stimmung, in der sie sind, braucht's nur ein Wort, und sie bringen dich um.«

»Bertha«, sagte ich, »sie sind doch auch Menschen, Arbeiter sogar. Und wenn sie bösartig sind, haben wir sie so gemacht.«

»Genau darum«, sagte sie, »genau darum hab' ich ja solche Angst.«

Ich berichte von diesem kurzen Gespräch nicht nur, um meine Situation darzustellen, sondern weil ich zeigen möchte, wie sehr meine Frau um mich besorgt war; unsere Ehe war intakt, und ich war auch nicht mehr in dem Alter, wo man glaubt, daß sich unter jedem neuen Weiberrock wunder was für paradiesische Genüsse finden lassen, und schließlich hatten Bertha und ich in den letzten Jahren soviel Schlimmes gemeinsam durchgemacht, daß das allein uns schon verband. Es existierte also kein vernünftiger Grund, den ich als Entschuldigung für eine Handlungsweise anführen könnte, die zwei mir teuren Menschen tiefen Schmerz zufügte und bei den Genossen im Ausschuß nicht nur ein allgemeines Kopfschütteln, sondern auch ernsthafte Bedenken hervorrief. Aber es gibt so etwas zwischen Menschen wie Chemie, bei der ja auch zwei Elemente, die bis dahin ruhig im Raum schwebten, im Moment ihrer Begegnung sich ineinander stürzen und mit unwiderstehlicher Gewalt eine Verbindung eingehen.

Dieser Moment kam für mich an dem Morgen nach dem erwähnten Beschluß, im Fremdarbeiterlager Rote Mühle, dem größten in Schwarzenberg, bei der Begegnung mit der bereits erwähnten Tatjana, Tatjana Orlowa, einst Deutschlehrerin in Rostow am Don, wie sie mir erklärte, als sie aus der grauen, einen dumpfen Geruch ausströmenden Menge heraustrat, um für mich zu übersetzen; und auch sie schien den Effekt dieser chemischen Kraft zu spüren, denn während sie weitersprach, Sätze, deren Inhalt mir entging, sah sie nur mich an, und zwar mit einem Ausdruck, der zu sagen schien, wir kennen uns doch, aus einer anderen Zeit oder von einem anderen Stern, und wo warst du so lange.

Ich blickte mich nach Kiessling um, aber der hatte wohl nichts bemerkt von dem stummen Zwischenspiel und interessierte sich nur für die ständig wachsende Schar der Lagerinsassen, die uns immer näher auf den Leib rückten, dabei aber eher erwartungsvoll als bedrohlich aussahen, so als erhofften sie irgendwelche Geschenke von uns. Ob ihre Haltung, die so gar nicht unseren Befürchtungen entsprach, auf unser harmloses Äußeres zurückzuführen war, nicht umsonst hatten wir, um unsere friedlichen Absichten zu zeigen, das Lager mit erhobenen Händen betreten, oder auf die roten Armbinden, die Kiessling und ich trugen, oder auf etwas, das Tatjana ihnen zugerufen hatte, war schwer zu beurteilen. Ich kann nur ungefähr referieren, was ich Tatjana zu übersetzen bat, wobei ich meinem Gott, oder wer auch an Gottes Stelle Dienst tat, dankbar war, daß ich mir schon vorher zurechtgelegt hatte, was man diesen entwurzelten und verwirrten Menschen auseinandersetzen müßte, um sie zu einer Art Mitarbeit zu bewegen; denn einen solchen Appell aus dem Stegreif zu entwickeln wäre mir unter der Wirkung, die Tatjanas Anwesenheit auf mich hatte, kaum gelungen.

Ich führte also aus, immer Tatjana zugewandt, die mit weicher, dunkler, vom Tonfall der russischen Sprache getragener Stimme übersetzte: Wir seien, der Genosse an meiner Seite und ich, in Freundschaft zu ihnen gekommen, anders als die, von denen sie bisher Befehle und Anweisungen erhielten; deren Zeit sei zu Ende, nicht zuletzt dank der tapferen Roten Armee, die die Heere Hitlers geschlagen und vernichtet hätte; wir aber, deutsche Arbeiter, die von sich aus niemals andere Länder überfallen und anderer Leute Haus und Besitz zerstört hätten und die von dem nunmehr gestürzten Regime unterdrückt und ausgebeutet worden wären ganz ähnlich wie sie, hätten nun hier die Macht übernommen und wollten ihnen helfen, baldmöglichst in die Heimat zurückzukehren; doch sei diese Macht noch neu und zerbrechlich und von vielen Seiten bedroht und stünde vor fast unüberwindlichen Schwierigkeiten, weshalb wir uns jetzt an sie wendeten, denen es noch schlimmer ergangen sei als uns: wir brauchten ihre Unterstützung, ihre Hilfe.

Was ich da sagte, mit Unterbrechungen für Tatjanas Übersetzung, kam mir nicht besonders überzeugend vor, Formelkram, obwohl in ehrlichster Absicht konzipiert, der mich selber kalt ließ. Immer nur wartete ich darauf, daß Tatjana den Faden wieder aufnähme, und meine Gedanken kreisten um die Frage, wie ich es ermöglichen könnte, daß diese Stimme, die mich so aufwühlte, ausschließlich zu mir und für mich sprach.

Ich fuhr zusammen. Kiessling hatte mich angestoßen: die Menge, skeptisch wohl sowieso, zeigte Ungeduld; nur Tatjana lächelte.

»Konkret!« zischte Kiessling. »Sprich konkret!«

»Entschuldigt«, sagte ich, »ich war in Gedanken. Ich stellte mir vor, wie es sein würde, wenn ihr nach Hause kommt, nach so langer Zeit.«

. Das war nicht Teil des Konzepts gewesen. Aber was hatten wir an Konkretem zu bieten, und vielleicht, dachte ich, war ein bißchen Phantasie besser geeignet, diese Menschen zu gewinnen, als die Verlesung einer Liste von Pflichten und Forderungen, und Tatjana schien tatsächlich neugierig zu sein, wie ich mir diese Heimkehr vorstellte.

Ich machte kein Hehl daraus, daß das kein Zuckerlecken sein würde und die Reise kein Vergnügen, obwohl wir ihnen auf den Weg helfen würden, so gut wir konnten; das Land, in das sie zurückkehrten, sei vom Kriege versehrt wie selten eines, doch das wüßten sie besser als ich, sie wären ja schon einmal hindurchgefahren, damals allerdings in westlicher Richtung, und könnten sich denken, wieviel mehr in der Zwischenzeit zerstört worden sein mußte. Dennoch aber würden sie wieder unter den Ihren sein und, geb's Gott, den geliebten Mann oder die geliebte Frau wiedersehen, die Mutter, den Vater, Schwester und Bruder.

So etwa redete ich, nur ausführlicher und mit Details besonders die Wiedersehensszenen betreffend; da müssen in meinem Kopf Kindheitserinnerungen gespukt haben an altmodisch illustrierte Bücher, der fahrende Gesell endlich wieder daheim, die Rasenbank am Elterngrab. Ich habe nie erfahren, was von alldem Tatjana aufgriff und wie sie die Akzente setzte, aber ich halte es für möglich, daß sie Kiessling und mich davor bewahrte, unter Gelächter davongejagt oder gar an Ort und Stelle verprügelt zu werden. Jedenfalls kam der Vorschlag, daß man sich zunächst einmal irgendwie organisieren solle, von ihr; sie teilte mir mit, sie habe das soeben ihren Leuten gesagt, und zwar in meinem Namen, und müsse es nun mir überlassen, Einzelheiten anzugeben; was ich auch tat: jede Gruppe, erklärte ich, möge einen Sprecher wählen, und die Gesamtheit der Sprecher würde das Lagerkomitee bilden, welches wiederum unser

Verhandlungspartner und für die allgemeine Disziplin und administrative Frage verantwortlich sein werde, insbesondere bei den Vorbereitungen für die Heimreise.

Und dann war auch das geregelt, und die Leute verliefen sich, enttäuscht, wie ich meinte, denn sie hatten wohl doch etwas Handgreiflicheres erwartet als Worte. Tatjana geleitete Kiessling und mich bis zum Tor. Dort nahm ich ihre Hand in meine, und wir standen da, stumm, ich weiß nicht, wie lange. Schließlich war Kiesslings Hüsteln nicht mehr zu überhören, und Tatjana sagte, sicher wäre noch manches zu klären bezüglich des einen oder anderen Punkts, inzwischen aber sollten wir wissen, mein Freund und ich, wie froh sie wäre über diese Initiative seitens der deutschen Genossen; das Schlimmste in so chaotischen Zeiten sei die Ungewißheit, und diese sei nun wenigstens beseitigt.

Ich war selbst erstaunt, wie rasch ich, trotz meiner Versunkenheit, auf Tatjanas Wink reagierte. Auch ich wäre der Ansicht, erklärte ich, daß unsere Besprechung keineswegs als abgeschlossen zu betrachten sei, und würde mich bemühen, gegen Abend noch einmal bei der Roten Mühle vorbeizukommen; und zu Kiessling gewandt: er werde mich doch hoffentlich begleiten?

Kiessling verzog den Mund. Dann, nachdem wir ein Stück die Straße hinaufgegangen und außer Hörweite waren, machte er seinem Ärger Luft: ob ich wohl vergessen hätte, daß sich in dieser Stadt insgesamt achtzehn Lager und Massenquartiere befänden, die Belegschaft eines jeden anders zusammengesetzt und belastet mit anderen Problemen, und sie alle müßten von uns aufgesucht werden, und überhaupt, wie konnte ich mich vorhin so verwirren lassen, ich sei doch sonst ein nüchterner Zeitgenosse mit Blick für das Nächstliegende, und ein solches Wunder Gottes sei diese Übersetzerin nun auch wieder nicht, daß man über sie den Kopf verlieren müßte, und ich ein verheirateter Mann und überdies beinahe nur Haut und Knochen, woher wollte ich wohl den nötigen Saft nehmen.

Die Besuche in den restlichen siebzehn Quartieren fanden jedoch nicht statt, zumindest nicht an diesem Tag. Es kam uns nämlich ein Motorrad entgegengeknattert, darauf einer von Kiesslings Truppe, der höchlichst erleichtert zu sein schien, daß er seinen Chef endlich aufgetrieben hatte, und hastig berichtete, im Naturtheater hielten sich Bewaffnete versteckt, der Besitzer einer Gartenlaube in der Nähe dort habe sie beobachtet und habe, selber hinter einem Gestrüpp verborgen, unter ihnen den Lippold erkannt, den Ortsgruppenleiter der Partei, obwohl der nicht seine Uniform, sondern eine lose sitzende Wildlederjacke getragen hätte, die Säume verziert mit zahlreichen Fransen, wie einer aus dem Wilden Westen.

Kiesslings Interesse an meiner Person und den Abwegen, die ich einschlagen mochte, verflog auf der Stelle. Er schwang sich auf den Soziussitz des Motorrads, zog seine Knie hoch, klammerte sich an den Rücken des Fahrers, rief: »Los! Beeil dich!« und holperte ab über das löchrige Pflaster in Richtung Rathaus. Ich schlug einen Fußpfad ein, eine Abkürzung, die mich über den Fluß führte und über die Eisenbahngleise, und kam so hinter der von uns bereits zu drei Vierteln eingeebneten Panzersperre auf die Chaussee nach Aue, überquerte diese unterhalb der Realschule, in deren Vorgarten Grüppchen von Verwundeten in der Sonne saßen, und erklomm den Hang bis kurz vor dem Eingang zum Naturtheater. Es war mir ganz lieb gewesen, daß Kiessling mich allein gelassen hatte; so konnte ich nachsinnen über Tatjana und meinen plötzlichen Gefühlsaufruhr und darüber, was ich leiden würde, wenn diese Frau, die ich noch gar nicht gewonnen hatte, mir durch mein eigenes Wirken als, nennen wir's, Repatriierungskommissar verlorenging; und hoffte zugleich, daß die Aktion, die Kiessling jetzt einleitete, mich von meinen düsteren Gedanken ablenken möchte.

Das Naturtheater Schwarzenberg steht heute noch unverändert: vom Proszenium aus ziehen sich die hölzernen Bankreihen in die Höhe; rechts der Bühne ragen Felsen auf, zum Teil baumbewachsen, von denen herab, je nach den Erfordernissen der Aufführung, Räuber, Indianer oder Soldaten auf die Szene springen, und links drei Blockhäuser, die gleichzeitig Kulisse sind und Garderobenräume; der Zementbunker hinter der letzten Bankreihe dient bei Nachtvorstellungen den Beleuchtern und, zwei- oder dreimal wöchentlich im Sommer, wenn es Kino gibt, den Filmvorführern. Es war dieser Bunker mit seinen schlitzartigen Öffnungen für die jeweiligen Apparaturen, der mir Sorgen machte: dort konnten sich zum Letzten entschlossene Leute lange verschanzen, besonders gegen militärische Dilettanten, wie die meisten der Unseren es waren.

Ich war noch keine fünf Minuten auf meinem Posten, als Kiesslings klappriger Lkw anrollte, das einzige Stück Motorisierung der Ordnungskräfte der Republik, mit etwa zwanzig Mann an Bord und zwei Maschinengewehren. Ich weiß nun nicht, und habe Kiessling auch nie danach gefragt, ob es Kühnheit war oder totale Unkenntnis der Lage, die ihn veranlaßte, ohne zu zögern absitzen zu lassen und an der Spitze seiner Leute den Zaun hinter den Blockhütten zu überklettern, während die Maschinengewehre drauflosfeuerten, was das Zeug hielt. Ebensowenig läßt sich mit Sicherheit sagen, ob die Mitglieder der Kreisleitung Schwarzenberg der Nationalsozialistischen Partei, die in den Blockhütten hockten wie verängstigte Hühner und sich widerstandslos abführen ließen, einfach feige waren oder ob sie, überrascht durch Kiesslings plötzlichen Angriff, nicht mehr die Zeit fanden, sich in den Bunker zu begeben, in dem sich Gewehre und automatische Waffen in reichlicher Zahl befanden, oder wenigstens zu den Pistolen zu greifen, die sie entweder am Gurt trugen oder in Reichweite hatten.

Wie auch immer, es war ein Sieg, und ich, der ich als letzter und unbewaffnet über den Zaun gegangen war und Zeuge wurde, wie die Herren die Blockhütten verließen, Hände überm Kopf und mehrere von ihnen buchstäblich in Räuberzivil aus dem Theaterfundus, konnte Kiessling nur gratulieren. Der nahm meine Glückwünsche mit einem Blick entgegen, der klar besagte, auch ich würde meine Siege feiern können, wenn ich nur das entsprechende Wohlverhalten an den Tag legte; dann entsandte er die Gefangenen unter schwerer Eskorte zum Schloßturm und wandte sich der Beute zu, die aus den Blockhäusern und dem Bunker herbeigetragen wurde: kistenweise Lebensmittel, Bier, Wein, mehrere Fässer Benzin; die Aktion hatte sich gelohnt, und in der allgemeinen Freude, die nach unserer Rückkehr ins Rathaus dort herrschte, fiel es nicht auf, daß ich mich ohne Abschied davonmachte.

Ich fand Tatjana. Sie wartete auf der Straße vor dem Eingang zum Lager, abseits von den anderen, die dort herumstanden und sich unterhielten; ich glaubte den Puls in meinen Adern zu spüren und mußte mich zwingen, irgend etwas zu sagen, das als Begrüßung gelten mochte.

»Wohin?« fragte sie, als wäre es selbstverständlich, daß ich alles vorbereitet hatte: ein Zimmer für uns beide, Getränke, Bett.

Ich schlug den Weg ein, den ich am Morgen gegangen war. Ich tat das ohne viel Überlegung; heute meine ich, daß ich ihn wählte, weil er mir in meinen Gedanken einmal bereits Schutz geboten hatte. Unterwegs vermied ich es, Tatjana zu berühren. Sie sprach von diesem und jenem, sachbezogen das meiste, von den Vorgängen in der Roten Mühle nach meinem Weggang, und was sie alles unternommen hätte, um meine Vorschläge durchzusetzen, obwohl sie nicht sicher sei, daß sämtliche Insassen des Lagers der geplanten Heimreise mit so großer Freude entgegensähen. Das hätte mich stutzig machen sollen, aber ich war mir nicht einmal klar, ob ich richtig gehört hatte, und sowieso war das Wichtigste für mich nicht der Sinn ihrer Worte, sondern wieder, wie bei der Begegnung früh, der Klang ihrer Stimme, und ich erinnerte mich, wie sehr ich gewünscht hatte, diese Stimme nur zu mir sprechen zu hören, und war glücklich, daß der Wunsch sich nun erfüllt hatte, und sagte ihr das auch, und sie wandte mir ihr Gesicht zu und legte mir ihre Hand auf den Arm.

Manchmal, wenn ich darüber nachdenke, scheint es mir erstaunlich, wie tief sich selbst kleine Gesten und unwichtige Momente in den wenigen gemeinsamen Stunden, die uns vergönnt waren, mir eingeprägt haben. Ich glaube, ich zehre noch heute davon, und das Licht der Petroleumlampe in der mittleren Blockhütte links von der Naturbühne Schwarzenberg, das, von mir sorgfältig mit Zeitungspapier abgeschirmt, einen kleinen Kegel sanfter Helligkeit auf Tatjanas Gesichtszüge und Schultern und Brüste warf, ist, man verzeihe mir das sentimentale Wort, zum Licht meines Lebens geworden.

Die Büchse Gulaschfleisch, das Päckchen Zwieback und die zwei Flaschen Wein, die sich versteckt unter irgendwelchen Lumpen in einem Winkel der Hütte fanden, sind das einzige, was ich dem Gemeinbesitz der Republik vorenthalten habe. Und einen Augenblick lang kam mir der Gedanke, ob ich nicht wenigstens ein paar von den Zwiebäcken nach Hause bringen sollte für Bertha; aber dann schlug ich mir das aus dem Kopf, es würde die Sache noch mehr kompliziert haben, und außerdem machte es mir Freude, Tatjana etwas bieten zu können. Und wir tranken den herben roten Wein, der aus Frankreich gekommen war, und er ging uns ins Blut, und wir lagen zusammen auf einem Feldbett zwar, aber auf weicher Matratze und Kissen, die die Herren von der Kreisleitung hinterlassen hatten, und Tatjana sagte mir etwas auf russisch, und obwohl ich ihre Worte nicht verstand, wußte ich, was sie bedeuteten.

10
Militärisches Zwischenspiel

Sergeant James McNeill Whistler ist, da nach Abschluß der Kampfhandlungen seine Künste als Kartenzeichner weniger benötigt werden, er aber noch nicht genügend Dienstzeit hinter sich gebracht
hat, um demobilisiert zu werden, zusammen mit seinem Lieutenant
zu einer Abteilung der US-Militärregierung in der Stadt Auerbach
versetzt worden, dem Verwaltungszentrum des an die Westgrenze
der Republik Schwarzenberg anschließenden Landkreises gleichen
Namens. Das bedeutet jedoch nicht, daß er seine Tage hauptsächlich
in Auerbach oder gar in den Diensträumen der Militärregierung ver-
bringt; seine frühere Nebentätigkeit als Kunstexperte nimmt vielmehr einen immer größeren Teil seiner Zeit in Anspruch, da der
Friede den Künsten insofern günstig ist, als Offiziere wie auch
Mannschaftsgrade nun die Muße haben, Schlösser und Museen,
Landhäuser und Stadtvillen, soweit diese nicht abgebrannt oder aus-
gebombt sind, ausführlicher zu besichtigen.

An diesem Tag jedoch befindet er sich tatsächlich im Vorzimmer
von Lieutenant Lambert und empfängt dort einen kleinen, glotzäu-
gigen Zivilisten, der ihm, beinahe hechelnd vor Diensteifer und unter vielen Entschuldigungen wegen der durch einen erzwungenen
Aufenthalt von längerer Dauer am amerikanischen Kontrollpunkt
erzeugten Verspätung, einen Brief an den Kommandanten der Militärregierung übergibt, geschrieben in englischer Sprache, wie der
Bote betont, um der Wichtigkeit des Schreibens Nachdruck zu verleihen. Der Kommandant des Auerbacher Detachements der Militärregierung, Captain Woodruff, ist, wie Whistler weiß, in die Stadt
Zwickau gefahren, um dort bei seiner vorgesetzten Dienststelle einige Fragen verwaltungstechnischer Natur zu besprechen, in erster
Linie aber, um die den Offizieren der Abteilung zustehende Ration
Whisky persönlich in Empfang zu nehmen; Whistler begibt sich da-

her zu Lambert und erstattet diesem nach einer Handbewegung, die sich nur mit sehr viel Nachsicht als militärischer Gruß bezeichnen läßt, Meldung. »Typ da draußen behauptet, Lieutenant, Sir«, sagte er, »er käme aus unserm Dreieck.«

Lambert begreift, daß Sergeant Whistler sich auf jenes grob gesehen dreieckige Stück Bergland bezieht, dem sie beide mit Hilfe einer 25-Cent-Münze den Segen staatlicher Selbständigkeit verschafft haben, und er denkt, ich hätte mich längst interessieren sollen, und zugleich fällt ihm schwer auf die Seele, wie wenig er bisher auch im Falle Esther unternommen hat, eine Reihe von Anfragen, gewiß, brieflich oder telephonisch, bei anderen Stellen der Militärregierung in anderen Orten, aber kein wirkliches Nachstoßen, keine persönlichen Besuche; ist sein Gewissen erkaltet, oder befürchtet er die Endgültigkeit eines Bescheides, der da lauten mochte: *Last seen on her way to Auschwitz?*

»Whistler«, sagt er, »lassen Sie den Typ herein.«

Der Mann kommt hereingetrippelt, macht einen hastigen Kratzfuß und beginnt mit dem gleichen Text, den er schon Whistler vorgesprochen hat: wie der Herr Landrat Wesseling in Schwarzenberg ihm bedeutet habe, von welch politischer, ja, geschichtlicher Entscheidungsschwere das ihm anvertraute Schreiben sei, und wie er nur darauf achten solle, daß es nicht in falsche, nämlich bolschewistische Hände gerate, sondern schnellstens und geradewegs an den auf dem versiegelten Kuvert angegebenen Adressaten, wobei er mit zitterndem Finger auf den Brief weist, der noch immer ungeöffnet auf Lamberts Schreibtisch liegt.

»Name?« erkundigt sich Lambert.

»Hempel. Friedrich Wilhelm Hempel«, sagt der andere und lacht unvermittelt und sinnlos, ein dünnes, brüchiges Lachen.

»Beruf?«

»Staatsbeamter.«

»Keine Empfehlung«, sagt Lambert, »bei diesem Staat.«

Hempel beeilt sich zu erklären, wie sein Chef, der Herr Landrat Wesseling, der Schreiber dieses Briefes, durchaus kein Mitglied jener verbrecherischen Partei gewesen, und er selber, als des Herrn Landrats persönlicher Referent, sich schon aus Gründen der Loyalität gleichermaßen der Mitgliedschaft enthalten hätte, obwohl von gewisser Stelle hartnäckig Druck auf ihn ausgeübt worden sei, damit er das Verhalten des Herrn Landrat engstens observiere und an die besagte Stelle Bericht erstatte; er aber habe, auch wenn er dadurch verschiedener Vergünstigungen verlustig ging, es vorgezogen, dem Herrn Landrat von dem Ansinnen Mitteilung zu machen. So ein Mensch sei der Herr Landrat, und so einer sei er.

»Sie kennen nicht«, sagt Lambert auf gut Glück, »eine gewisse Esther Bernhardt? Auch nie von ihr gehört?«

»Sollte ich sie kennen?« fragt Hempel beflissen.

»Nein, wie sollten Sie auch«, erwidert Lambert und ordnet an: »Lassen Sie eine Tasse Kaffee kommen für den Mann, Sergeant.«

Dann reißt er das Kuvert auf und liest das langwierige Bürokratendeutsch des Landrats, an dem die englischen Vokabeln hängen gleich einer schlecht sitzenden Maske: wie, da der Landkreis Schwarzenberg zur Zeit noch unbesetzt und von allen Seiten in seiner Einfuhr und Ausfuhr abgeschnitten sei, man dort aber seit je vom Austausch örtlich erzeugter Industriegüter gegen Nahrungsmittel aus Westsachsen und anderen Landesteilen, insbesondere aber aus dem Landkreis Auerbach, gelebt habe, nun daher sämtliche Vorräte aufgebraucht seien, kein Mehl mehr sich in den Mühlen befände, keine Kartoffeln in den Läden, von Fleisch, Fett, Medikamenten gar nicht zu reden, woraus sich infolge der drohenden Hungersnot die Gefahr von Seuchen und Unruhen ergäbe, die nicht durch eigene Polizeikräfte zu meistern wären, weshalb er dringend ersuche, seinen Landkreis umgehend zu besetzen, wodurch sich auch dessen Grenzen nach Westen hin öffnen würden zum Zwecke gedeihlichen Handels, und ferner bitte, ihn, den Landrat, zu einer Besprechung all dieser Punkte baldmöglichst zu befehlen, gezeichnet Wesseling.

»Meinen Sie nicht, Whistler«, sagt Lambert, »daß wir eine gewisse Verantwortung haben für unser Dreieck, wie Sie das zu nennen beliebten?«

»Ich?« sagt Whistler. »Ich bin nur ein kleiner Sergeant, immer noch.«

»Aber sie hungern da, steht in dem Brief«, sagt Lambert.

»Wo hungern sie nicht?« sagt Whistler. »Und haben Sie denn die Mittel, sie alle zu füttern?«

»Aber man muß doch versuchen«, sagt Lambert, dem, von seines Vaters Hause her, das Bild von den fünf Broten und zwei Fischen vorschwebt, mit denen Jesus die Tausende speiste. »Und außerdem ist dieses unabhängige Ländchen, das Sie und ich geschaffen haben, Whistler, das einzige Versuchsfeld, auf dem sich beobachten ließe, was diese Deutschen, wenn man sie auf sich selber stellte, aus sich und ihrem Land machen würden.«

Whistlers Brauen schieben sich nach oben. »Haben wir das in den vergangenen zwölf Jahren nicht zur Genüge gesehen?«

»Ich habe das Gefühl, Sie wollen nicht verstehen, was ich meine«, sagt Lambert verärgert. »Kommen Sie, wir fahren.«

Dann sitzen sie in Lamberts Jeep, Sergeant Whistler am Steuer, der Lieutenant rechts neben ihm, und auf dem Hinterbänkchen Hempel, der sich mit einer Hand an den Sitz klammert, während er mit der anderen die Biskuits aus einer amerikanischen K-Ration eins nach dem andern zwischen die gelben Zähne schiebt.

Lieutenant Lambert ist trotz des Disputs, den er mit Whistler gehabt hat, mit sich zufrieden: endlich ein Unternehmen außerhalb der Routine, eine Art Forschungsexpedition, von der er zusätzlich hofft, daß sie ihn auch der Lösung seines persönlichen Problems näherbringen und ihm helfen möchte, mit sich ins reine zu kommen. Daß dieses Schwarzenberg, strikte gesehen, nicht sein Geschäftsbereich ist, kümmert ihn dabei wenig; Captain Woodruff ist da nicht kleinlich, kein Bürokrat, er kommt aus dem Ölgeschäft, wo man dauernd Streifzüge in anderer Leute Felder unternimmt; allerdings wird er sich, nachdem er ihn bei seiner Rückkehr nicht angetroffen, den ihm, Lambert, zustehenden Anteil Whisky unter den Nagel gerissen haben; ja nun, der Mensch muß auch Opfer zu bringen wissen um der Sache willen.

Die Wälder werden dunkler, die Straße führt steil nach oben, rechts und links sind Schützenlöcher, eilig gegraben, eilig verlassen, dann kommen Panzersperren, beiseite gestoßen die stählernen Schienen, da liegt noch einer vor irgendwelchem Dickicht, Gesicht und Leib zu doppeltem Umfang gedunsen, die Knöpfe abgesprengt von der Uniformjacke, der Frühlingsblütenduft des Waldes vermengt sich mit süßlichem Fäulnisgeruch, warum schafft keiner den Toten fort. Lambert denkt an die Stories, die er gehört hat von Werwölfen im Hinterhalt, dies wäre das ideale Gelände dafür; doch dann sieht er, silbern im Tal, den Fluß, hüpfendes Wasser, Schaum versprühend über die Felsbrocken im Lauf: die Zwickauer Mulde; und neben der steinernen Brücke, die die fliehende Wehrmacht zu sprengen vergaß, ein großes graugrünes Zelt, davor ein paar Fahrzeuge, ein blakendes Feuerchen: der letzte Vorposten seiner Armee. Ein Ruf: *Hi, Boys!* und hinüber; von hier an hat er nur noch sich selber zu seinem Schutze, und Whistler.

Aber zunächst ändert sich nichts.

Da ist wieder der Wald, dazwischen spärliche Felder, auf denen mitunter ein Mensch, gebückt, als suche er etwas; Saatkartoffeln, sagt Hempel, der nun einigermaßen gesättigt ist, sie stehlen auch alles, es ist sündhaft. Hier und da ein Gehöft, ein, zwei geduckte Häuser; selbst in den besten Zeiten, denkt Lambert, hat hier Armut geherrscht. In Sosa dann, wo die Straße nach Schwarzenberg abzweigt, das Ortsschild steht noch, obwohl von Kugeln durchlöchert, Geschrei, ein Auflauf: Militär, erkennt Lambert, deutsches Militär, und bewaffnet; wo kommen denn die her, denkt er, gibt's denn das, als wäre da gar nichts gewesen, keine Kapitulation, kein alliierter Befehl, die Waffen nieder; und ist dies die erste Frucht auf seinem Versuchsfeld?

Er läßt langsamer fahren und lockert zugleich den Karabiner, den er im Holster neben dem Sitz stecken hat. Vor dem einzigen größeren Gebäude am Wege, der Bürgermeisterei offensichtlich, steht ein offener Mercedes geparkt, graugestrichen, daneben zwei Laster, von denen einer mit Kisten und Säcken beladen wird, Beutegut wohl. »Kopf oder Wappen«, grinst Whistler, »was war es gewesen, Kopf?«

»Kopf, verdamme Sie Gott«, sagt Lambert und hebt die Hand.

Whistler stoppt den Jeep ein paar Meter vor dem Mercedes. Sofort umdrängt sie alles, vorn die Helme, dahinter Bevölkerung, der Dinge harrend, schweigend, bis einer endlich laut vermutet, nun kämen die Amerikaner doch noch ins Gebiet Schwarzenberg. Dann wird die Tür zur Bürgermeisterei aufgestoßen, ein Uniformierter, die breiten Schultern im Silberglanz der Epauletten, tritt heraus, stelzt auf den Jeep zu, baut sich in seiner ganzen Größe vor Lambert auf, hebt die Finger zur Mütze und verkündet: »Hauptmann Stülpnagel!« und, auf seine Männer weisend, die plötzlich Haltung angenommen haben: »Kampfgruppe Stülpnagel!« und brüllt darauf: »Egloffstein!«

Der Gefreite Egloffstein, erläutert Stülpnagel mit wieder gemäßigter Stimme, werde übersetzen; er sei ein gebildeter junger Mann und beherrsche mehrere Sprachen, wie denn seine Leute überhaupt alles andere als ein rauher Haufen seien, der Anschein trüge da, sondern eine nach militärischen Gesichtspunkten ausgesuchte Elitetruppe. Lambert reibt sich die Stirn, nicht so sehr wegen der Unverschämtheit dieses Menschen, sondern weil der Name Egloffstein in ihm eine Erinnerung wachgerufen hat; doch bleibt diese verschwommen, und er weiß nicht, wo er sie einordnen soll, selbst dann nicht, als der junge Egloffstein sich zur Stelle meldet, bleich und ein Lächeln, fast als wollte er sich für etwas entschuldigen, um die weichen, schön geformten Lippen.

Lambert hockt immer noch in seinem Jeep, das eine Knie hochgezogen, darauf der schußbereite Karabiner, während Hempel vom Hintersitz her auf ihn einflüstert: nein, weder er noch der Herr Landrat hätten von der Existenz dieser Truppe gewußt, geschweige denn, daß sie mit irgendwelcher amlicher Genehmigung operiere; das Ganze zeige nur, was für Zustände hier herrschten und wie dringend notwendig ein baldiger Einmarsch der amerikanischen Armee ins Schwarzenbergische sei. Stülpnagel, der nicht verstehen kann, was der Glotzäugige da tuschelt, herrscht ihn an: »Halt's Maul!« und, wieder zu Lambert gewandt, versichert er diesem, wie er und seine Kampfgruppe, als pflichtbewußte deutsche Männer, für Ruhe und Ordnung in diesem Gebiet sorgten, solange noch keine Besatzungsmacht walte; ab sofort jedoch hielten sie sich den Amerikanern und besonders dem Herrn Lieutenant zur Verfügung.

Egloffstein schickt sich an zu übersetzen, aber Lambert winkt ab: er verstünde genügend Deutsch. »Und was bitte«, erkundigt er sich mit einer Geste, die das Hin und Her dieser Szene mitsamt Bevölkerung und Beute einschließt, »was bedeutet das alles?«

Dabei beunruhigt ihn das, was dieser Condottiere ihm sagt, erheblich weniger als die Tatsache, daß er den Namen des jungen Dolmetschers, Egloffstein, noch immer nicht in den rechten Zusammenhang hat bringen können, und er hört nur mit halbem Ohr auf Stülpnagels treuherzig-kernige Worte: wie man soeben den neuen Bürgermeister von Sosa aus dem Amt gejagt, der von niemandem ernannt war als ein paar seiner roten Kumpane, sogar Bücher habe er in seinem Dienstzimmer gehabt, bolschewistische; wie der Bursche jedoch entwischt sei, aus einem Hinterfenster gesprungen und querfeldein davongelaufen, im Zickzack noch dazu, so daß er dem Gewehr kein Ziel bot, wohin, ja, sicher zu seinen Genossen in Schwarzenberg, die dort das Regiment an sich gerissen hätten; so habe die Flucht wenigstens auch ihr Gutes, denn das plötzliche Erscheinen des Kerls werde den Kommunisten in ihrem warmen Nest einen heilsamen Schrecken einjagen, und er, Hauptmann Stülpnagel, hoffe, mit seiner Aktion ganz im Sinne der amerikanischen Besatzungsmacht gehandelt zu haben.

Lambert nimmt flüchtig zur Kenntnis, daß da in Schwarzenberg neben dem Landrat Wesseling auch noch andere Leute das Heft in der Hand zu halten scheinen; dann jedoch verliert sich dieser Gedanke, und er sagt, wie aus einer Erleuchtung heraus: »Sind Sie nicht aus Dresden, Gefreiter Egloffstein?«

Der Junge blickt überrascht auf. »Jawohl, Sir!« und darauf: »Woher wissen Sie das?«

In Lamberts Hirn haben die Dinge begonnen, sich ineinanderzufügen, der Name, die Stadt, die jetzt aufgegangen ist in Rauch und Asche, das Mädchen Esther, der Abschied, sein Versprechen, ich hole dich nach, das er aus guten Gründen nicht halten konnte, denn das Immigrationsvisum erforderte finanzielle Garantien für den Einwanderer, die Vater Lambert daheim in seinem Pfarrhaus in Wisconsin zu geben sich weigerte, ein Fräulein Esther Bernhardt, vielleicht auch noch in seine gutchristliche Familie hinein, da hörte die Nächstenliebe auf. Oder diente die väterliche Härte, fragt sich Sohn Lambert jetzt, ihm selber wieder nur als Entschuldigung für eigenes Verfehlen, eigene Laxheit des Herzens? Und hatte Esther solches schon damals geahnt, denn weshalb sonst hätte sie bei der letzten Umarmung, mit kaum spürbarem Zucken der Achseln, zu ihm gesagt: *Und sollte es ganz schlimm werden, in Dresden fände ich immer noch Schutz und Unterkunft, bei Egloffsteins…*

Lambert steigt aus seinem Jeep und postiert sich dicht vor den Jungen und fragt ihn, die innere Spannung nur erkennbar im Vibrieren der Stimme: »Ihr Vater ist der Pfarrer Lothar Egloffstein von der Kreuzkirche?«

»War«, sagt der Junge, »war. Das Letzte, Schlimmste, hat er nicht mehr miterlebt. Wo meine Mutter und meine Schwester jetzt sind, weiß ich nicht.«

Lambert schiebt ihm zwei Finger unters Kinn, derart das schmale Gesicht unter dem zerkratzten Helm leicht anhebend, und sagt: »Und wo Esther Bernhardt sich befinden könnte, wissen Sie auch nicht?«

Pause, endlos lang für Lamberts Begriffe. Das Gesicht des Jungen scheint um ein weniges fahler geworden, denkt er, doch das mag auch von der Wolke herrühren, die sich über die Sonne geschoben hat.

»Und wer, bitte, ist diese Esther Bernhardt?«

»Das wissen Sie wirklich nicht?«

»Nein.«

Kein Muskel, der sich bewegt, denkt Lambert, nichts, höchstens ein kurzer Blick, aus dem Augenwinkel heraus, auf Stülpnagel. Lambert hat, im Lauf dieses Krieges, genug mit Deutschen zu tun gehabt, mit Kriegsgefangenen wie mit Zivilisten, und glaubt, sie gründlich zu kennen: dieser Egloffstein wäre ein Wunder an Selbstbeherrschung, spräche er nicht die Wahrheit; und welche Ursache gäbe es auch für den Jungen, ihn in punkto Esther zu belügen.

Lambert läßt die zwei Finger sinken, die den Kopf des anderen fixiert hielten, und sagt: »Meines Wissens war Fräulein Esther Bernhardt eine Freundin Ihrer Familie.«

»Nicht, daß ich wüßte«, sagt Egloffstein und fügt, plötzlich die Hacken gegeneinander knallend, hinzu: *»Sir!«*

Lambert begibt sich zurück zu seinem Jeep. Er fühlt sich geschlagen. Welche Torheit, diese Befragung wegen privatester Dinge in aller Öffentlichkeit, und was für einer Öffentlichkeit! Was hat er überhaupt hier anhalten lassen? Was geht ihn dieser Stülpnagel an und seine ganze Truppe, die von Rechts wegen hinter Stacheldraht gehören oder vor ein Gericht, was geht ihn dieses elende Schwarzenberg an und was darin geschieht, das 25-Cent-Stück hätte ebensogut andersherum fallen können, mit dem Wappen nach oben, am liebsten ließe er wenden und führe zurück nach Auerbach, aber das kann er nun auch nicht mehr, wieder einmal, so scheint es, war der Zufall im Spiele, und alles ist schon entschieden.

Also gibt er Whistler das Zeichen zur Weiterfahrt. Doch kaum ist der Jeep ein paar Schritte gerollt, läßt er noch einmal stoppen und winkt Egloffstein zu sich. »Sollten Sie«, sagt er zu ihm, »mir doch noch eine Mitteilung zu machen haben, bezüglich des Fräuleins Esther Bernhardt oder zu anderen Punkten, ich heiße Lambert, Lieutenant Lambert, und Sie finden mich bei der Militärregierung in Auerbach.«

Dann nimmt er, steinernen Gesichts, Stülpnagels Salut entgegen und ist, mitsamt Jeep, Fahrer und Passagier, Sekunden später schon nicht mehr zu sehen. Zurück bleibt Sosas Bevölkerung, erregt über den Raub ihrer letzten Vorräte, die Verjagung ihres neuen Bürgermeisters und den unvermuteten amerikanischen Besuch, zurück bleibt die Kampfgruppe Stülpnagel, bereit zum Aufsitzen. Stülpnagel selbst ist nachdenklich; ihm wäre es lieber gewesen, sein Unternehmen weiterzuführen, ohne daß einer von außen Einblick erhalten hätte; obwohl, sagt er sich, wenn schon das, dann lieber ein Amerikaner, die sind leichter zu handhaben als die Russen.

»Egloffstein!« ruft er. »Steig ein.«

Beide nehmen sie Platz auf dem Rücksitz des Mercedes. Die kleine Kolonne, die Laster zuvörderst, setzt sich in Bewegung.

Stülpnagel tippt dem Jungen aufs Knie. »Hans«, sagt er, »warum hast du den Ami belogen?«

Egloffstein errötet stumm.

»Hast doch selber mir gegenüber geprahlt, wie du die Judenhure gevögelt hast, bis ihr das Loch dampfte, oder?«

Egloffstein nickt, unglücklich.

»Wieso hast du's ihm dann verschwiegen?« bohrt Stülpnagel weiter. »Ist doch kein Verbrechen, auch wenn's Rassenschande gewesen ist.« Und da der Junge immer noch schweigt: »Los, Hans, sprich, ich mag's nicht, wenn einer Geheimnisse vor mir hat, das ist immer gefährlich.«

»Weil«, gesteht Egloffstein schließlich, und die Stimme zittert ihm, »weil ich sie dann verraten habe an die Gestapo.«

»Ach so«, sagt Stülpnagel und wischt sich mit der Daumenkuppe die Nase, »alsdann!« Und weiß, wenn die Schlinge, an der er den Jungen führt, noch nicht eng genug war, jetzt hat er's in der Hand, sie zuzuziehen.

11
Aufzeichnung Kadletz:
Die Freunde

Die große ruhmreiche Sowjetarmee – welchem guten Genossen schlug damals das Herz nicht höher beim Klang dieser Worte, und Bilder stiegen auf in seiner Phantasie von einrückenden Panzern, jubelnd begrüßt, von lachenden Rotarmisten, Kinder im schützenden Arm; Phantasiebilder leider nur, denn die Wirklichkeit hatten wir in Schwarzenberg zu der Zeit ja noch nicht erlebt und Filme und Photos keine gesehen, außer dem, was die Nazis in ihren Wochenschauen gezeigt hatten, und da erschienen die russischen Truppen weder groß noch besonders ruhmreich.

Reinsiepe sprach von den Russen nur als *die Freunde,* und der Ton der Selbstverständlichkeit, in dem er das sagte, ließ erkennen, daß es für ihn einfach eine Art Fachbezeichnung war. Für uns andere jedoch, die seine Ausdrucksweise ihrer Handlichkeit wegen benutzten und weil sie uns, bei allem Respekt, auf eine gleiche Ebene hob wie *die Freunde,* hatte der Begriff einen wirklich emotionellen Gehalt, denn brauchten wir nicht, in unserer Hilflosigkeit und Vereinsamung, Freunde ganz dringend, und wer sonst wäre da gewesen, der uns die brüderliche Hand entgegenstrecken konnte?

Die hochgespannte Erwartung läßt sich also leicht vorstellen, mit der ich gen Annaberg fuhr, Reinsiepe eingeklemmt in das Beiwägelchen meines Motorrads. Reinsiepe, der eine Schutzbrille und eine den ganzen Schädel bedeckende lederne Haube trug, hatte sich mir, obwohl niemand ihn dazu erwählt hatte, mit einer keinen Widerstand duldenden Geste angeschlossen, einer herrischen Handbewegung, die in sonderbarem Widerspruch stand zu seinem konzilianten »Ich kann dir vielleicht behilflich sein«. Behilflich, dachte ich, und Wolframs Zurückhaltung Reinsiepe gegenüber fiel mir sowie manches andere auch, Kleinigkeiten nur, die aber in ihrer Gesamtheit darauf hindeuteten, daß mehr hinter den Worten und Taten des Mannes stecken mochte, als der Augenschein zeigte. Dies also war, ob gerechtfertigt oder nicht, der Stachel in meinem Fleisch und der Galletropfen im Hochgefühl meiner Vorfreude, Vorfreude ja, trotz der schwierigen Verhandlung, die es mit den Freunden zu führen galt und auf die ich mich durch Mitnahme eines offiziellen, in würdigem Ton gehaltenen Schreibens des Aktionsausschusses und eines zusätzlichen, von Tatjana verfaßten Briefes in russischer Sprache vorbereitet hatte, der nun seinerseits wieder, wenn auch erst nach einigem Hin und Her, von sämtlichen Mitgliedern des Lagerkomitees Rote Mühle unterzeichnet worden war.

Das Geknatter des Motorrads, einer ehemaligen Wehrmachtsmaschine, die manches durchlitten haben mußte, verhinderte längere Gespräche mit Reinsiepe während der Fahrt, sonst hätte ich trotz meines Ressentiments versucht, mir Ratschläge bei ihm zu holen und mich, vor allem, auf eine gemeinsame Verhaltensweise mit ihm zu einigen: da er Russisch sprach, hatte er seinen Vorteil; ich aber war der Bevollmächtigte des Ausschusses und diesem gegenüber verantwortlich, und jegliche Entscheidung lag bei mir. Ebensowenig war es mir des Krachs und des Gerüttels wegen möglich, meinem Erstaunen Ausdruck zu geben über die Weise, wie er uns durch die erste sowjetische Sperre hindurchbrachte, vorbei an zwei Mann mit tatarischem Gesichtsschnitt, die uns ein energisches »Stoj!« entgegengerufen hatten: bevor ich noch meine Jacke öffnen und meine Begleitschreiben aus der Tasche ziehen konnte, hatte er ein kleines, in Leder gebundenes flaches Heftchen hervorgezaubert, das sich in seiner geübten Hand wie von allein auftat und den einen der Soldaten veranlaßte, die Habt-Acht-Stellung einzunehmen, während der andere uns schleunigst weiterwinkte. Auch später dann, nach unserer Ankunft in Annaberg, bewies er auf vielerlei Art, wie gut er sich auskannte: mit ein paar Fingerzeigen dirigierte er mich über mehrere Umleitungen, zwischen Trümmerhaufen hindurch, zu dem stattlichen Bau, in dem die sowjetische Militäradministration ihr Hauptquartier aufgeschlagen hatte, des Dutzends fröhlicher Rotarmisten nicht achtend, die auf dem Vorplatz gefährlich schlingernd ihre offenbar erst kürzlich erworbenen Fahrräder der Marken Diamant und Wanderer ausprobierten. Im Gebäude selbst, nachdem er wieder sein ledernes Sesam-öffne-dich vorgewiesen hatte, wandte er sich, ohne auch nur einen Moment zu zögern, nach rechts, lief, immer zwei Stufen auf einmal nehmend, die Treppe hinauf und ging, im oberen Geschoß angelangt, geradewegs auf eine unbeschriftete Tür zu, ich immer hinterdrein, ein wenig atemlos nicht nur des Tempos wegen, das er einschlug, sondern hauptsächlich weil so viele Eindrücke gleichzeitig auf mich einstürmten.

»Du wirst«, sagte er zu mir, die Klinke bereits in der Hand, »hier einen Genossen kennenlernen, dem du nichts vormachen kannst; also reiß dich zusammen und hör auf das, was er dir zu sagen hat.« Damit streifte er Schutzbrille und Haube ab, öffnete die Tür und ließ mir den Vortritt.

Es war aber nicht nur ein Genosse in dem Zimmer, sondern ihrer zwei, was Reinsiepe zu überraschen schien. Er faßte sich jedoch sofort und stellte mich dem hinter dem Schreibtisch thronenden mit ein paar kurzen Worten in russischer Sprache vor, und sagte mir dann, der ich den Kopf respektvoll gesenkt hielt, der Genosse vor mir sei Kapitän Workutin, Viktor Iwanowitsch. Mit einem kurzen Nicken in Richtung seines Kameraden, der neben dem Bücherschrank voller Aktenfaszikel gestanden hatte und nun auf uns zutrat, knurrte Workutin seinerseits etwas Unverständliches, so daß der andere sich veranlaßt sah zu wiederholen: »Major Bogdanow, Kyrill Jakowlewitsch.«

Workutin schien zu erwarten, daß Bogdanow ihn jetzt mit Reinsiepe und mir allein lassen würde; jedenfalls zeigte er eine deutliche Ungeduld, die sich kaum auf uns zwei Deutsche beziehen konnte, wie er den Ranghöheren denn überhaupt behandelte, als sei dieser eher sein Untergebener; schon die Art, wie er in seinen Sessel gelehnt dasaß, breit und selbstsicher, und wie er mit Bogdanow sprach, mürrisch und von oben herab, wies darauf hin. Bogdanow aber reagierte auf den dauernden unterschwelligen Affront in keiner Weise; sein Interesse galt ausschließlich dem, was Reinsiepe in sehr komprimierter Form über Schwarzenberg und über die Gründe für meine Mission referierte, und danach begann er, mir Fragen zu stellen, in vorzüglichem Deutsch, Schuldeutsch natürlich, man spürte die erlernte Fertigkeit. Was denn unsere Gedanken über die Zukunft unseres neuen Gemeinwesens wären, wollte er wissen, und was für wirtschaftliche Formen wir glaubten entwickeln zu müssen, und welche Vorstellungen wir hätten in bezug auf die Staatsform, auf Parlament und Parteien, und wie denn die Macht verteilt werden solle unter die verschiedenen Institutionen, falls wir beabsichtigten, die Macht aufzuteilen statt sie, wie etwa in der Sowjetunion, in zentralen Händen zu belassen und alles nach zentralem Plan zu lenken, und dergleichen mehr, bis mir's ganz wirr zumute wurde, denn ich wußte nicht, sprach er von Schwarzenberg oder von Deutschland, und das meiste von dem, wonach er sich so intensiv erkundigte, hatte ich selber noch gar nicht durchdacht, und ich bezweifelte, daß die andern im Ausschuß die Gelegenheit gehabt oder auch nur den Wunsch empfunden hatten, sich mit derlei Dingen zu befassen, Max Wolfram ausgenommen und Reinsiepe, der da allerdings seine vorgefaßten Meinungen zu haben schien.

»Der Genosse Major liebt es, in der großen Perspektive zu denken«, bemerkte Workutin, sein Kinn knetend. »Aber wir wissen ja noch gar nicht, ob Ihr Spaß da in Schwarzenberg von irgendwelcher Dauer sein wird.«

Da war das schiefe Lächeln wieder, Reinsiepes Spezialität. »Bei allem theoretischen Interesse an solchen Fragen, das jeder politisch Denkende haben wird«, sagt er in freundlich dozierendem Ton, »scheint mir das Leben doch, besonders in dieser Zeit, zu ernst zu sein, als daß man seine Energien auf derartige Experimente verschwenden könnte. Der Genosse Workutin weiß, was in der Gegend von Schwarzenberg unter der Erde liegt, und es ist ihm auch dargelegt worden, wofür diese Erze verwendbar wären, sobald die zugehörige Technik voll entwickelt ist. Aber ganz abgesehen davon, Sie glauben doch nicht«, und damit wandte er sich Bogdanow zu, der, die Hände auf dem Rücken verschränkt, mit halb geschlossenen Augen ihm zugehört hatte, »Sie glauben doch nicht, Kyrill Jakowlewitsch, daß neben den beiden sozialen Systemen auf der Welt, von denen das eine bereits für jedermann sichtbar im Absterben ist, sich ausgerechnet in Schwarzenberg noch ein drittes Modell entwickeln ließe?«

Ich staunte. Da war ich, ein armer Provinzgenosse, für den, Nazi-Herrschaft oder nicht, die klaren und einleuchtenden Lehren der Partei stets ihre Gültigkeit behalten hatten, unversehens in einen Widerstreit von Meinungen geraten, von dessen Existenz ich null Komma nichts gewußt hatte und dessen Ausmaß und Tiefe ich gar nicht abschätzen konnte, der für Reinsiepe aber zum Alltäglichen zu gehören schien. Und nicht nur das: der Genosse Reinsiepe wurde offenbar von den Freunden als ein ihnen Gleichstehender - anerkannt, bewegte sich unter ihnen mit Leichtigkeit, wußte von geheimnisvollen Schätzen in unseren Bergen und wagte es, einem Manne wie diesem sowjetischen Major, einem Helden, der vielleicht den ganzen Weg von Stalingrad bis hierher nach Annaberg kämpfend zurückgelegt hatte, über den Mund zu fahren. Ich staunte; und dann dachte ich, wie sicher Reinsiepe sich fühlen mußte, wenn er das Ganze vor meinen Augen und Ohren geschehen ließ: ein anderer hätte, wenn es schon zu solchen Gesprächen kommen mußte, dafür gesorgt, daß ich aus dem Raum entfernt oder zumindest dem Thema die Schärfe genommen wurde.

»Ergard Karlowitsch«, sagte Workutin, Reinsiepes Vor- und Vatersnamen auf russische Weise aussprechend, »es wird dafür gesorgt werden, daß Ihre Landsleute nicht auf dumme Gedanken kommen.«

Reinsiepe nahm diese Ankündigung, die wohl ebenso zu Nutz und Frommen des Majors Bogdanow gemacht worden war, zufrieden zur Kenntnis, und auch ich fand sie, angesichts der Wirren und Widerstände, die uns täglich in unserer Republik bedrohten, recht tröstlich, obwohl ich den Verdacht nicht loswurde, der Genosse Kapitän Workutin könnte auch einige der Antworten, die ich dem Major Bogdanow besten Gewissens gegeben hatte, zu den von ihm erwähnten dummen Gedanken zählen.

»Nun aber, Towarischtsch Kadletz«, fuhr er fort, als hätte er von mir erst jetzt Notiz genommen, »lassen Sie uns zur Sache kommen.«

Ein Wink berief Reinsiepe und mich an einen länglichen Konferenztisch, auf dessen ehemals weißem Tischtuch ein paar Flaschen Mineralwasser, Gläser und daneben ein Strauß leuchtendbunter Frühlingsblumen standen; Major Bogdanow schien vergessen zu sein. »Sie bringen uns eine Vollmacht?«

Ich zog meine beiden Briefe, schon ein wenig zerknittert, aus der Tasche und händigte sie ihm aus.

»Ah, sehr gut«, sagte er, goß sich ein Wasser ein, trank, schmatzte die Lippen und legte den Brief des Ausschusses, nachdem er einen flüchtigen Blick darauf geworfen hatte, beiseite. Den des Lagerkomitees jedoch las er gründlich, besonders die Unterschriften suchte er zu entziffern; dann reichte er mir diesen Brief über den Tisch hinweg zu, zusammen mit einem Rotstift, und sagte: »Kreuzen Sie an, wer von den Unterzeichnern aus der Sowjetunion stammt.«

»Wie soll ich das wissen?« sagte ich. »Geht das nicht aus den Namen hervor?«

»Nicht immer.« Er blickte mich prüfend an. »Aber wir werden das schon feststellen.« Damit nahm er mir den Brief wieder ab, gab ihn, als wär's ein Almosen, an Bogdanow weiter, und erkundigte sich leichthin: »Wer ist diese Tatjana Orlowa? Kennen Sie sie?«

Ich hatte das Gefühl, daß sie alle, Reinsiepe, Bogdanow, Workutin, mir ins Gesicht starrten, in das die Hitze plötzlich gestiegen war.

»Eine Lehrerin«, sagte ich heiser, »aus Rostow am Don.«

»Und was war ihre Tätigkeit, in Ihrer Stadt? Was für eine Rolle hat sie gespielt? Mit wem hat sie zusammengearbeitet?«

»Sie war immer gegen die Nazis«, sagte ich. »Eine tapfere Frau.«

»Und weiter?«

»Entschuldigen Sie, Genosse Kapitän«, sagte ich. »Ich kenne die Genossin Orlowa erst seit wenigen Tagen, seit ich ins Lager Rote Mühle kam, um mit den Menschen dort zu sprechen, sie für uns zu gewinnen, ihre Heimkehr zu planen...«

Ich brach ab.

Er sog die Luft durch die Nase, wie ein Hund, der die Fährte aufnimmt. »Sie widersprechen sich, Genosse Kadletz«, sagte er. »Wenn Sie diese Genossin erst wenige Tage kennen, woher wollen Sie wissen, wie sie sich in all den Jahren verhalten hat? Oder ist Ihre Bekanntschaft näherer Art?«

Ich sah mich nach Reinsiepe um: der tat, als ginge ihn der ganze Dialog nichts an, und spielte mit Workutins Rotstift, den dieser an sich zu nehmen versäumt hatte. »Man kann doch einen Eindruck von einem Menschen haben«, sagte ich hastig, »selbst wenn man ihn nur kurze Zeit kennt.«

»Kriminalist, eh?« Workutin verkniff die Augen. »Oder Psychologe?«

Tatjana, dachte ich, und wußte auf einmal, weshalb sie mir gesagt hatte, sie bezweifelte, ob sämtliche Insassen des Lagers der verheißenen Heimreise so freudig entgegensähen, und ich kam mir vor wie ein Verräter, obwohl man doch kaum in der Rolle des Judas gesehen werden konnte, wenn man, als klassenbewußter Arbeiter und Kommunist, sich vertrauensvoll an die Freunde wandte.

Zu meinem Glück, denn ich hätte wohl nichts mehr zu sagen gewußt, sprang jetzt Major Bogdanow in die Bresche. Er gab mir den Brief mit der Namensliste, sauber gefaltet, zurück und bemerkte, nicht auf russisch, wie zu erwarten gewesen wäre, sondern wiederum auf deutsch, zu Workutin: »Vielleicht ist das wirklich keine Polizeiangelegenheit, Genosse Kapitän, sondern eine Sache der Menschlichkeit.«

»Den Brief, bitte«, sagte Workutin und bedeutete mir mit dem Zeigefinger, daß er ihn wiederzuhaben wünschte, und zwar sofort.

Ich blickte hilfesuchend zu Bogdanow, doch der zuckte die Achseln, müde, und mir blieb nur, Workutins Befehl zu entsprechen. Workutin lachte unvermittelt. »Na, sehen Sie!« Dann legte er den Brief auf einen Stapel anderer Papiere, der durch das Gewicht eines absurd gezackten Granatsplitters beschwert war, erhob sich, trat um den Tisch herum auf mich zu, legte mir seine kurze, mit Sommersprossen übersäte Hand auf die Schulter und sagte: »Schwarzenbergisch-Sowjetische Freundschaft, eh? Bis wann also können Sie den Transport zusammengestellt haben? Waggons haben Sie, und Lokomotive?«

Ich versprach, der Aktionsausschuß würde sein Bestes tun, denn auch uns läge daran, überflüssige Esser baldmöglichst loszuwerden, und er gab mir einen Zettel mit der Telephonnummer der Sowjetischen Militäradministration in Annaberg und schlug vor, ich sollte ihn fernmündlich informieren, sobald der Zug mit den ehemaligen Fremdarbeitern zusammengestellt sei, damit man diese an der

Grenze gebührend empfangen könne, und danach werde er sich dafür einsetzen, daß wir die nötigen Propuske für Güterzüge und Lastwagen erhielten, welche schwarzenbergische Waren in die sowjetisch besetzte Zone bringen könnten zum Austausch gegen Lebensmittel und andere Güter, geeignet, unsere Industrie in Gang zu halten, denn nichts fördere die Freundschaft zwischen Staaten, auch solchen verschiedener Gesellschaftsordnung, besser als ein für beide Seiten vorteilhafter Handel.

Reinsiepe nickte mir nachdrücklich zu: ein paar wohlgesetzte abschließende Worte waren jetzt wohl angebracht, war doch sowjetischerseits nicht nur keine Rede mehr gewesen von einer fraglichen Dauer unseres Schwarzenberger Spaßes, nein, wir waren gewissermaßen sogar anerkannt worden von den Freunden; logisch, wer Handel treibt miteinander, und sei dieser noch so gering, betrachtet den anderen als vollgültigen Partner, und ich sah, plötzlich erleichterten Herzens, den Austausch von offiziellen Geschäftsträgern zwischen Schwarzenberg und Annaberg voraus. Also sprach ich, zugleich im Namen des Antifaschistischen Aktionsausschusses von Schwarzenberg, der De-facto-Regierung dort, meinen Dank aus für die brüderliche Hilfe der großen Sowjetunion in Sachen der Rückführung ihrer in die Fremde verschlagenen Bürger sowie der Bürger anderer gleichfalls von den Nazis besetzter Staaten, die nun gleichfalls unter dem Schutz der Freunde standen, und Dank ebenso für die Eröffnung der Möglichkeit geschäftlicher Beziehungen, die uns helfen würden, unsere hungernden Bürger zu ernähren und ihnen Arbeit zu geben, wie wir denn im allgemeinen auch hofften, bei der Aufrechterhaltung der immer noch bedrohten antifaschistisch-demokratischen Ordnung in der Republik Schwarzenberg auf die tatkräftige Unterstützung seitens der sowjetischen Militäradministration rechnen zu können.

Reinsiepe betrachtete den Rotstift, dessen Spitze in dem Moment abgebrochen war. »Republik Schwarzenberg«, sagte er, »ist das nicht etwas übertrieben?«

»Nitschewo«, sagte Workutin und legte mir wieder die Hand auf die Schulter. »Der Genosse Kadletz, habe ich festgestellt, hat Sinn für Humor. Ich schätze Menschen mit Humor, auch ich bin einer von ihnen.«

Auf der Rückfahrt, mit Reinsiepe wieder im Beiwägelchen, hätte ich ihn gern zu einigen mir völlig neuen Punkten befragt, von denen er gesprochen hatte, und hätte auch gern von ihm erfahren, worin eigentlich der Kapitän Workutin meinen Sinn für Humor gesehen haben wollte; aber der Lärm der verdammten Maschine verbot das.

12

Der amerikanische Leutnant schob Wolfram ein mit dem Wort *K-Ration* beschriftetes braunes Päckchen zu. »Sie finden darin«, erläuterte er, »unter anderem eine kleine Tüte löslischen Kaffeepulvers, welches Sie am besten mit heißem Wasser aufbereiten. Ihre Sekretärin kann das leicht machen. Trinken wir alle zusammen Kaffee. Sergeant Whistler und ich jedenfalls, wir haben uns einen verdient.«

»Meine Sekretärin, Lieutenant –«

»Lambert, Leroy Lambert.«

»Meine Sekretärin, Lieutenant Lambert, wird wohl kaum imstande sein, diesen Kaffee zuzubereiten.«

Paula, die gespürt hatte, daß die Rede von ihr war, trat auf Lambert zu, setzte den rechten Fuß hinter den linken und knickste auf eine Art, die Lambert an die schönen Damen der Südstaaten aus den Filmen über die Bürgerkriegszeit erinnerte; nur fand er, daß die Hosen, die ihr um die Beine schlotterten, und ihr Sweater, der jegliche Form verloren hatte, nicht ganz zu dem ihm vorschwebenden Bild passen wollten; aber die deutschen Fräuleins zogen sich heutzutage ja alles Mögliche an.

»Es wird doch in einem solchen Gebäude eine Küche geben mit einem Herd und einem Topf«, sagte Whistler, griff sich die K-Ration und lud, ganz der Kavalier, Paula ein: »Come on, young lady, I'll help you.«

Zu Wolframs Erstaunen schloß Paula sich dem hochgewachsenen, hageren Sergeanten ohne zu zögern an, und beide verließen gemeinsam den Raum. »Machen Sie sich keine Sorgen, Herr Wolfram«, sagte Lambert, »Whistler wird sie schon nicht vergewaltigen, er ist nicht der Typ, und zu vergewaltigen braucht man die Damen in diesem Lande sowieso nicht, eine Tafel Schokolade genügt.«

»Mag sein«, sagte Wolfram. »Trotzdem gestatten Sie mir, daß ich mir um das Mädchen Sorgen mache. Sie hat Schweres hinter sich.«

Der amerikanische Lieutenant schien nachdenklich geworden zu sein; war wohl weniger selbstsicher, als er sich gab. Schließlich sagte er: »Es bestehen also, korrigieren Sie mich, Herr Wolfram, wenn ich das falsch sehe, zwei Regierungen in dem unbesetzten Gebiet Schwarzenberg: das Landratsamt und dieser Aktionsausschuß, dem Sie angehören.«

»Zwei Regierungen?« Wolfram hob die Brauen. »Ist das der Eindruck, den Herr Wesseling Ihnen bei Ihrem Besuch in seinem Amt vermittelt hat?«

»Ungefähr, ja«, bestätigte Lambert. »Aber sind nicht noch andere Ausschußmitglieder hier im Rathaus, die wir zu unserer Unterhaltung hinzuziehen könnten?«

»Zur Zeit sind sie, soviel ich weiß, alle unterwegs. Wir müssen, wie man so schön sagt, operativ arbeiten.« Es hatte sich so gefügt, dachte Wolfram, aber vielleicht war das gar nicht so übel: dieses Gespräch mochte für ihn und für die Zukunft von Schwarzenberg wichtig werden, trotz der Zurückhaltung, die der Amerikaner an den Tag legte. »Operativ«, betonte er nochmals, »denn die Macht, Lieutenant, ist noch zu neu in unseren Händen, als daß wir uns leisten könnten, vom Schreibtisch aus zu regieren.«

»Die Macht, in Ihren Händen…« Lambert war plötzlich sehr aufmerksam geworden. »Aber Sie wünschen doch auch, daß wir Ihr Gebiet baldmöglichst besetzen?«

»Hat Herr Wesseling diesen Wunsch zum Ausdruck gebracht?«

Lambert lächelte. »Er bat mich sogar, gleich in Schwarzenberg zu bleiben und den Besetzungsakt sozusagen symbolisch zu vollziehen.«

Das also war des Landrats geheimes Bestreben, dachte Wolfram; vorauszusehen war es gewesen, das ganze Arrangement, seine Abhängigkeit von dem Aktionsausschuß hatte dem Mann von vornherein nicht ins Konzept gepaßt. Aber das Nachdenken über Wesseling erschien Wolfram im Augenblick nicht als das Dringlichste; wichtiger war, von dem Amerikaner zu erfahren, was dieser wußte und was er und seine Leute dachten und was ihre Militärregierung vorhatte, und so erkundigte er sich freundlich: »Und haben Sie bereits von uns Besitz ergriffen, Lieutenant, symbolisch natürlich?«

»Sie sehen doch, daß ich zunächst einmal zu Ihnen gekommen bin. Die Sache hier interessiert mich nämlich, und nicht nur, weil wir in benachbarten Gebieten regieren, Sie in Ihrem Schwarzenberg, und ich in dem gesegneten Nest Auerbach.« Lambert schaute zur Tür; er hatte wirklich Durst und sein Gesprächspartner sah auch aus, als würde ihm eine Tasse Kaffee wohltun; was trieb Whistler so lange mit dem Mädchen? »Verstehen Sie mich bitte richtig«, fuhr er fort. »Da herrsche ich über einen Haufen beflissener Deutscher, die gestern noch dem Gauleiter Mutschmann, so hieß er wohl, zugejubelt haben und deren Hauptvergnügen darin zu bestehen scheint, sich gegenseitig zu denunzieren; und nun hätte ich gerne gewußt, ob hier, wo die Götter verhindert haben, daß eine Besatzungsmacht einmarschierte« – er verzog den Mund: wenn der andere eine Ahnung hätte, wer diese Götter gewesen waren und unter welch lächerlichen Umständen sie ihre Schöpfung zeugten! – »ob also hier sich ein paar neue Ansätze zeigen und die Menschen wieder menschlich zu werden beginnen.«

Wolfram betrachtete den Lieutenant, seine diffusen Züge, die sich nur gelegentlich zu einem festen Ausdruck zusammenfügten, die unruhigen, wohl auch etwas kurzsichtigen Augen: war der eine verwandte Seele? »Neue Ansätze«, griff er Lamberts Worte auf, »vielleicht liegt etwas Neues darin, wenn ich Ihnen sage: Nein, wir wollen nicht, daß wir besetzt werden. Oder ich zumindest will es nicht. Dieses ganze Deutschland stand dreizehn Jahre lang unter Besetzung, und es wird Zeit, daß wir wenigstens in einem Stückchen davon anfangen, uns selber zu regieren. Und Sie können uns dabei helfen. Mit Lebensmitteln, das auch, für die wir schon irgendwie zahlen würden; denn hier wird gehungert. Vor allem aber, indem Sie, sobald Sie wieder in Auerbach sind, auf Ihre Vorgesetzten einwirken. Man soll uns dieses Splitterchen eines einst großen Landes lassen. Wir wollen versuchen, hier etwas zu bauen, was es in Deutschland noch nie gegeben hat und wofür es auch in keinem anderen Lande, das Ihre eingeschlossen, ein gültiges Modell gibt: Demokratie. Und es könnte gelingen, gerade weil wir mit nichts anfangen, Tabula rasa, wir allein, und ohne einen fremden Herrn, der uns über die Schulter sieht, um zu kontrollieren, ob wir's denn auch nach seinem Willen machen.«

In dem Mann steckt eine Intensität, die wie ein Magnet wirkt, dachte Lambert, und auf einmal verspürte er Angst, daß er durch sein Interesse an diesem völlig willkürlich entstandenen Gebilde, diesem Schwarzenberg, gezwungen werden mochte, Verpflichtungen auf sich zu nehmen, denen er gar nicht gewachsen war, und in Vorgänge verwickelt werden könnte, die nicht mehr beherrschbar waren. »Mein lieber Herr Wolfram –«, sagte er und war drauf und dran, dem ausgemergelten Menschen mit dem fiebrigen Blick, der da vor ihm saß, zu eröffnen, daß seine Tagträume nichts waren als der Effekt einer zufälligen Drehung eines 25-Cent-Stücks; doch da kamen Whistler und das Mädchen endlich zurück mit einem Tablett, auf dem neben der Kaffeekanne und den zugehörigen Tassen die Fleischdöschen und Käsehappen und Fruchtküchlein und Schokoladenstückchen aus der K-Ration höchst appetitlich angeordnet waren. Whistler stellte das Tablett auf Wolframs Schreibtisch und sagte mit einer weit ausladenden Handbewegung: »Bedienen Sie sich bitte!« und mit gesenkter Stimme, für Lamberts Ohren bestimmt: »Es gibt, habe ich erfahren, hier im Ort in der Georgskirche ein paar Bilder und Plastiken, die der Begutachtung wert sind, und ein oder zwei Photogeschäfte, in denen sich Kameras befinden könnten, die nach Anordnung 25 der Militärregierung, Abschnitt römisch VI, Unterabschnitt d, der Beschlagnahme verfallen. Sie brauchen mich jetzt wohl nicht mehr, und ich bitte, mich entfernen zu dürfen.« Worauf er mit militärisch strammem Gruß wegtrat, Paula ein fröhliches »Bye-bye!« zurief und verschwand.

Lambert, der von dem Organisationstalent seines Sergeanten in vielerlei Hinsicht abhängig war, tolerierte solche Ausflüge, von denen dieser auch, wie durch einen besonderen Instinkt gelenkt, immer im rechten Moment zurückkehrte. Lambert trank also seinen Kaffee in Ruhe und beobachtete Paula, die trotz ihres offensichtlichen Heißhungers betont manierlich aß, wie auch Wolfram erst hatte genötigt werden müssen zuzugreifen, denn er war, wie er sagte, nicht überzeugt, daß es korrekt war, sich als Mitglied einer Körperschaft, die durchaus Regierungsfunktion hatte, von einem ausländischen Besucher füttern zu lassen. Lambert grinste nur und dachte, wie gut es gewesen war, daß Whistlers und des Mädchens

Wiederkehr ihn davon abgehalten hatte, dem anderen die absurde Entstehungsgeschichte seines Kleinststaats, auf den er so große Hoffnung setzte, zu enthüllen: Worte wie Wesen dieses Wolfram legten die Vermutung nahe, daß er noch an einen der geschichtlichen Entwicklung innewohnenden Sinn glaubte; und es war unfair, solche Leute zu verunsichern. Aber er konnte es sich nicht verkneifen, die Idee von der schwarzenbergischen Eigenstaatlichkeit, die den Mann zu seinen Geistesflügen veranlaßt hatte, auf neue Weise weiterzuentwickeln, und so sprach er, während Wolfram nachdenklich an dem letzten Biskuit der Packung kaute, von den ungeheuren wirtschaftlichen Möglichkeiten eines zwischen zwei miteinander konkurrierenden Großmächten eingebetteten unabhängigen Territoriums: von beiden Seiten würden die Menschen kommen, um in Schwarzenberg schwunghafte Geschäfte mit Gütern zu betreiben, die, je nachdem, auf ihrer Seite der Grenze gar nicht oder im Überfluß vorhanden waren; Dollar würden zu horrenden Preisen gegen Rubel getauscht werden können; die Worte Schwarzenberg und Schwarzhandel, von dem das winzige Staatswesen natürlich seinen Anteil eintrieb, würden so gut wie identisch werden, ganz abgesehen von dem Spielkasino, das man nach dem Muster von Monaco oder von Evian-les-Bains errichten könnte, welch letzteres, obwohl mitten in der Schweiz gelegen, eine französische Enklave war, nur damit man dort, unbehelligt von der eidgenössischen Polizei, sein Geld loswerden konnte.

»Vielleicht möchten Sie«, sagte Wolfram, dessen Magen zum ersten Mal seit Jahren ein angenehmes Gefühl der Sättigung empfand, »vielleicht möchten Sie, sobald Sie aus Ihrer Armee entlassen sind, Lieutenant, die Lizenz für das Kasino haben? Ich könnte mich beim Aktionsausschuß dafür verwenden.«

»Wofür?« sagte Reinsiepe von der Tür her.

Wolfram fuhr auf und bereute sofort, daß er so unbeherrscht reagiert hatte. Wie hatte Reinsiepe neulich gesagt? – ich bin immer für eine Überraschung gut. Aber er, Wolfram, benahm sich, als bestünde irgendein Anlaß für ihn, ein schlechtes Gewissen zu haben.

Reinsiepe nahm seine lederne Haube vom Schädel und trat, gefolgt von Kadletz, der den Amerikaner neugierig musterte, auf das

Mädchen zu. Paula erstarrte, nur ihre Lippen zitterten. Reinsiepe neigte sich über ihren Teller, an dem noch Spuren des Fleischsafts hafteten, blähte die Nüstern und stieß im Ton eines vielerfahrenen Gourmets ein befriedigtes »Ah!« aus. »Ein wahres Festmahl, in unserer Hungerszeit. Ich hoffe, es hat dir geschmeckt, Justine.« Dann, mit einer leichten Verbeugung vor Lambert: »Reinsiepe«, und in holprigem Englisch: »Sie sind, wie ich von dem Posten unten erfuhr, ein Angehöriger der amerikanischen Militärregierung? Ich erlaube mir, Sie als einen Repräsentanten der siegreichen Armee der Vereinigten Staaten in unserem Schwarzenberg zu begrüßen.«

»Charmed«, sagte Lambert, »oder wie es auf deutsch heißt, ich bin entzückt.«

Wolfram bemerkte, daß Reinsiepes Lächeln, das eigentlich nun hätte folgen müssen, ausblieb. Statt dessen verhärtete sich seine Miene, und er sagte: »Sie sprechen also Deutsch! Da darf man wohl annehmen, daß der Genosse Wolfram Ihnen bereits über die Ereignisse hier in Schwarzenberg und über die Entstehung und die Arbeit unseres Aktionsausschusses berichtet hat. Oder?«

»Wir unterhielten uns gerade über die Zukunftschancen dieses einzigartigen Staatswesens«, sagte Lambert, »und über die Einrichtung eines Spielkasinos hier, für das ich nach meiner Rückkehr ins Zivilleben unter Umständen die Lizenz übernehmen möchte.«

Kadletz lachte. Reinsiepe warf ihm einen tadelnden Blick zu. Reinsiepe war sich nicht im klaren, ob dieser Amerikaner seinen Vorschlag ernst genommen haben wollte – was das Geschäft betraf, war bei denen ja alles möglich – oder ob die Sache ironisch gemeint war und der Kerl beabsichtigte, ihn zu reizen.

»Warum auch nicht?« warf Wolfram ein, der mit Genugtuung Reinsiepes Unschlüssigkeit erkannt hatte. »So etwas gibt es auch anderswo, und für kleine Staaten wie die Republik Schwarzenberg wären die internationalen Gäste, die da herbeiströmten und natürlich in Dollars oder auch in Rubeln zahlen würden, eine ergiebige Devisenquelle.«

Reinsiepe, für den der Begriff Republik Schwarzenberg allmählich zu einem Reizwort wurde, scheuchte Paula beiseite und rückte ihren Stuhl so dicht vor Lambert hin, daß, als er selbst darauf Platz nahm, seine Knie die des Amerikaners fast berührten. »Ich weiß leider nicht«, begann er in seinem besten Dozierton, »wie das militärische Vakuum, in dem wir uns hier befinden, zustande gekommen ist –«

Lambert zwinkerte freundlich. »Aber ich weiß es!«

»Ach ja?«

»Nur kann ich es Ihnen leider nicht sagen, weil es top-secret ist, ein militärisches Geheimnis.«

Wolfram sah Reinsiepes Gesichtsausdruck und fühlte sich für sämtliche insolenten Bemerkungen, die er von ihm hatte hinnehmen müssen, entschädigt. Endlich war der stets bestens Informierte auf einen gestoßen, der ihn übertrumpfte, und nun wußte er nicht mehr, ob das, was er aus seinen Quellen erfahren hatte, auch wirklich authentisch war, oder ob nicht etwa Absichten bestanden und Abmachungen getroffen worden waren, auf höherer Ebene als ihm zugänglich, die all seine Schlußfolgerungen und Voraussagen zunichte machten.

Aber Reinsiepe blieb nie lange in Verlegenheit. »Genosse Kadletz«, sagte er, »könntest du liebenswürdigerweise unserm amerikanischen Besucher berichten, woher wir gerade gekommen sind?«

Kadletz nickte. »Aus Annaberg.«

»Und?«

Kadletz schwieg.

»Bei wem waren wir dort?«

Kadletz wurde diese Art von Verhör unbehaglich. »Bei der sowjetischen Militäradministration.«

»Bei Ihren Kollegen von der anderen Seite also, Herr Lieutenant«, erläuterte Reinsiepe jovial und setzte dann seine Befragung fort. »Und welches, Genosse Kadletz, war die Haltung unserer sowjetischen Freunde?«

Wieder schwieg Kadletz. Die Amerikaner waren zwar die Verbündeten der großen Sowjetunion im Kampf gegen den Hitlerfaschismus gewesen, aber sie blieben dennoch der Klassenfeind, und keiner sprach von ihnen als *die Freunde,* und wie sollte ein armer Provinzgenosse wissen, was man ihnen sagen durfte und was nicht, und außerdem war mehr als genug zweideutig geblieben bei dem Gespräch dort in Annaberg.

Endlich entschloß sich Reinsiepe, verärgert, seine Frage selber zu beantworten. »Schwarzenberg ist ein Provisorium; das war die sowjetische Linie, habe ich recht, Genosse Kadletz?« und mit deutlicher Spitze gegen Lambert: »Ganz gleich, wie dieses Stück Niemandsland zwischen die Fronten geraten ist, seine Selbständigkeit wird nicht von Dauer sein, und ich nehme an, daß die amerikanische Einstellung zu der Angelegenheit nicht viel anders ist.«

»Auf jeden Fall«, Lambert, durch die physische Nähe Reinsiepes bedrängt, hob abwehrend die Hand, »ist das, was sich hier entwickelt, zumindest soziologisch interessant. Und ich würde meinen –«

Er brach ab. Mit einem vogelschreiähnlichen Ausruf war das schweigsame Mädchen, das Reinsiepe so lieblos behandelt hatte, auf Sergeant Whistler zugeeilt, der, von keinem sonst bemerkt, zurückgekehrt war, und klammerte sich schutzsuchend an seine Schultern, obwohl diese mit einem Halbdutzend Kameras behängt waren.

»Reporting back, Sir«, sagte Whistler über Paulas Kopf hinweg, und auf die Kameras deutend: »Mission accomplished.«

»Justine Egloffstein!« Reinsiepe war aufgesprungen und forderte, aus einem unersichtlichen Grunde in steigender Erregung, das Mädchen auf: »Komm sofort hierher! Aber sofort!«

»Lassen Sie sie doch!« protestierte Wolfram. »Ich bin ja schon froh, wenn Paula überhaupt von ihrer Umwelt Notiz nimmt und jemandem Sympathie zeigt.«

Auch Lambert hatte sich erhoben. »Egloffstein?« wiederholte er. »Sagten Sie Egloffstein, Herr Reinsiepe?«

Doch Reinsiepe schien weder die Frage noch Wolframs Einwand gehört zu haben. »Kameras! Kameras!« rief er, seine Empörung, woher sie auch kommen mochte, auf einmal gegen Whistler gerichtet. Und zurück zu Lambert: »Ist das Ihr soziologisches Interesse an dem Gebiet von Schwarzenberg?«

Whistler, der das Geschrei wegen der paar Kameras für übertrieben hielt, legte seinen Arm um Justine, oder war es Paula, und sagte: »Cameras, sure!« Und in gelangweiltem Ton: »Don't you know that the whole damned United Staates Army went to war just for cameras, and the Soviets for wrist watches? Fuck you, Bruder.«

»Was?« Reinsiepes Gesicht lief rot an. »Was hat der Kerl da gewollt?«

Aber Lambert hielt es für überflüssig, ihm die Einladung Whistlers zu übersetzen. Statt dessen packte er Reinsiepe und schüttelte ihn. »Wie, sagten Sie, heißt das Mädchen? Antworten Sie mir!«

»Justine Egloffstein. Und lassen Sie mich gefälligst los.«

Lambert lockerte seinen Griff. Esther, dachte er, und daß es eine Fügung Gottes sein mußte, die ihn an ein und demselben Tag gleich zwei Mitgliedern der Familie Egloffstein hatte begegnen lassen, und daß er diese seine zweite Chance besser nutzen mußte als die erste. »Herr Reinsiepe«, sagte er eindringlich, fast bittend, »woher kennen Sie Fräulein Egloffstein und seit wann?«

Reinsiepe duckte sich, abwehrbereit. Da war eine Bedrohung, die er nicht fixieren konnte, ein Unheil, das von irgendwoher auf ihn zukam: was wußte dieser Amerikaner, warum hakte er sich ausgerechnet an ihm fest?

In die Stille hinein sagte Wolfram: »Der Genosse Reinsiepe war eine Zeitlang im Haus ihrer Eltern untergebracht. Wahrscheinlich verdankt er der Familie sogar sein Leben.«

Lambert spürte, wie ihm die Spannung einen Schauder über den Nacken jagte. Er blickte zu dem Mädchen hinüber, das immer noch neben Whistler stand und auf eine innere Stimme zu lauschen schien. »Da kennen Sie vielleicht auch, Herr Reinsiepe«, fragte er, »eine gewisse Esther Bernhardt?«

Die Luft im Raum, die eben noch auf Reinsiepe gelastet hatte, so daß sie sich kaum atmen ließ, wurde seinen Schultern plötzlich leicht. Er richtete sich auf: es ging also gar nicht um ihn und Justine; wie sollte es auch, für das, was da geschehen war, gab es keine Zeugen, und amerikanische schon gar nicht; er war das Opfer seiner eigenen Alpträume geworden, aber nun befand er sich wieder in der klaren, kühlen Wirklichkeit, und alles, was er je getan, war aus guten Gründen getan worden, ein Mann wie er, wenn man es recht bedachte, führte überhaupt kein persönliches Leben. »Von einer Esther Bernhardt«, sagte er, »wurde, wenn ich mich richtig erinnere, im Hause Egloffstein ein- oder zweimal gesprochen. Sie hatte wohl dort auch Zuflucht gefunden, genau wie ich; aber das war vor meiner Zeit. Fräulein Justine würde zweifellos mehr darüber wissen, doch leider —«

Lambert trat vorsichtig, als ginge er auf Zehenspitzen, auf das Mädchen zu.

»Von Paula werden Sie schwerlich Auskunft erhalten, Lieutenant«, warnte Wolfram.

Paula, oder war es Justine, lächelte Lambert an, als warte sie nur darauf, daß er sie anspreche. Aber gerade das veranlaßte ihn zu zögern. »Whistler«, sagte er dann, »Sie müssen doch mit ihr geredet haben.«

»Sorry, Sir«, bedauerte Whistler, »wir haben uns ohne zu reden verständigt, die Kleine und ich.«

Lambert berührte ihre Hand. »Fräulein Justine!« sagte er. »Paula! Hören Sie mich?«

Sie stieß ein paar halb erstickte Laute aus; es war, als versuchten irgendwelche Worte, sich einen Weg durch ihre Kehle zu bahnen.

»Können Sie mich verstehen? Ich möchte Sie etwas fragen. Über Esther. Es – ther!«

Sie lächelte: »Es – ther.«

»Ja! Gut! Ausgezeichnet!« Fast hätte Lambert sie vor Freude geküßt. »Nun sagen Sie mir nur noch, wo sie ist und wie's ihr geht. Ihrer Freundin Esther. Es – ther...«

»Es – ther...«

»Das funktioniert nicht, Sir«, sagte Whistler. »Da ist irgend etwas passiert. Etwas Schlimmes. Da können Sie nichts tun und ich nicht und keiner.«

Lamberts Lippen zuckten, er wandte sich ab. Esther, dachte er, zwei tote Silben, das war alles, was von ihr geblieben war, zwei tote Silben aus dem Mund einer Kranken. »Meine Herren«, sagte er, »ich gestehe Ihnen, daß ich aus Gründen, die eine amerikanische 25-Cent-Münze betreffen, ein gewisses Interesse an Ihrem Ländchen entwickelte. Und nun, da ich hergekommen bin, hat mir Ihr Herr Wolfram erklärt, er will hier ein neues Utopia errichten, und die Armee der Vereinigten Staaten möge Ihre kostbare Selbständigkeit um Gottes willen nicht antasten, Ihr Landrat Wesseling aber hat mir im Gegenteil in den Ohren gelegen, wir Amerikaner sollen nur schnellstens einmarschieren, damit endlich Ordnung herrsche, und Ihr Herr Reinsiepe hat offenbar auch seine eigenen Pläne; nur eines wollen Sie alle: wir sollen Sie und Ihre Bevölkerung durchfüttern und ich soll dafür sorgen, daß das geschieht. Ich aber bin auf der Suche nach einem Menschen, einem einzigen Menschen. Vielleicht glauben Sie, ich bin ein Narr – nach diesem Krieg, ein solches Vorhaben! Ich wiederum könnte Ihnen sagen, daß es nach diesem Krieg mit seinen Millionen Vertriebenen und Verschollenen, Vergasten oder sonstwie Hingemordeten auf ein paar tausend in Schwarzenberg Verhungerter auch nicht mehr ankommt. Bin ich meines Bruders Hüter? Und sind das meine Brüder?«

»Doch«, sagte Wolfram. »Genau das.«

Lambert blickte ihn an, erstaunt eher als betroffen. Dann zog er sich die Mütze zurecht. »Sergeant Whistler!«

»Yes, Sir!«

»Let's go.«

13
Aufzeichnung Kadletz:
Ende einer Liebe

Irgendwo habe ich von einer griechischen Fürstin gelesen, die den Teppich, den sie tagsüber wirkte, über Nacht wieder aufdröselte. Wie habe ich damals gewünscht, es ihr gleichtun zu können: des Nachts ungeschehen zu machen, was ich während des Tags unternahm.

Nun könnten Sie die Frage stellen: Wenn Ihnen, Genosse K., aus begreiflichen, aber nicht zu billigenden Gründen so viel daran lag, den Transport der Zwangsarbeiter in die sowjetisch besetzte Zone zu vereiteln oder, wenn nicht zu vereiteln, so doch zu verzögern, warum dann der große Eifer, den Sie bei der Erfüllung Ihres Auftrags, diesen Transport zusammenzustellen und auf den Weg zu bringen, an den Tag legten? Warum die Mobilisierung von Menschen und Material, rollendem wie nicht rollendem, warum all die Laufereien, Gespräche, Bittgänge, sämtlich notwendig, um ein solches Unternehmen in einer Zeit wie dieser, wo das Heranschaffen eines Schubkarrens schon der kompliziertesten organisatorischen Arbeiten bedurfte, zu realisieren?

Hätten Sie, Genosse K., wirklich gewollt, wonach Ihr Herz angeblich so stürmisch verlangte, Sie hätten nur zu versäumen brauchen, ein Rädchen hier, ein Hebelchen dort in Bewegung zu setzen; gemerkt hätte es sowieso keiner, und das Ganze wäre, gebremst von seinem eigenen umständlichen Mechanismus, steckengeblieben; das Verfahren ist bekannt, in späteren Jahren ist es oft genug angewandt worden.

Meine Antwort wäre dann, erstens, daß ich nicht der Mensch für derlei Praktiken bin; immer wieder habe ich feststellen müssen, daß ich ein fast preußisch zu nennendes Pflichtbewußtsein in mir habe, welches mein Handeln stärker beeinflußt, als alle persönlichen Gelüste es könnten, und welches bei jeder auch noch so geringfügigen Nachlässigkeit in Verfolgung meiner Pflicht, jedem kleinsten Verstoß gegen die gültigen Moralbegriffe sofort Alarm schlägt; zweitens aber entwickelten die Freunde in Annaberg ein unerwartet lebhaftes Interesse an der Aktion, Anfragen über Wann und Wo und Wie und in welcher Zahl, telephonisch oder per Boten übermittelt und meistens gezeichnet Workutin, überstürzten sich, so daß nicht nur Reinsiepe, sondern auch der Genosse Bürgermeister Bornemann und der Genosse Kiessling, in seiner polizeilichen Funktion, aufmerkten und mich bedrängten und zu wissen begehrten, wie die Angelegenheit denn vorangigne, welche Maßnahmen meinerseits getroffen worden seien und wann endlich mit einem Abgang des Transports zu rechnen sei. Kiessling tat sich dabei besonders hervor, war er doch der erste gewesen, dem aufgefallen war, daß sich zwischen Tatjana und mir etwas anzuspinnen schien, und mittlerweile war ihm die Sache wohl zur Gewißheit geworden. Er nahm mich beiseite, um mir von Bertha zu sprechen, und welch wunderbare Frau und Kameradin sie wäre, nur um mir dann mit vertraulich gesenkter Stimme mitzuteilen, wenn mir denn so schrecklich viel daran läge, könnte man ja versuchen, die Orlowa trotz der Aufmerksamkeit, die Reinsiepe ihr schenkte, noch eine Zeitlang in Schwarzenberg zurückzuhalten, doch sollte ich um Gottes willen dafür sorgen, daß die für den Transport vorgesehenen Termine eingehalten würden.

So war ich denn in der grausamen Lage eines, der sein kurzes Glück durch eigenes Zutun noch verkürzen muß; die Nächte, die Tatjana und mir blieben, ließen sich an den Fingern einer Hand zählen, bis die benötigten Waggons herbeigeschafft, die Lokomotive instand gesetzt, die Strecke überprüft, die Passagiere reisefertig sein würden. Es waren dies Nächte geprägt von Leidenschaften, wie sie mir bis zu meiner Begegnung mit Tatjana unvorstellbar gewesen waren. Was meine Frau zu der Zeit litt, stand in ihren Augen zu lesen, wenn ich frühmorgens auf eine halbe Stunde nach Hause kam, um mich zu rasieren, das Hemd, wenn ein frisches da war, zu wechseln, irgendeinen Kräutertee zu trinken und einen Happen zu essen, den Bertha, Gott weiß wie, aufgetrieben hatte; aber ich verschloß mich gegen diese Blicke. Der Mensch, so verteidigte ich mich vor mir selbst, habe ein Recht auf ein gewisses Quantum Glück, und in Anbetracht meiner neuen Erfahrungen sei ich bisher ja wohl um vieles zu kurz gekommen; nähme ich mir den mir zustehenden Anteil nicht, so handelte ich direkt den Gesetzen des Lebens entgegen: dies alles Gedanken, die mir, auf Bescheidenheit und Mittelmaß getrimmt, wie ich war, zuvor überhaupt nicht in den Kopf gekommen wären.

»Tatjana«, sagte ich, die Wärme ihrer nackten Haut genießend, »es ließe sich vielleicht einrichten, daß du hier bleibst.«

Ein rascher Atemzug, als sei sie erschrocken. Sie hatte mich also gehört und wohl auch verstanden.

»Tatjana«, mahnte ich und nahm ihr Gesicht zwischen meine beiden Hände und wandte es ins Licht der Petroleumlampe, »freust du dich nicht, Tatjana?«

»Du hast mich überrascht«, sagte sie. »Nicht daß der Gedanke, ich könnte versuchen, bei dir zu bleiben, mir nicht schon gekommen wäre; aber ich gab ihn wieder auf, aus guten Gründen, und war innerlich darauf eingestellt, daß dies alles eine Episode bleiben würde. Und dann darfst du nicht vergessen«, fügte sie mit einem kurzen Lächeln hinzu, »ich habe die ganzen letzten Jahre in dem Bewußtsein gelebt, daß es mir nicht zusteht, Pläne zu machen; irgendwo wird über mich entschieden von Leuten, für die ich eine Nummer bin, wenn soviel. Und es ist entschieden worden, daß ich einen Güterwaggon besteige und zurücktransportiert werde in das Land, aus dem ich gekommen bin; es ist wie eine Radspur, die ein anderer gezogen hat und der ich folgen muß.«

Ich begriff den Vorwurf, der in ihren Worten versteckt lag, und ich gab hastig zu, jawohl, ich hätte längst mit ihr darüber sprechen müssen, am besten schon an unserem ersten Abend in dieser selben Blockhütte, in der wir uns auch jetzt befanden, aber da sei mir unser Glück noch so unwirklich erschienen und alles, was uns beide betraf, so fremd und so neu, daß ich an keinerlei Zukunft gedacht hätte. Bei späterer Gelegenheit dann hätte ich mich gescheut, ihr den Vorschlag zu machen, weil –

Ich sprach den Satz nicht zu Ende. Ich konnte ihr doch nicht sagen, daß der Vorschlag von Kiessling kam, wie hätte das ausgesehen, hatte ich denn keine eigene Entschlußkraft?

»Weil?« fragte sie.

»Weil ich befürchtete, du könntest es mir abschlagen.«

Sie fuhr mir mit den Fingern durchs Haar. »Aber wenn ich nun angenommen hätte?«

Erst in diesem Augenblick sah ich, vor mir abrollend wie in einem viel zu rasch sich abspulenden Film, die Folgen: die Abkehr vom Gewohnten, den Sprung ins Risiko, die abenteuerlichen Bahnen, die ich zu gehen haben würde nach dieser neuen Weichenstellung, an der Seite einer Frau, deren Denken mir fremd war und die ich hineinstürzen würde in eine ihr feindliche Welt, eine Welt, die sie zwar schon erlebt hatte, jedoch nur als eine Art Gefangene und in Gemeinschaft mit anderen gleich ihr Gefangenen. Aber war nicht sowieso alles, was jetzt sich ereignet hatte und was noch kommen würde, neu und abenteuerlich, und waren nicht die Auflösung alter Bindungen und die Schaffung neuer ein selbstverständlicher Bestandteil dieser Vorgänge?

Sie wandte sich mir zu, tat ihren Arm um mich, hob ihren Kopf und küßte mich mit großer Zärtlichkeit auf Lippen und Augen; dabei murmelte sie russische Koseworte, Golubtschik und andere, mir unbekannte, so als wäre ich ein Kind und sie die Mutter. Diese Einzelheiten sind mir so genau im Gedächtnis geblieben, weil unmittelbar darauf der Schock folgte.

Plötzlich nämlich änderte sich ihr Ton, wurde ernsthaft und nachdenklich, obwohl ein Rest von Zärtlichkeit in ihrer Stimme blieb. Ich hätte doch selbst gesagt, erinnerte sie mich, daß ich eher mit ihr hätte reden sollen über die Möglichkeit ihres Verbleibens in Schwarzenberg und wie das zu bewerkstelligen wäre. Hätte ich's nur getan! So aber blieb ihr nichts, als mir jetzt zu sagen: es sei ja nicht nur die Radspur, die sie in Zwang halte, nicht nur ihr Wissen um die Vergeblichkeit aller Versuche, dem einmal vorbestimmten Schicksal zu entgehen; da sei auch noch Kolja.

»Wer ist Kolja?« fragte ich und kam mir unsagbar banal vor.

Kolja, erklärte sie und ergriff meine Hand und klammerte sich daran fest. Kolja, kurz für Nikolaj Julianowitsch Orlow, war Armeeoberst gewesen im Militärbezirk Rostow, bis eines Tages welche kamen in flauschigen Mänteln und mit Hüten, die sie tief in die Stirn gezogen trugen, und ihn abholten, zur Klärung eines Tatbestandes, wie sie angaben. Aber sie nahmen ihm seine Pistole ab, und auf der Treppe stießen sie ihn, weil er sich noch einmal nach seiner Frau umdrehte, und sie sah, wie bleich er war, und sah den Ausdruck in seinen Augen, und da habe sie gewußt, wohin sie ihn führten. Drei Monate lang durfte sie alle vierzehn Tage Koljas schmutzige Wäsche, manchmal war sie auch blutbefleckt, an einem Nebeneingang des Gefängnisses abholen und saubere dort abgeben, dazu ein paar Kleinigkeiten zu essen, dann sagten sie ihr am Tor, nix mehr Wäsche, und sie habe fragen wollen, hat er denn nichts hinterlassen, keinen Brief, keinen Zettel, aber sie fragte nicht, sie wußte, es war sinnlos.

Ihre Hand löste sich. Ich richtete mich auf und saß da an ihrer Seite und starrte auf ihre Stirn, schön gewölbt über den dunklen Brauen, und dachte, nein, das ist nicht wahr, das kann nicht wahr sein, oder wenn es wirklich so gewesen sein sollte, wie sie es erzählt hat, dann war ihr Kolja eben ein Spion, hat doch viele von ihnen gegeben, auch und gerade in der Armee, die höchsten Offiziere, Marschälle darunter, hatten Verbindung mit dem Gegner gehabt, die Sowjetunion war von Anfang an umringt gewesen von Feinden, die die Macht des Proletariats vernichten wollten. Hitler war nur einer dieser Feinde gewesen, allerdings der gefährlichste, und ihm wäre beinahe gelungen, was die andern alle anstrebten, gelungen mit Hilfe von Verrätern wie diesem Kolja, nicht ohne Grund konnte die Wehrmacht so rasch bis vor Moskau vorstoßen und bis hin nach Stalingrad. So oder ähnlich hatte ich's im Radio gehört oder in den Verlautbarungen der Partei gelesen, die uns, selten genug, auf illegalen Wegen erreichten und in denen die Genossen im Ausland unsere Zweifel zu beruhigen suchten. Es ist heutzutage nicht mehr so leicht, sich unsere Situation vorzustellen, wie wir, isoliert von der Welt, die Gestapo im Nacken, dem Knistern im Äther lauschten, das Herz voller Sorge: Verräter überall in der Heimat der Revolution, dem Land unserer Hoffnung, woher kam das, und wohin würde es noch führen? Und während mir all das durch den Kopf ging, geschah etwas Verrücktes: die Gier nach dieser Frau erfüllte mich wieder, zugleich aber kam mir der Verdacht, auch sie könnte Teil des großen Komplotts gewesen sein, oder war es jetzt noch, und darum hatte sie ihren Kolja ins Spiel gebracht und wollte nur hin zu ihm, und ich nahm sie, mit brutaler Gewalt diesmal, und hörte, wie sie stöhnte; danach aber, mit blutig gebissener Lippe, lag sie so still und blickte so ruhig zu mir auf, daß mir die größten Zweifel kamen an meiner Urteilskraft und an den Worten der Partei.

»Kindchen.«

Kindchen hatte sie gesagt, ganz plötzlich. Ich begriff nicht. Oder ich begriff erst, nachdem sie weitersprach: sie war wieder bei Koljas Geschichte, vielleicht weil sie ahnte, was in mir vorgegangen war. Kindchen, so hatte eine alte Frau sie angeredet, damals vor dem Gefängnistor, denn Tatjana war ja beileibe nicht die einzige dort gewesen, zu Dutzenden, oft zu Hunderten hatten sie da gestanden und gewartet, alte Frauen und junge, »und alle mit schwarzem Kopftuch«, betonte sie, »wie eine Schar Krähen auf abgeerntetem Feld.« Kindchen, hatte die Frau zu ihr gesagt, du darfst die Hoffnung nicht verlieren, es gibt welche, die überleben es, hab' selber ein paar gekannt; auch wird ein Krieg kommen, und man wird die Übriggebliebenen freilassen müssen, vielleicht nicht sofort, vielleicht nicht gleich am Anfang, aber nach und nach, denn man wird sie brauchen zur Verteidigung des heiligen Mutterlandes und des verehrten Genossen Stalin.

Das war mit großer Zurückhaltung berichtet worden, die Stimme monoton, fast so, als hätte sie es oft schon erzählt. Aber selbst wenn ich nicht der erste gewesen sein sollte, der die Geschichte zu hören bekam, sie trug den Stempel der Wahrheit: die Krähenschar auf abgeerntetem Feld, das hatte sich ihr eingeätzt, das war nicht erfunden.

Nach einem Schweigen, das mir sehr lang erschien, sagte Tatjana: »Ich weiß, was dir jetzt durch den Kopf geht: die sowjetischen Genossen, so meinst du, verhaften schon keinen Unschuldigen, und geschähe es doch einmal, so werde der Irrtum bald korrigiert.« Dann zog sie mich herab zu ihr, mein Gesicht dicht vor das ihre, und flüsterte: »Mein armer Liebster«, als wäre ich es, der der Tröstung bedürfe, und versicherte mir darauf, wie leid es ihr tue, mich mit diesen schwierigen Dingen konfrontieren zu müssen, sei es doch, besonders in Anbetracht meiner jetzigen Position und der Aufgaben, die vor mir stünden, als entzöge sie mir den Boden unter den Füßen; aber das möge ich ihr in jedem Fall glauben, Kolja sei ein glühender Patriot gewesen, ein Soldat ohne Tadel, ein Kommunist, der seine Ideale hochhielt. Und ebensowenig seien die meisten, die hingerichtet wurden, mit oder ohne Prozeß, und die in die sibirischen Lager kamen und dort zugrunde gingen, dessen, wes man sie anklagte, schuldig gewesen.

Sie streichelte mich, als wollte sie mir's erleichtern, ihre Fakten zu akzeptieren, sie, der alles zerstört worden war und die, aus einer Hölle kommend, Jahre in einer andern hatte verbringen müssen; und dennoch, ich gestehe es, belastete mich die fürchterliche Information, die meine immer wieder verdrängten Ahnungen zur Erkenntnis werden ließ, in dem Moment weit weniger als der Gedanke, daß es irgendwo einen Kolja geben mochte, nach dem sie sich sehnte, während sie in meinen Armen lag.

»Mein armer Liebster«, wiederholte sie, »da denkst du nun, wenn das, was diese Frau mir gesagt hat, Tatsache ist, wie soll einer da klarkommen mit seinem politischen Bewußtsein? Lager hier und Lager dort, und in beiden der Mensch gequält und erniedrigt. Aber während man's bei euren Faschisten ja erwartete, es war das Gesetz, nach dem sie angetreten, sie die Übermenschen, die andern zählten nicht, geschah es bei den Unsrigen wider alle Natur. Vorkämpfer der Unterdrückten, Schöpfer einer neuen, gerechteren Ordnung, so waren wir ausgezogen. Vorgebend, die Herrschaft des Proletariats zu errichten, wessen Herrschaft errichteten wir?«

Erst Jahre später begriff ich die Frage, die Tatjana da gestellt hatte, in ihrer ganzen Tragweite; aus eigener Erfahrung kannte ich damals ja nur die eine, die deutsche Seite des Bildes. Aber vielleicht war es auch gut, daß zu jener Stunde bei mir nur der Verstand auf ihre Fragen reagierte, dieses oberflächlichste unserer rezeptiven Organe, und nicht das, was wir tiefer im Innern mit uns herumtragen und was uns zur Verzweiflung treibt, aber auch zu den erhabensten Gipfeln. Ich jedenfalls beschloß, Tatjana unter allen Umständen meine helfende Hand zu reichen; das war das erste und Notwendigste, sagte ich mir, pragmatisch, wie ich zu denken gewohnt bin, und redete mir noch ein, meine geplante Hilfsaktion habe nicht das geringste mit irgendwelchen Drüsen in mir und deren Sekretion zu tun: für jeden anderen in Tatjanas bedrohlicher Lage hätte ich das gleiche getan, jawohl, denn hatte ich nicht, als Mitglied des Aktionsausschusses der unabhängigen Republik Schwarzenberg, die geradezu einzigartige Möglichkeit, der unglücklichen Frau Asyl zu gewähren?

Dieses also schlug ich ihr nun vor und, um meine Großzügigkeit und Selbstlosigkeit zu beweisen, schloß ich in das Angebot den Armeeoberst Nikolaj Julianowitsch Orlow mit ein, sobald dieser sich ihr zugesellt haben würde, und ließ zugleich die Frage einfließen, ob sie denn inzwischen etwas über ihn erfahren hätte und was der letzte Status seiner Person denn wäre.

»Kolja«, sagte sie, und es klang ein wenig distanziert, »wurde einige Zeit nach dem deutschen Überfall aus dem Lager entlassen. Ich wartete auf ihn in Rostow, in unserm Haus, aber er kam nicht; er sei direkt an die Front geschickt worden, hieß es, als gewöhnlicher Soldat. Und dann kamen die Deutschen auch nach Rostow, und ich habe seitdem nichts von ihm gehört.«

»Und nun glaubst du, du mußt ihn suchen gehen«, sagte ich. »Wieder in Rostow warten, doch diesmal an einer Trümmerstelle?«

Sie nickte.

»Und mein Angebot?« sagte ich. »Warum bleibst du nicht wenigstens, bis du etwas von ihm gehört hast? Wen hast du denn noch, außer mir?«

»Mein armer Liebster«, sagte sie ein drittes Mal, und jetzt, erst jetzt, hatte sie Tränen in den Augen, oder war es, daß ich's nun erst bemerkte, weil das Licht im Raum sich verändert hatte. Und dann fragte sie mich: »Glaubst du wirklich daran? Asyl? Republik Schwarzenberg? Sie werden kommen mit einer halben Kompanie zu Fuß und drei Panzern und deinen Traum hinwegfegen, und sie werden mich finden, und sie werden den Namen kennen und mich zurückstoßen in meine Radspur.«

Was sollte ich ihr erwidern. Eine halbe Kompanie zu Fuß und drei Panzer: sie hatte ja recht.

»Komm zu mir«, sagte ich. »Ganz dicht. Das Grau im Fenster fängt schon an, sich rot zu färben.«

14

Die Nacht war warm. Er hatte die Fenster geöffnet und starrte auf das Dach des Landratsamtes gegenüber, das im Licht des Mondes weißlich schimmerte; die gelben und blauen Blümchen in dem Kasten auf dem Außensims verliehen dem Bild etwas Spitzwegsches, und er stellte sich vor, wie der Künstler ihn wohl gemalt haben würde: leidender Jüngling nächtens am Pfarrhausfenster; fehlte nur, daß der Jüngling die Blümchen auch noch begoß, aber das hatte die Witwe Stolp sich vorbehalten, die ihm und Paula auf Anweisung des Aktionsausschusses das Zimmer ihrer etwas verkümmerten, altjüngferlich dahertrippelnden Tochter hatte abtreten müssen, obwohl sie geltend gemacht hatte, ihr verstorbener Gatte sei ausschließlich Christ und in keiner Weise politisch tätig gewesen; am Ende waren die beiden Damen, die Mienen säuerlich, in dem anderen, größeren Zimmer der Wohnung zusammengezogen, und selbst die Mitteilung, daß Paula gleichfalls eine Pfarrerstochter wäre, hatte bei ihnen kein größeres Wohlwollen erzeugt.

In wenigen Minuten würde die Glocke auf dem Turm von St. Georg nebenan, die einzige, die man der Kirche gelassen hatte, Mitternacht schlagen. Wolfram wandte sich um und betrachtete Paulas Kopf auf dem Kissen, der, umrahmt von den kurzen dunklen Locken, ihn an eine Kamee erinnerte, das Gesicht mit den im Schlaf geschlossenen Augen durchaus nicht das einer stumpfsinnigen Kranken, sondern einen Widerschein ausstrahlend eines geheimen inneren Lebens.

Mit einem unterdrückten Seufzer ließ er sich wieder an dem wakkeligen Tisch nieder, an dem bis vor kurzem noch Fräulein Carolina, -na, betonte die Witwe jedesmal, nicht -ne, das Rechnungswesen eines großen Wäschegeschäfts in der benachbarten Stadt Aue getätigt hatte; jetzt waren die Wäschevorräte erschöpft und es gab nichts mehr zu rechnen und zu prüfen. Er schob seine Papiere zurecht, deren zuoberst liegendes in säuberlich voneinander getrennten Buchstaben die Überschrift

Republik Schwarzenberg
Verfassung

trug, und überlas, was er während der letzten halben Stunde niedergeschrieben hatte: nur einen Satz, der da lautete: *Alle Staatsgewalt geht vom Volke aus.*

Ein schöner, ein ergreifender Satz. Er ließ im Herzen die Eröffnungstakte von Beethovens Fünfter aufklingen; ihn lesend, womöglich laut und getragen, erschaute man die endlosen Scharen des Volkes, erhobenen Haupts aus grauer Ebene hervorsteigend, den leuchtenden Blick in die Zukunft gerichtet, tat-tat-tat – *tah* – ta – tah. Zugleich aber sah Wolfram auch andere Scharen, braun uniformierte, gestreckten Arms und das Bein hochgereckt, Augen rechts, SA marschiert in ruhig festem Schritt vorbei an dem Mann mit dem Bärtchen, und auch von diesen war die Staatsgewalt ausgegangen; das Resultat war sichtbar für alle. Mußte man nicht, bevor man diesem Volke soviel Vertrauen schenkte, es sich zunächst etwas gründlicher besehen, seine Schichtungen analysieren, seine Widersprüche, seine Denkmuster, wobei zu beachten war, daß die Gefahr für den zu errichtenden Staat nicht einmal so sehr von den großen Verbrechern ausging, den Herrn von der Schwerindustrie, den Überlebenden der SS, die identifizierbar waren und die man ausschalten konnte, sondern von den kleinen Mitläufern, den Ja-Sagern, den stets Unterwürfigen, die auch ein neues Übel wieder gutheißen würden, solange dadurch ihrem Selbstbewußtsein geschmeichelt wurde? Mußte man nicht, um ruhigen Gewissens die Staatsgewalt vom Volke ausgehen zu lassen, sich erst einmal Gedanken machen darüber, wie dieses Volk wohl zu lenken wäre zum allgemeinen Besten und wie man vermied, daß die Staatsgewalt wiederum in die falschen Hände geriet? Wer aber war in dem Falle berufen, Lenker zu sein, wer sollte bestimmen dürfen, was zu aller Nutz und Frommen war und was nicht? Mußte man wieder auf Plato zurückgreifen, der dieses Geschäft einem Direktorat von Philosophen übertrug, welche mit Hilfe einer Garde von Wächtern, sämtlich auf unbedingten Gehorsam getrimmt, die wankelmütigen Massen beherrschten?

Plötzlich sah er den Dr. Benedikt Rosswein vor sich, wie der, von seinem Katheder herab, mit spöttisch geschürzter Lippe Hegel und dessen demokratisch sich über alle ergießenden Weltgeist abtat, um dann, den Arm erhoben, als grüßte er ihn über die Jahrtausende hinweg, den großen Plato zu preisen und die platonische Idee von der zur Herrschaft berufenen Führerschicht zur Urwurzel der nationalsozialistischen Philosophie zu erklären. Niemand, zitierte Rosswein den Meister, weder Mann noch Weib, soll jemals ohne Führer sein; vielmehr soll jeder, im Kriege und auch im Frieden, auf seinen Führer blicken und ihm gläubig folgen. Mit Plato, rief er aus, habe es begonnen, und mit Hitler erfüllte es sich. Widerlich, dachte Wolfram; das hatte Plato denn doch nicht verdient. Aber es war schon etwas an der von dem späteren Standartenführer Rosswein erahnten Wahlverwandtschaft: unter dem Faltenwurf der Mäntel von Platos Philosophen verbarg sich zumeist die Krätze der Herrschsucht, und die Kommandeure des Korps der Wächter neigten zur Machtausübung auf eigene Rechnung. Blieb also doch nur das verdammte Volk und die Hoffnung, daß es, ausgestattet mit den rechten Lernmitteln, sich als lernfähig erweisen möchte und eines glorreichen Tages auch tatsächlich anfangen würde zu lernen. Utopie? Alle Verfassungen, verteidigte er sich vor den eigenen Zweifeln, waren utopisch, demokratische zumindest, und welche Verfassung gab sich nicht als demokratisch; sie setzten Menschen voraus, die bereit und imstande waren, ihre Leidenschaften zu zügeln und mit Weitsicht und Vernunft ihre Interessen und die ihrer Nachbarn gegeneinander abzuwägen und entsprechend dem Ergebnis des Prozesses zu verfahren. Er griff nach dem Stift. *Das Volk ist der Gesetzgeber, vertreten durch seine in freier, allgemeiner und geheimer Wahl gewählten Deputierten. Es kann aber auch durch Volksbegehren und Volksentscheid Gesetze direkt beschließen und vorhandene abändern.*

Er lächelte. So, lapidar, hatte die Sprache einer Verfassung zu sein; je prägnanter, desto weniger Zweideutigkeiten, auf Grund derer sich irgendwelche Nutznießer der Macht etablieren konnten. Der Satz von der Staatsgewalt, die vom Volke ausging, implizierte aber noch eine zweite Utopie, nämlich die Egalité, Menschen mit gleichem Einfluß, gleichem Gewicht in der vorhandenen Gesellschaft. Das war eine Absurdität, wirklichkeitsfremd und undurchführbar; und dennoch mußte man es fordern, damit die vorhandene Ungleichheit die Keimlinge einer erträglichen, halbwegs menschenwürdigen Ordnung nicht sofort überwucherte, und man mußte versuchen, diese Egalité wo irgend tunlich zu verankern. So schrieb er denn, der Ironie sich bewußt, die unterschwellig in seinen Worten lag: *Die Bürger der Republik sind vor dem Gesetz gleich. Es gibt keine Privilegien, weder was die Nutzung von öffentlichen Gütern noch von staatlicher Macht betrifft.* Und fügte hinzu: *Die im öffentlichen Dienst stehenden Bürger begreifen sich als Diener des Volkes, nicht als dessen Oberherrn, und ihre Entschädigung übertrifft in keinem Falle die Löhne der in der Produktion stehenden Arbeiter.*

Womit, dachte er mit einem Anflug von Schadenfreude, dem Gedränge vor der Futterkrippe gewisse Grenzen gesetzt worden wären. Aber das war nur eines der Probleme, die sich aus der Grundforderung nach der vom Volk ausgehenden Staatsgewalt ergaben, und nicht einmal das wichtigste. Wichtiger war festzulegen, wie denn diese Staatsgewalt sich gestalten sollte. Utopien wie die Fouriersche beiseite, die sogar das Geschlechtsleben auf eine für deutsche Verhältnisse viel zu amüsante Weise staatlich regelte, war doch die Frage, ob man die Staatsgewalt teilte, Legislative, Exekutive, Justiz, und dazu ein System gegenseitiger Kontrollen schuf, das Ganze nach amerikanischem Vorbild, das merkwürdigerweise jedoch die eigentliche Macht in den Händen nur weniger beließ; oder ob man, à la Sowjetunion, eine alles überschauende, alles bedenkende, alles entscheidende Zentralgewalt zu errichten suchte mit einem Parlament zur Seite, in dem die einzig vorhandene Partei strukturell wie personell mit dem Staatsapparat aufs innigste verwoben war; und ob man überhaupt Parteien zuließ, und wenn ja, eine nur, die sich, nach bekanntem Beispiel, notwendigerweise zu einer Elite mit Ausschließlichkeitsanspruch entwickeln würde, oder mehrere, wie sie mit ihrer Konzeptionslosigkeit und ihrem unfähigen Gezänk die erste deutsche Republik zugrunde gerichtet hatten. Oder schlug man neue, noch zu bestimmende Wege ein: auf diese Weise die Republik Schwarzenberg als Muster darbietend für ein Deutschland, das noch im Schoß der Zukunft lag?

Er hielt inne. Übernahm er sich da nicht, stand er da nicht an der Grenze des Lächerlichen, der Miniatur-Jefferson einer Miniaturrepublik oder gar ein Stalin im Streichholzschachtelformat, denn auch Stalin hatte bekanntlich als Autor einer Verfassung brilliert? Und dennoch, wer konnte wie er, Max Wolfram, die langen Stunden in der Todeszelle vorweisen, in denen er, zur Vervollkommnung seiner Schrift über die sozialen Strukturen der Zukunft und, wesentlicher noch, um nicht wahnsinnig zu werden, Modelle entwarf für einen Staat, in dem Freiheit und Notwendigkeit endlich harmonierten, und dieses tat in dem verzweifelten Wissen, daß er einen solchen Staat, eine solche Zukunft nicht mehr erleben würde?

Er schrak zusammen, lauschte ins Dunkel des Raums: Paula hatte im Schlaf gesprochen. Gesprochen? Waren es tatsächlich Worte gewesen, lösten sich die Hemmungen in ihren Träumen, oder hatten die Träume ein eigenes Idiom? Jetzt war nur noch das Atmen zu hören, leicht, hastig, dann ruhiger werdend. Er zwang sich zurück zu seinem eigenen Traum. *Die Deputierten*, schrieb er, *vom Volk gewählt, sind, kollektiv und als einzelne, dem Volk verantwortlich und können jederzeit vom Volke abberufen werden. Die Deputierten konstituieren sich als Rat der Deputierten. Der Rat ist das höchste Organ der Republik.*

So weit so gut, sehr gut sogar: obwohl zum höchsten Organ der Republik gehörend, sollte keiner sich an seinen Sessel klammern dürfen; verantwortlich sein hieß antworten müssen, wenn Fragen gestellt werden, auch peinliche. Doch die bei den Deputierten liegende Macht der Gesetzgebung war nur die halbe Macht; Gesetze waren kristallisierte Gedanken, in wessen Hand legte man das Beil, das dem Gedanken folgte? In die eigene Hand am besten, dachte Wolfram, wenigstens bis sich geeignetere Hände fanden; außerdem demonstrierte man Kontinuität und eine sich anbahnende stabile Ordnung, indem man die Legitimation des Aktionsausschusses, die bisher darin bestanden hatte, daß kein anderer dagewesen war, als alles zerstob, in eine offiziell verliehene verwandelte. *Der Rat der Deputierten*, schrieb er bedächtig, *wählt aus seinen Reihen einen Aktionsausschuß. Der Aktionsausschuß*, er zögerte, wieviel Autorität sollte dieser erhalten, *führt die vom Rat oder vom Volk direkt be-*

schlossenen Gesetze durch und erledigt die laufenden Regierungsge-
schäfte. Und dies noch gehörte dazu, Conditio sine qua non: *Die*
Mitglieder des Aktionsausschusses sind, kollektiv und als einzelne,
dem Rat der Deputierten und dem Volk verantwortlich und können
jederzeit vom Rat oder vom Volke abberufen werden.

Und kein Ratsvorsitzender, der würdig einherschreitend den
Staat repräsentierte, kein oberster Kriegsherr, der Paraden abnahm,
kein Präsident, der je nach Bedarf Notverordnungen erließ oder den
Ausnahmezustand erklärte? Nicht einmal eine Gallionsfigur? Natürlich war man nie gegen die Gefahr gefeit, daß aus der Gruppe ein
Mann mit Charisma erstand, der die Autorität an sich riß; aber dem,
entschied Wolfram, durfte man nicht noch Vorschub leisten, und
keine Zeit war geeigneter, dem Führerunwesen entgegenzusteuern,
als diese, in der sich erwiesen hatte, wohin die Führer führten. Also:
Die Republik wird vertreten und Verhandlungen mit anderen Staa-
ten werden geführt von dem für den jeweiligen Fall zuständigen
Mitglied des Aktionsausschusses. Und was die Paraden betraf, so
dienten diese sowieso nur dem Geltungsbedürfnis einiger komplex-
beladener Parteigrößen und waren eines ernst zu nehmenden Staates
unwürdig.

Was nichts gegen eine Armee, und mochte sie noch so bescheiden
sein, besagte. Er war kein Pazifist, er wußte, daß der Erfolg der Unterdrücker auf der Wehrlosigkeit der Unterdrückten beruhte, und
er erinnerte sich sehr wohl seiner Worte damals im Arbeiterheim
von Bermsgrün, als er erklärte, daß die Macht der Arbeiter zunächst
eine bewaffnete sein mußte, imstande, die Unterdrücker von gestern
zu unterdrücken. Aber, und das war das dialektische Element dabei,
zugleich mußte dafür gesorgt werden, daß diese neue bewaffnete
Macht sich nicht auch wieder verselbständigte und, nachdem sie die
Unterdrücker von gestern unterdrückt hatte, nun ihrerseits Lust bekam, im Unterdrückungsgeschäft zu bleiben. Und wenn es stimmte,
daß der Staat, der sozialistische natürlich, eines nicht allzu fernen
Tages absterben würde, dann war es überhaupt praktischer, man
schuf gar nicht erst die Organe, denen das Absterben schwerfallen
könnte. Seine Weiterentwicklung des Engelsschen Gedankens
freute ihn, und er schrieb: *Schutz und Sicherheit der Republik liegen*

*in den Händen der Arbeitermiliz. Die Angehörigen der Miliz wer-
den auf Anforderung des Aktionsausschusses von Fall zu Fall einbe-
rufen. Sie verrichten ihre Aufgaben ehrenamtlich, neben ihrer be-
ruflichen Arbeit, von der sie auf Zeit beurlaubt werden können. Eine
Berufsarmee sowie eine Berufspolizei, insbesondere eine geheime,
gibt es nicht.*

Und das in einem, wenn auch nur kleinen Teil von Deutschland!
Er stellte sich das Geraun und Gewisper vor beim Ruchbarwerden
dieses Verfassungsartikels. Ging denn das? Es ging: es war ja der gegenwärtige Zustand hier in Schwarzenberg; wer waren denn Kiesslings Leute, wenn nicht Arbeiter, die sich zusammengefunden hatten zum Schutz der neuen, noch sehr labilen Ordnung und um zu
verhüten, daß die alte sich restaurierte.

Seine Verfassung, stellte Wolfram fest, nahm Gestalt an, und er
verspürte Hunger. Hunger war natürlich ein Dauerzustand, von
dem man keine besondere Notiz nahm; kam einem der Hunger zu
Bewußtsein, so hieß das, daß dies ein spezieller und unübersehbarer
Hunger war, der Maßnahmen erforderte. Bei ihm stellte ein solcher
Hunger sich immer dann ein, wenn er ein Erfolgserlebnis hatte; es
war, als verlangte sein Magen dann nach einem eigenen Glücksge-
fühl. Da waren noch zwei Stückchen Brot verfügbar, Kleie zumeist
oder irgendein anderer Ersatzstoff und sauer schmeckend; sie waren
fürs Frühstück bestimmt, und er kämpfte mit sich, ob er das seine
jetzt aufessen sollte; aber das konnte nur dazu führen, daß Paula, sobald sie in der Frühe bemerkte, daß er für sich nichts mehr hatte, und
so etwas bemerkte sie immer, mit stummer Hartnäckigkeit versuchen würde, ihm ihre geringe Portion aufzudrängen. Aber seine
Gier war stärker als die warnende Stimme, und so schlich er hinüber
zum Schrank, entnahm diesem das Päckchen, öffnete es, vorsichtig,
damit das Papier nicht knisterte, und zwang sich, sein Stück Brot
nicht in sich hineinzuschlingen, sondern, da lange Erfahrung ihn ge-
lehrt hatte, daß der Hunger so besser gestillt wurde, jede Krume auf
der Zunge zergehen zu lassen.

Und dachte wieder, während er dies tat, über die Freiheit des
Menschen nach und wie man sie hütete. Obzwar nach altem Wort
der Güter höchstes, wurde die Freiheit dem einzelnen erst dann zum

Wertobjekt, wenn sie ganz oder teilweise verlorengegangen war, und selbst dann gab es noch genügend Leute, die sich akkommodierten, indem sie sich auf die Seite der Herrschenden schlugen und deren Freiheiten mitgenossen, jenen Vögeln gleich, die in fröhlicher Symbiose auf dem Rücken der Krokodile mitschwammen und diesen die Läuse vom Panzer picken durften. Tolstoi, erinnerte er sich, hatte in einem der Nachworte zu »Krieg und Frieden« behauptet, die Freiheit, vom Standpunkt der Vernunft her betrachtet, sei nichts als ein momentanes Gefühl. Das mochte zutreffen; aber es gab Menschen, die, ohne dieses Gefühl wenigstens gelegentlich zu haben, neurotisch wurden. Und Gerrard Winstanley, aus dem Düster des englischen Feudalismus heraus zum intellektuellen Haupt der Revolution der Digger geworden, hatte die Freiheit als etwas sehr Konkretes definiert und für das Gemeinwesen, das ihm vorschwebte, erklärt, die wahre Freiheit bestünde in freiem Zugang zur Erde, zum Boden, oder wie man heute sagen würde, zu den Produktionsmitteln. Aber waren denn das in der Tat so verschiedene Freiheiten: die soziale Freiheit; die physische, das Habeas corpus, die Verfügung des Menschen über sich selbst; und die Freiheit des Gedankens? Oder waren sie selbdritt nicht vielmehr Teile eines Ganzen, untrennbar verknüpft und die eine nicht denkbar ohne die zwei anderen?

Er begab sich zurück an den Tisch, um zu notieren: *Die Wirtschaft der Republik dient der sozialen Gerechtigkeit, ohne die alle Rechte und Freiheiten illusorisch sind.* Wieder der kategorische Ton, aber an dieser Stelle war er angebracht. Danach ging es nur noch um die zugehörigen Einzelbestimmungen, deren endgültige Formulierung man später ausarbeiten konnte: als erste: *Alle Banken, Bergwerke, Hütten sowie Großbetriebe in Industrie und Handel werden Gemeineigentum.* Gemeineigentum jedoch war eins von jenen großen Worten, mit denen sämtliche Demagogen sich schmückten; benutzte man es schon, mußte man es so interpretieren, daß die Leute sich darunter etwas vorstellen konnten, es begreifen konnten, im ursprünglichen, physischen Sinne *begreifen,* und erkannten, daß dieses Eigentum auch ihr persönliches war; drang man damit nicht durch, so würde man erleben, wie an die Stelle des bisherigen Großeigners ein neuer, noch größerer, und dazu anonymer trat, ein Krake mit Saugarmen, die überallhin reichten, und mit der Denkfähigkeit und dem Charme eines Kraken. Daher war notwendig, unter erstens hinzuzufügen: *In allen in Gemeineigentum übergegangenen Betrieben werden Betriebsräte gewählt, die ihrerseits die Betriebsleitung wählen und im Einvernehmen mit dieser die inneren Angelegenheiten der Betriebe ordnen, die Arbeitsverhältnisse und die Löhne regeln und die Produktion kontrollieren.*

Dies dann, dachte er, und dabei überlief es ihn wie ein frommer Schauder, war die Einführung der Demokratie in die Betriebe und mochte, wenn der Versuch gelang, der Anstoß sein zu einer neuen Haltung der Arbeiter zu den Produktionsmitteln und der Anfang vom Ende der Entfremdung von der eigenen Arbeit, über die Marx schon geschrieben hatte und die die Ursache war nicht einmal so sehr der äußeren Verelendung des Proletariats als seines inneren Elends. Etwas anders lag die Sache bei dem anderen großen Produktionsmittel, dem ureigentlichen, zu dem der Mensch eine so sentimentale Beziehung hatte, daß er es fast wie ein Teil seiner selbst betrachtete: dem Boden. Auch dieser von jetzt an Gemeineigentum? Die Auferstehung der Digger, die auf St. George's Hill in der Grafschaft Surrey zusammengeströmt waren, um gemeinsam auf der brachen Erde Pastinaken, Karotten und Bohnen zu säen, bis die Berittenen des Lord General des britischen Commonwealth sie niedersäbelten? Die Gründung von Kolchosen, bestehend aus Handtuchfeldern an steinigen Erzgebirgshängen, wo zehn Hektar schon als Reichtum galten? Laßt doch den armen Kerlen ihr bißchen schweißgetränkte Krume, besonders da darauf auch bei gemeinsamer Anstrengung bessere Erträge wohl kaum zu erreichen waren. Aber Prinzip war Prinzip, und eine Verfassung war ein Grundsatzdokument, und diese hier sollte schließlich auch außerhalb der armseligen Republik, für die sie Geltung haben würde, die Menschen inspirieren. Schreiben wir denn: *Landwirtschaftliche Großbetriebe gehen ebenfalls in Gemeineigentum über und werden gemeinsam bewirtschaftet; bäuerliche Klein- und Mittelbetriebe mit ihrem sämtlichen Inventar verbleiben dagegen ihren Besitzern, bis diese es für notwendig und wünschenswert halten, sich zu Genossenschaften zusammenzuschließen.*

Was jetzt zu folgen hatte, wußte er. Der Katalog der Freiheiten war etwas, mit dem er sich seit seiner Studienzeit befaßt hatte, und je mehr diese Freiheiten sich verringert hatten im Lauf der Jahre, desto intensiver hatte er sich mit ihnen beschäftigt, Therapie und Verteidigungsmechanismus zugleich gegen die immer enger werdende Verschnürung der Brust, bis, in der Todeszelle, das Ganze zu jenem feurigen Traum wurde, aus dem er an der Seite des jetzt friedlich hier schlafenden stummen Mädchens erwachte. Es bedurfte keines erneuten Nachdenkens, die Wunschliste zusammenzustellen; der Stift flog übers Papier. *Jeder hat das Recht, sich mit anderen zur Förderung legitimer Interessen zu vereinigen; das Streikrecht darf nicht angetastet werden. Es steht jedem frei zu reisen, wohin er will, sich niederzulassen, wo er will, auszuwandern, wann er will.* Und noch diese Garantien: *Niemand darf länger als 24 Stunden festgehalten werden, ohne dem Richter vorgeführt worden zu sein, von diesem den Grund seiner Verhaftung erfahren und die Möglichkeit erhalten zu haben, dritte Personen als Rechtsbeistand anzurufen. Angeklagte sind innerhalb vertretbarer Frist, spätestens aber drei Monate nach Beginn der Untersuchungshaft, vor Gericht zu stellen. Alle Gerichtsverhandlungen sind öffentlich. Die Richter werden vom Volke gewählt, sie sind in ihrer Rechtsprechung unabhängig und nur dem Gesetz unterworfen. Die Todesstrafe ist abgeschafft.*

Er holte Atem, tief und mit Genuß. Das Dach des Landratsamtes war in ein mildes Grau getaucht, das das Ende der Nacht ankündigte, und Paulas Schlaf war unruhig geworden. Viel blieb auch nicht mehr zu tun, dachte er, aber gerade das, was noch zu tun war, reizte ihn; er hatte es sich bis zum Schluß aufgehoben: ein Gedankenspiel, das Spiel mit dem Gedanken der Freiheit an sich, der Freiheit des Gedankens. Wie hatte doch die Luxemburg gesagt? Freiheit ist immer die Freiheit des Andersdenkenden. Arme, wunderbare Frau; vielleicht hatte ihr unzeitiger Tod unter den Händen der Mörder verhindert, daß sie selbst eines nahen Tags mit dem aus ihrer Philosophie erwachsenden Dilemma konfrontiert wurde. Das Dilemma lag darin, daß die Andersdenkenden, indem sie anders dachten, nicht anders als fehlerhaft denken konnten, und daß der Fehler in ihren Gedanken, in die Tat übersetzt, Folgen haben würde, die verhütet werden mußten und die man am besten verhütete, indem man den Fehler schon im Gedanken unterdrückte. Tat man das nicht, so bestand die Gefahr, daß die Andersdenkenden sich mit ihren fehlerhaften Gedanken durchsetzten, und was würde sein, wenn sie sich dann nicht mehr an die Spielregeln hielten und ihrerseits ihren Andersdenkenden, aus bereits dargelegten Gründen, nicht die gleiche Freiheit einräumten, die ihnen gewährt worden war? Dieses, dachte Wolfram, hatte er ja wohl erlebt, so war das gelaufen in seinem Lande und lief es in anderen Ländern noch; sollte er, die einmalige Chance seiner Verfassung in der Hand, noch einmal in die Falle tappen, aber jetzt sehenden Auges? Oder nicht lieber die Freiheit für sich selber reservieren und für die, die gleich ihm dachten; es war leicht genug, ein paar harmlos klingende Beschränkungen einzuführen, Freiheit ja, aber im Rahmen des Gesetzes, oder soweit dem öffentlichen Interesse nicht zuwiderlaufend, oder insofern nicht im Widerspruch zu Sitte und Moral, und schon ließ sich alles in die schönsten geordneten Bahnen lenken. Aber die nur einer Gruppe, Partei, Sekte reservierte Freiheit hörte auf, Freiheit zu sein, und wie, wenn es dieser Gruppe, Partei, Sekte in den Kopf kam, gerade ihn auszustoßen, weil er aus irgendwelchen Gründen begonnen hatte, anders zu denken als sie?

Freiheit war ein Wagnis, das größte vorstellbare; aber das Risiko, das durch sie erwuchs, war dennoch geringer als die Gefahr des Verderbs, den jede Diktatur, auch die wohlwollendste, mit sich brachte, und die Gefahr der Korruption, die durch die Ballung von Macht in nur wenigen Händen entstand. *Gedankenfreiheit*, schrieb er, seine Buchstaben sorgfältig aneinanderreihend, *das Recht auf freie Meinung und diese in wie immer gearteter Form zu äußern sind in der Republik Schwarzenberg gewährleistet. Keiner darf wegen seiner Überzeugungen, seien diese politischer, religiöser, philosophischer, wissenschaftlicher oder künstlerischer Art, verfolgt werden. Das Postgeheimnis ist gewahrt, eine Pressezensur findet nicht statt.*

Er unterstrich das *nicht* und lachte in sich hinein, da er sich ausmalte, was der Genosse Reinsiepe wohl sagen würde, wenn er diese Bestimmung des Wolframschen Verfassungsentwurfs in einer der nächsten Morgensitzungen des Aktionsausschusses vorgelesen bekäme; möglich aber auch, daß der Mann sich ausschwieg in der festen Überzeugung, daß Verfassung wie Republik nichts als Hirngespinste waren, entstanden in der Phantasie von ein paar durch das Ende des Kriegs ins Träumen geratenen Wirrköpfen.

Unten läutete die Hausglocke. Paula schrak auf, sah, deutlich beunruhigt, daß Wolfram nicht neben ihr lag, erblickte ihn über seine Papiere gebeugt am Tisch und eilte auf nackten Füßen zu ihm. Er tat seinen Arm um sie, tröstete: nein, er würde sie nicht verlassen, unter keinen Umständen. Dann waren da Schritte auf der Treppe, die Etagentür öffnete sich knarrend, die empörte Stimme von Fräulein Carolina, nicht -ne, war zu hören, ein Mann antwortete.

Es klopfte.

Wolfram nahm die dünne Wolldecke vom Bett, legte sie Paula um die Schultern und sagte: »Herein.«

Im trüben Licht der Vorhalle, das durch die halbgeöffnete Tür drang, zeigte sich das unverkennbare Profil des Genossen Kadletz.

»Ich weiß, es ist noch sehr früh«, sagte er. »Bitte um Entschuldigung, aber wir brauchen Sie.«

15
Aufzeichnung Kadletz:
Die Spur

Es scheint, als hätten die Menschen ein Abkommen darüber getroffen, wie Geschichte zu betrachten und wie sie zu lehren sei: nämlich nach Markierungspunkten, seien diese Thronbesteigungen, Schlachten, Revolutionen, Entdeckungen oder was auch sonst; die Hauptsache ist, die Geschehnisse erregen die Phantasie, lassen sich bequem datieren und eignen sich als Anlaß zu Fest- und Gedenktagen. Dabei ist es das Alltägliche, das in Wahrheit die Welt bewegt: die Art, wie ein Stück Tuch produziert, ein Schwein gemästet, ein amtliches Papier behandelt, ein Mensch gequält wird. Sie können das, in gelehrteren Worten, auch bei Marx nachlesen; ich erwähne es hier nur, weil ich Ihnen jetzt von einem solchen dramatischen Ereignis erzählen möchte, das zweifellos im Schulunterricht und in späteren historischen Betrachtungen Erwähnung gefunden hätte, wäre die Geschichte der Republik Schwarzenberg nicht zur Un-Geschichte erklärt worden. Im übrigen werde ich Ihnen über das Alltägliche noch gesondert berichten.

Sie werden sich, glaube ich, des Herrn Dr. Pietzsch erinnern, des ehemaligen Bürgermeisters, der nun in einer Zelle des zum Schloß gehörigen alten Turms einsaß und darauf wartete, vor Gericht gestellt zu werden; inzwischen, das heißt, bis die Republik ein Gerichtswesen mit ordentlichen Richtern, Staatsanwälten, Strafverteidigern, Referendaren, Amtsschreibern besäße, schrieb er lange Darlegungen über Interna der Verwaltung von Stadt und Landkreis Schwarzenberg während der Herrschaft des Nationalsozialismus, wobei er alle möglichen Leute belastete in der Hoffnung, sich Vergünstigungen zu verschaffen, und redete in ganz ähnlichem Sinne bei jeder sich bietenden Gelegenheit auf die Genossen Schuricht und Kriegel ein, die im Turm als Wachpersonal Dienst taten. Zunächst kümmerten sich die genannten Genossen nur wenig um die von Dr. Pietzsch gewöhnlich in klagendem Ton vorgebrachten Denunziationen; sie hatten genügend damit zu tun, sich in die ihnen fremde Materie der Gefängnisverwaltung mitsamt Behandlung zum Teil recht renitenter Häftlinge einzuarbeiten; aber nach einigen Tagen fiel besonders dem Genossen Kriegel auf, der ja bis zum Verlust von vier Fingern seiner rechten Hand in der Münchmeyerschen Maschinenfabrik gearbeitet hatte, daß in den Angaben des Gefangenen immer wieder der Name Dietrich Münchmeyer fiel, des Besitzers eben jener Fabrik, und zwar mit dem Zusatz, daß, wenn er, Dr. Pietzsch, schon im Turm säße, besagter Herr Münchmeyer erst recht hineingehöre, denn dieser sei der engste Freund des Gauleiters Martin Mutschmann gewesen, und zahlreiche Male hätten Mutschmann und dessen Ehefrau Minna im Hause Münchmeyer gastliche Aufnahme gefunden, während er, obwohl ihm das in seiner Stellung als Bürgermeister nicht leichtgefallen sei, sich von dem als korrupt und grausam bekannten Diktator Sachsens weitmöglichst ferngehalten habe; der Aktionsausschuß, so erklärte Dr. Pietzsch weiter, täte gut daran, sich mit dem Herrn Münchmeyer und dessen oberhalb der Fabrik gelegenen Villa mal etwas näher zu befassen.

Daß außerdem der Herr Dietrich Münchmeyer von Mutschmann zum Gaukulturwart von Sachsen ernannt worden war, war den Mitgliedern des Ausschusses, mit Ausnahme vielleicht von Wolfram und dem Genossen Reinsiepe, durchaus bekannt; es war dies aber eher ein Ehrenamt als eine Machtposition, und der Gauleiter hatte es seinem Freunde verliehen, weil der ein großer Sammler erzgebirgischer Volkskunst war, jener Klöppeleien und Schnitzereien eben, denen die armen Gebirgsbauern und deren Frauen und Kinder winters sich widmeten und die sich zu einer Art Kleinindustrie entwickelt hatten; bis in die Pampas von Südamerika und in das australische Hinterland, überallhin, wo Deutsche siedelten, reisten die Spitzendeckchen und die hölzernen Figuren mit den gewaltigen Kinnladen und dienten, die einen als Polsterschutz und die anderen, in Gestalt rotuniformierter Grenadiere, grüngekleideter Forstmeister oder schwarzberockter Bergleute, als Nußknacker. Kunstsinnig und geschäftstüchtig zugleich, hatte Maschinenfabrikant Münchmeyer derlei Exporte nach Kräften noch gefördert, und über ihn liefen, wie sich später herausstellen sollte, Verbindungen auch ganz anderer Natur in alle Weltteile. Herr Münchmeyer stand also auf unserer Liste, doch mit niedriger Priorität; die täglichen Zwänge und die ständig auftauchenden unvermuteten zusätzlichen Aufgaben erforderten die gesamten, sowieso nur geringen Kräfte des Aktionsausschusses, so daß auch die Mitteilung, uns überbracht von den Genossen der dank unserer Mühen wieder in Gang gebrachten Müllabfuhr, daß nämlich beim Fabrikanten Münchmeyer eine anscheinend in tiefer Trauer befindliche schwarzverschleierte Dame eingetroffen sei und sich in dessen Villa verborgen halte, unbearbeitet blieb, bis ich diese Meldung nach einer halb durchwachten Nacht unter anderen Papieren auf meinem Schreibtisch vorfand.

Nun glauben Sie bitte nicht, ich hätte mich vor dem Herrn Münchmeyer gefürchtet, und dies sei der Grund gewesen, daß ich in aller Hergottsfrühe Max Wolfram aus dem Bett holte. Natürlich gibt es das bei Menschen aus unseren Kreisen: die Scheu vor denen, die immer die Macht und den Reichtum besaßen, und die Schulbildung, und die durch Handels- und andere Geschäfte geschärfte Auffassungsgabe; doch traute ich mir schon zu, auch allein mit dem Herrn Münchmeyer fertig zu werden; wer war er denn, eine Provinzgröße, ein Kleinstadtbourgeois, und außerdem gehörte er zu den Geschlagenen dieses Krieges. Aber ich wußte, daß mir das unnachgiebige Fragen nicht lag, das Nachstoßen und immer wieder Nachstoßen; ich gerate zu leicht ins Grübeln: warum hat der Mann dies oder jenes gesagt, wie kommt er zu seiner Auffassung, was liegt da in seiner Vergangenheit, wie würde er sich verhalten, wären unsere Rollen vertauscht, und was dergleichen müßige Gedanken mehr sind, die nur zu langen Gesprächspausen führen und so dem anderen Gelegenheit geben, zu sich zu kommen und immer neue Ausreden zu erfinden. Wolfram, vermutete ich, würde da anders vorgehen, schon weil er das Jüdische im Blut hatte und die Juden, so wurde mir einmal gesagt, immer über das Gesetz nachgedacht hatten und sich von ihrem Talmud her auskannten im Frage- und Antwortspiel; außerdem war er das für Justiz zuständige Mitglied des Aktionsausschusses, und wir mochten, gegebenenfalls, rechtliche

Schritte gegen Herrn Münchmeyer einzuleiten haben. Die Schwierigkeit war nur, daß Wolfram zögerte, sich von seinem stummen Mädchen zu trennen, das sich wie ein folgsamer Schatten an ihn heftete; warum, fragte er, sollte er sie nicht mitnehmen dürfen, wen störte sie; und es kostete mich erhebliche Mühe, ihn zu überzeugen, und ihn dann, ihr klarzumachen, daß sie in diesem Falle wirklich nicht mitkommen könne; und ich muß sagen, ich fand es bewundernswert, wie er ihr durch geduldige Wiederholung und die verschiedensten Gesten seiner ausdrucksvollen langen Hände begreiflich machte, daß er in ein paar Stunden spätestens bei ihr zurücksein würde, was sie auch tatsächlich zu verstehen schien, denn sie beruhigte sich sichtlich und begann, mit farbigen Stiften Figuren auf einen weißen Pappkarton zu zeichnen.

Der Herr Fabrikant Münchmeyer, den Schlafrockgürtel noch nicht einmal zugebunden, öffnete selbst; ich erkannte ihn sofort, es war nicht lange her, daß sein Bild zusammen mit dem seines Freundes Mutschmann an prominenter Stelle im *Erzgebirgsboten* veröffentlicht worden war. Wir erklärten, wir kämen vom Aktionsausschuß, und Wolfram nannte seinen Namen, den Münchmeyer nun wiederum zu kennen schien; es flackerte da etwas in seinen Augen, und er holte schon Atem, als wollte er ihn begrüßen, etwa: *Ah ja, der Herr Sohn vom alten Herrn Wolfram, Herren- und Damenkonfektion, am Markt;* jedoch beherrschte er sich, tat einen Schritt zurück in die Eingangshalle und bedeutete uns mit einer Handbewegung, die seine Überlegenheit zeigen sollte, ihm zu folgen.

Eine Frau, wohl die seine, erschien, in einem blaßlila, mit Rüschen reichlich verzierten Morgenrock, die Augen über den Hängebacken rotgerändert, ob vom Schlaf noch oder von Mangel an Schlaf, war schwer zu sagen, und er wies sie herrisch an, für das Frühstück zu sorgen, »auch für unsre beiden Besucher«.

Wolfram lehnte dankend ab. Mich aber interessierte, was es in diesen Tagen bei Münchmeyers wohl zu essen geben werde, beziehungsweise was solche Leute uns vorzusetzen für richtig befanden; im übrigen war ich zu nachtschlafender Zeit noch mit leerem Magen aufgebrochen und dachte, ich hätte mir ein Frühstück verdient; nur der Gedanke störte mich, daß wir versäumt hatten, den Genossen

137

Kiessling um Unterstützung zu bitten: es gab mit Sicherheit in dieser Villa Hinterausgänge, durch die die verschleierte Dame in der Zeit, die wir verfrühstückten, unschwer entkommen konnte. Und als hätte er es darauf abgesehen, diese Zeit noch zu verlängern und uns daneben noch von unseren Aufgaben abzulenken, führte uns Herr Münchmeyer, während der diskrete Duft von Kaffee, wirklichem und wahrhaftigem Kaffee, uns einzuhüllen begann, durch seine Volkskunstsammlung.

Ich gestehe, daß ich nervös war und daß meine Nervosität mich daran hinderte, die handwerkliche Fertigkeit und den künstlerischen Sinn der Menschen, die all diese Objekte hergestellt hatten, gebührend zu würdigen; Wolfram sagte mir später, ihn haben noch mehr die Fülle der ausgestellten Gegenstände und die extremen Ausmaße mehrerer von ihnen erschlagen: da gab es eine Weihnachtspyramide von solcher Höhe, daß Herr Münchmeyer ihretwegen die Decke zum Obergeschoß seiner Villa hatte durchbrechen lassen müssen; es war ein drehbares Bauwerk, in Bewegung zu setzen durch die nach oben strömende Wärme brennender Kerzen, mit den farbenprächtigsten Dreikönigen und mit Öchslein und Eselein vor einer täuschend echten Heuraufe und mit einem Jesuskind in der Krippe, bei dem der Schnitzer die Babyfingerchen bis auf die Näglein wirklichkeitsgetreu detailliert hatte, von den Bergleuten ganz zu schweigen, die, ihre Picken und Fackeln und Fahnen in der schwieligen Faust, auf dem untersten Ring der Pyramide im Kreis paradierten, und weiter oben bevölkert von rosawangigen Englein und von Rehlein und anderen Waldestieren, die sich zwischen Bäumen mit Laub und Zweigen aus kunstvoll gelockten Holzspänen tummelten; und daneben, auf einem zierlichen Tisch und gänzlich unter Glas, eine zweite Pyramide, bei dieser aber das ganze festliche Leben auf fast mikroskopische Maßstäbe reduziert; es gingen einem die Augen über beim Betrachten, und Herr Münchmeyer, scheinbar ganz absichtslos, ließ die Bemerkung fallen, daß diese zwei Pyramiden, die große wie die kleine, es gewesen seien, die den Gauleiter Mutschmann veranlaßten, ihn zum Gaukulturwart zu ernennen; sonst habe der Mann nur wenig mit ihm im Sinn gehabt; er selber, Dietrich Münchmeyer, sei auch alles andere als ein aktiver Parteigenosse gewesen, dazu habe sein Betrieb ihn viel zu sehr in Anspruch genommen, und so wisse er eigentlich nicht, warum Frau Minna Mutschmann, nach dem Verschwinden ihres Gatten, just bei ihm Zuflucht gesucht habe.

Gerade da nun stellte Frau Münchmeyer sich wieder ein, jetzt in einem lindgrünen Negligé, dessen Seide bei jeder ihrer Bewegungen knisterte, und während Wolfram und ich noch dabei waren, die Information zu verdauen, die ihr Mann uns so beiläufig gegeben hatte, kündigte sie an, das Frühstück stünde auf dem Tisch. Wir wurden ins Speisezimmer geführt, und sie entschuldigte sich, daß wir uns selber bedienen müßten; man habe nach dem Zusammenbruch, hier hörte ich das später so häufig benutzte Wort zum ersten Mal, das Personal entlassen müssen, schweren Herzens gewiß, aber man habe es sich einfach nicht leisten können, zusätzliche Münder noch weiter durchzufüttern; da der Aktionsausschuß jedoch in so vorbildlicher Weise für Ruhe und Ordnung sorge, hoffe sie, daß die sicher nicht leicht zu lösenden Versorgungsschwierigkeiten bald überwunden sein würden.

Sie lächelte Wolfram und mir, ein wenig steif zwar, zu, aber ich hörte nicht mehr auf ihr verkrampftes Geplauder. Ich sah nur den Tisch: daß es das noch gab! Das schwere Tischtuch mit dem geklöppelten Spitzenrande, die zugehörigen Servietten sauber gefaltet, die Silberbestecke, die grün-goldenen Drachen auf Tellern und Schüsseln und Tassen, und dazu Brötchen, wie sie kein Bäcker mehr buk, und die Dose randvoll mit Butter, und die gelben Dotter im Weiß der gebratenen Eier, und Wurstscheiben, und Schinken, und Käse verschiedener Art; ich blickte Wolfram an und erkannte am Auf und Ab seines Adamsapfels, daß sein edler Vorsatz, Enthaltsamkeit zu üben, rapide dahinschwand. Dieser verfluchte Ausbeuter, der Münchmeyer, plante nicht nur, uns milde zu stimmen, er wollte uns regelrecht vereinnahmen: wie konnten wir, so dachte er wohl, ihn einfach festnehmen und neben Dr. Pietzsch in den Turm sperren, nachdem er uns derart großzügig gespeist hatte?

Wir konnten, versicherte ich mir, ich wenigstens war durchaus dazu imstande, so skrupellos proletarisch war ich; ich würde mir den Bauch vollschlagen mit Münchmeyers gehamsterten Vorräten und hinterher nicht die Spur von Dankbarkeit oder gar Sympathie für den freundlichen Spender empfinden. Ich war gerade dabei zuzulangen, da stockte mir die Hand. Auf der Treppe war ein Gepolter gewesen, jemand ächzte ganz fürchterlich; dann ging die Tür auf, und in der Öffnung zeigte sich ein weibliches Wesen, das Haar wirr, die Gesichtsbemalung schadhaft, Speichelbläschen an den Mundwinkeln.

»Minchen, mein Gott!« rief Frau Münchmeyer und gestikulierte, als wäre die andere ein Gespenst, das sie unbedingt verscheuchen müsse. Die Minchen genannte Frau schwankte gefährlich, bis sie die Klinke zu fassen bekam; an diese klammerte sie sich mit der linken Hand, mit der rechten hielt sie ihr Nachthemd über der fülligen Brust zusammen. Herr Münchmeyer hatte sich gefaßt; er war aufgesprungen, ging hin zu ihr, nahm sie beim Ellbogen und geleitete sie vorsichtig zum Tisch, wo er sie neben seine Frau, mir schräg gegenüber, plazierte; der Schnapsdunst schlug herüber bis zu mir. »Vielleicht hast du die Güte«, sagte er zu seiner Frau, »unserem Gast eine Nachtjacke oder etwas Ähnliches zu bringen; wir wollen doch nicht, daß sie sich auch noch erkältet.« Dann wandte er sich uns zu, auf einmal wieder die Liebenswürdigkeit in Person. »Ich bedaure diesen Auftritt, doch angesichts der Zeitläufte«, er benutzte das Wort tatsächlich, ich erinnere mich genau, »angesichts der Zeitläufte dürften Sie Verständnis für die Stimmung von Frau Mutschmann haben.«

»Aber gewiß«, sagte Wolfram und goß sich Kaffee ein, »ich hoffe, sie hat sich bei ihrem Sturz nicht ernsthaft verletzt.«

Inzwischen hatte Frau Münchmeyer für ihre Freundin einen weißen Morgenrock mit einer Art Federboa herbeigeschafft und drapierte ihr diesen um die Schultern. Frau Mutschmann jedoch schien der Fürsorglichkeit, mit der sie behandelt wurde, keine Beachtung zu schenken; sie saß da und starrte finster auf Wolfram und mich und knurrte: »Und wer sind die beiden da?«

»Die Herren sind vom Aktionsausschuß«, sagte Herr Münchmeyer.

»Aktions –?« Frau Mutschmanns Zunge hatte sich in den Silben verfangen.

»Der Aktionsausschuß ist die neue Regierung«, erläuterte Wolfram.

»Die neue – was?« Frau Mutschmanns Augen wurden zu Schlitzen, und die Schminkschicht auf ihrem Gesicht war plötzlich von wellenartigen Falten durchzogen, die zueinander in keinerlei Verhältnis standen.

»Regierung«, wiederholte Wolfram.

»Regierung!« kicherte Frau Mutschmann. »So sehen die aus! Regierung!«

»Herr Münchmeyer«, Wolfram strich Butter und Honig auf sein Brötchen, »wollen Sie so freundlich sein, Frau Mutschmann begreiflich zu machen, daß wir ein paar Auskünfte von ihr haben möchten. Je rascher wir diese erhalten, desto angenehmer für sie und für alle Beteiligten.«

»Ich bezweifle, daß Frau Mutschmann imstande sein wird, irgendwelche Auskünfte zu geben«, sagte Herr Münchmeyer. »Vielleicht täten Sie besser daran, heute abend noch einmal vorbeizukommen.«

Ich beugte mich hinüber zu Wolfram und flüsterte, für alle hörbar: »Soll ich ihr eine scheuern?«

Wolfram kaute an seinem Brötchen.

Ich stand auf und trat um den Tisch herum. Aber Frau Mutschmann reagierte nicht, sie hing offenbar ihren eigenen Gedanken nach. »Regierung!« sagte sie dann wieder und lachte, daß ihre Schultern bebten und die Federboa verrutschte. Dann klatschte sie sich mit der flachen Hand auf den Schenkel. »Wenn die glauben, daß sie ihn kriegen! Nie! Der ist zu schlau für die, und für euch auch. Der ist schlauer als ihr alle zusammen!«

»Minchen!« Herr Münchmeyer war bleich geworden, und ich sehe noch heute, wie seine Lippen zitterten. »Sie erkennen doch, meine Herren, in welchem Zustand Frau Mutschmann sich befindet«, sagte er heiser. »Sie ist nicht vernehmungsfähig.«

Wolfram blickte verträumt auf die Schüssel mit den Spiegeleiern und hielt Frau Münchmeyer seinen Teller hin. »Sie müssen den Notfall lange vorausgesehen haben, gnädige Frau«, sagte er anerkennend. »Sich so eingedeckt zu haben!«

Frau Mutschmann stieß die Tasse beiseite, die Frau Münchmeyer ihr gefüllt hatte; der Kaffee schwappte über die Untertasse hinweg aufs Tischtuch. »Der hat dem Hitler schon längst gesagt, Führerbunker, hat er gesagt, die reinste Schnapsidee.« Sie sah sich um in der Runde, stolz, und wackelte mit dem Kopf: hier war einer gewesen, der hatte dem Führer die Wahrheit gesagt. »In die Berge, hat er dem Hitler gesagt, nichts wie in die Berge. Aber der war schon taprig, der Hitler, der konnte nicht mal mehr sein Klo besteigen.« Sie stieß Frau Münchmeyer in die Seite. »Nicht mal mehr sein Klo!«

Ich begab mich zurück zu meinem Sitz und aß nun selber einen Happen. »Minchen«, sagte Frau Münchmeyer mit brechender Stimme, »iß doch lieber auch was.« Herr Münchmeyer nagte an seinem Daumen, er schien es aufgegeben zu haben, Frau Mutschmann zu bremsen.

Die tippte sich an die Stirn. »Der ist doch nicht verrückt! Der weiß, was er tut, der hat sich alles lange vorher überlegt, ruhig und kühl. Das haben die Sachsen so an sich, ruhig und kühl, und der ist nicht ohne Grund Gauleiter von Sachsen geworden. Oder?« Sie wandte sich Herrn Münchmeyer zu, ihr Ton wurde drohend. »Oder?«

»Minchen«, sagte Herr Münchmeyer bittend, »die Herren –«

»Ah, ja«, sagte sie, »die neue Regierung.« Sie blickte Herrn Münchmeyer triumphierend an. »Weißt du, was der immer gesagt hat über die Regierung? Flaschen, hat er gesagt. Die ganze Regierung, nichts wie Flaschen! Nein, die kriegen ihn nicht. Und warum? Weil nämlich keiner weiß, wo er ist; und ich sag's auch nicht.«

Herr Münchmeyer atmete sichtlich auf.

»Eine Zigarette hätten Sie wohl nicht?« sagte Wolfram zu ihm.

»Aber bitte sehr!« sagte Herr Münchmeyer und ließ sein Etui aufschnappen; beide Seiten des Etuis waren bis zum Rand gefüllt. »Bitte sehr, bedienen Sie sich!«

Frau Mutschmann schien sich an etwas zu erinnern; ihr Auge heftete sich auf einen Punkt in irgendwelchen Fernen, und sie sagte, als hätte sie jemand gekränkt: »Nein, der ist nicht zu fett.«

Herr Münchmeyer wurde von neuem unruhig.

»Da gibt's welche«, sagte sie mit deutlicher Beziehung, »die behaupten, er wäre zu fett.« Sie hatte wieder den drohenden Ton in der Stimme. »Aber unter dem seinem Fett ist Muskel, der reinste Muskel. Und warum? Weil der nämlich ein Jäger ist. Ein Jägersmann!«

Sie erhob sich mühsam, stützte sich auf die Tischkante, hob die freie Hand zum Munde und sang durch die Rundung der Finger hindurch: »Halli, hallo, ein Jägersmann!«

Dann sank sie auf ihren Stuhl zurück, legte den Arm in die Kaffeelache und den Kopf auf den Arm und fing an, laut zu schluchzen.

»Da sehen Sie«, sagte Herr Münchmeyer, »sie ist nicht vernehmungsfähig.«

»Minchen«, sagte Frau Münchmeyer, »komm, ich bring' dich zurück ins Bett.«

Frau Mutschmann hob den Kopf, akzeptierte Frau Münchmeyers Spitzentüchlein und wischte sich die Nase. »Ihr«, sagte sie böse, »mit euren Erzgebirgsmänneln und eurem Geschnitz und Geklöppel, was wißt denn ihr! Aber der weiß. Der ist ein Jägersmann, halli, hallo, jawohl, und der kennt den Berg und das Hochmoor und jeden Steg dort und jeden Steig, und der weiß, wo ihn keiner sieht und keiner sucht, und sowieso kriegt ihr den nicht, lebendig nicht, lebendig schon gar nicht!«

»Sie wissen also, wo er ist, Frau Mutschmann«, sagte Wolfram.

Frau Mutschmann war fahl geworden unter ihrer Bemalung, in der die Tränen breite Spuren hinterlassen hatten, und sie schien plötzlich ausgenüchtert zu sein. »Ich weiß überhaupt nichts«, sagte sie, »und ich habe nichts gesagt. Ich habe meinen Mann seit Wochen nicht mehr gesehen, und wie kommen Sie eigentlich dazu, mich auszufragen, ich bin hier Gast im Hause und ich habe mich niemals politisch betätigt.«

»Er ist in seiner Jagdhütte oben am Fichtelberg«, sagte ich, »nahe bei Tellerhäuser.«

Wolfram war aufgestanden und hatte seine Serviette beiseite gelegt. »Herr und Frau Münchmeyer!« sagte er, »und Frau Mutschmann! In meiner Eigenschaft als das für Justiz zuständige Mitglied des Aktionsausschusses darf ich Sie ersuchen, dieses Haus nicht zu verlassen und sich uns zur Verfügung zu halten.«

Damit verbeugte er sich leicht und ging. Ich hätte das härter gesagt als er, aber er zog nun einmal die höflichen Formen vor.

16
Aufzeichnung Kadletz:
Der Fang

Anfänglich war mir das Verhältnis Max Wolframs zu dem stummen Mädchen nicht recht verständlich. Ich vermutete, ihrer Beziehung liege jene erste Begegnung der beiden zugrunde, während des großen Luftangriffs auf Dresden: er selbst hatte mir nach einer unserer morgendlichen Sitzungen erzählt, wie er damals zu sich kam, nachdem es ihm irgendwie gelungen war, den niederstürzenden Trümmern des brennenden Gefängnisses zu entgehen, und das Mädchen, das er dann Paula nannte, an seiner Seite fand; auf welche Weise sie dorthin gelangt war, und was vorgegangen sein mußte, um ihr die Sprache zu verschlagen, und was sie bewegt haben mochte, bei ihm auszuharren, bis er sein Bewußtsein wiedererlangte, dies alles vermochte er nicht zu sagen.

Ich nehme an, daß ich erst selber leiden mußte, an der Liebe leiden, bevor ich begriff, was ihn an diese Paula band: daß er einen Menschen gefunden zu haben glaubte, der noch verwundbarer war als er, eine Kind-Frau, die nun ihm das Gefühl geben konnte, wie sehr er gebraucht wurde; nur glaube ich nicht, daß sie ganz so hilflos war, wie sie sich gab; sie hatte eine Art, ihn trotz ihrer Sprachlosigkeit zu lenken und ihren Willen durchzusetzen, wo immer die Umstände es erlaubten.

So kam es, daß die Expedition, die sich auf die Suche nach dem Gauleiter Mutschmann begab, recht merkwürdig zusammengesetzt war: nämlich aus Wolfram als dem eigentlich Zuständigen und mir, der ich nun einmal in den Fall verwickelt war, und der stummen Paula, die sich durch keinerlei Vernunftgründe zurückweisen ließ, sondern durch unmißverständliches Mienenspiel und allerlei Handbewegungen und Kehllaute deutlich machte, daß sie Wolfram nicht gestatten würde, die Fahrt ohne sie anzutreten; an einem Punkt des

Gesprächs, wenn man das Wechselspiel von Rede und Gebärden als ein solches bezeichnen konnte, drohte sie sogar, sich vor den Beiwagen des Motorrads zu werfen, das abfahrtbereit vor der Tür stand, desselben Beiwagens, in dem ich Reinsiepe seinerzeit zu den sowjetischen Freunden in Annaberg gefahren hatte; inzwischen allerdings besaß Reinsiepe ein eigenes Dienstfahrzeug, eine zusammengeflickte Limousine mit Holzantrieb, in welcher er bald hier, bald dort auftauchte, chauffiert von einem mir unbekannten, auch nicht aus Schwarzenberg stammenden Genossen, der trotzdem aber Reinsiepes volles Vertrauen genoß.

Nun zu dem Ort Tellerhäuser. Das Gebiet um Tellerhäuser erstreckt sich entlang eines rasch dahinfließenden Gebirgsbachs und bildet eine Art Wurmfortsatz am äußersten südöstlichen Winkel des Landkreises Schwarzenberg; wenn Mutschmann sich also in der Nähe von Tellerhäuser aufhielt, befand er sich noch auf dem Territorium unserer Republik und war, vorausgesetzt, wir faßten ihn, unser Gefangener und nicht der der Russen, die am Hang des Fichtelbergs in dem nahen Kurort Oberwiesenthal saßen. Ich empfehle Ihnen, Sie machen sich einmal das Vergnügen, nach Tellerhäuser zu fahren, schon der reizvollen Landschaft wegen, obwohl sich auch dort manches geändert hat seit jenen Tagen. Damals bestand Tellerhäuser nur aus ein paar Bergbauernhütten, als deren stattlichste das Wirtshaus oberhalb des Baches, etwas abseits der Straße, gelten mochte und allenfalls noch der Hof des Bauern Uhlig, der, auf der Anhöhe dem Hochmoor zu gelegen, nur ein paar hundert Meter von der tschechischen Grenze entfernt lag. Nach Tellerhäuser gelangen Sie, von Schwarzenberg aus, durch die Ortschaft Rittersgrün hindurch, vorbei an einer Siedlung mit dem hübschen Namen Ehrenzipfel und am Fuße eines Berges entlang, der Höllenstein heißt; je höher Sie kommen, desto düsterer erscheint alles, links und rechts von Ihnen steigt der Wald auf, und ob nicht einer im Gestrüpp zwischen den Bäumen dort uns auflauerte, während wir über die von den Ketten der Wehrmachtsfahrzeuge zerfurchte Straße holperten, hätte niemand von uns dreien zu sagen gewußt.

Dennoch schien das Mädchen Paula die Fahrt zu genießen; sie hatte wohl auch keine Ahnung von den Gefahren am Wege. Wolfram hatte irgendwo einen Schal für sie aufgetrieben, knallgelb mit roten und grünen Querstreifen, an dem sie großen Gefallen fand, und nicht nur weil dieser Schal, um Kopf und Hals gewickelt, sie vor dem rauhen Fahrtwind schützte; mehrmals beobachtete ich, wie sie mit zärtlichem Finger über die Wolle strich und darauf glücklich vor sich hin lächelte.

In Tellerhäuser war alles still, auf der Straße keine Seele; dabei stieg der silbrige Rauch aus den Schornsteinen, die Leute waren also zu Hause, und daß uns keiner bemerkt haben und neugierig geworden sein sollte, erschien wenig wahrscheinlich. Oder herrschte Angst in dem Nest, eine Angst, die stärker war als jede Neugier? Angst vor wem also, doch nicht vor uns, die wir deutlich unbewaffnet waren?

Wolfram plädierte dafür, zu wenden und dem Schotterweg, der im spitzen Winkel von der Straße aus zum Wirtshaus führte, zu folgen: in der Gaststube würde sich schon jemand finden, den man befragen konnte. Ich befürchtete, daß sich in dieser Gaststube eher einer finden mochte, der, falls Mutschmann wirklich oben in seiner Jagdhütte war, nach unsern ersten paar Fragen sich dorthin aufmachen und ihn warnen würde. Und da ich aus den Erzählungen der Schwarzenberger Bauarbeiter, die Mutschmanns Luxushütte mitsamt dem bunkerartigen Gewölbe darunter errichtet hatten, die Lage des Baus ungefähr zu kennen glaubte, schlug ich vor, unser Vehikel auf dem nächsten Waldweg linkerhand der Straße abzustellen und den weiteren Aufstieg zu Fuß zu unternehmen.

Sie haben ja, wenn ich recht unterrichtet bin, am Krieg teilgenommen, allerdings auf der amerikanischen Seite; Sie werden also noch besser als ich, der ich nie Soldat geworden bin, die Stimmung kennen, die einen auf einsamer Patrouille beschleicht, jenes Gefühl im Nacken, daß der Feind überall ist und Sie plötzlich von der Flanke oder vom Rücken her überfallen wird; bei jedem Knacken eines vertrockneten Zweigs schrickt man zusammen, und alle paar Meter bleibt man stehen und lauscht: war da nicht ein Hüsteln gewesen, ein Raunen, ein Schritt? Dazu kam der vermaledeite Schal, der wie ein Leuchtzeichen war zwischen dem Braun des bodennahen Geästs; aber ich wollte nicht noch besorgter erscheinen, als ich war, und hatte nicht das Herz, Wolfram zu bitten, er möchte seiner Paula bedeuten, das Ding abzulegen; offenbar lag ihr auch jetzt jeder Gedanke an drohende Unbill fern, ihre Wangen waren gerötet, ihre Augen leuchteten, offenbar befand sie sich, auch wenn ihr aus mir nicht bekannten Gründen das Gehen streckenweise schwerzufallen schien und sie mitunter schmerzhaft zusammenzuckte, in einem Zustand der Euphorie: ein Landausflug in Gesellschaft des Mannes, der ihr alles bedeutete, welch Glück nach dem Schrecklichen, das ihr geschehen sein mußte.

Mit der Zeit jedoch tritt die Gewöhnung an die Stelle auch der größten nervlichen Spannung; außerdem erforderte der Anstieg alle Energien, die der chronisch unterernährte Körper aufbringen konnte. Ich wußte nicht, wie lange wir schon so geklettert waren; ich merkte nur, wie mir die Knie zitterten, und nahm an, daß es Wolfram und dem Mädchen, die beide in noch üblerer körperlicher Verfassung waren als ich, nicht besser erging. So hob ich die Hand. »Rasten wir eine Minute.«

Wolfram ließ sich auf einem gestürzten Baumstamm nieder. »Genosse Kadletz«, sagte er, »erzählen Sie mir jetzt bloß nicht, daß wir in der falschen Richtung gegangen sind.«

»Ich hoffe es nicht«, sagte ich, fühlte mich meiner Sache aber gar nicht sicher.

Wolfram wischte sich den Schweiß ab, der in dicken Tropfen auf seiner Stirn stand, und konstatierte, daß nichts hier auf eine nahe menschliche Behausung, ob Köhler- oder Jagdhütte, hindeutete. Plötzlich fuhr er auf. »Wo willst du denn hin? Paula!« Und noch einmal, dringlicher: »Paula!«

Paula scherte sich jedoch nicht um seine Rufe. Sie stapfte vorwärts, brach durch das dichte Unterholz, ihr Schal blieb an irgendwelchen Dornen hängen, sie riß sich los und stolperte weiter. Wolfram und mir blieb nur übrig, ihr so rasch wir konnten zu folgen. Und dann erblickten wir, zwischen den Baumstämmen hindurch, was das Mädchen in einer Art Traumbild erahnt haben mußte: eine schattige Waldlichtung, an ihrem Ende die Jagdhütte, die Fenster golden im Widerschein von ein paar Sonnenstrahlen, die Tür weit offen, so als müßte der Herr Gauleiter im nächsten Moment heraustreten, im grünen Jägerkleid, halli, hallo; das gamsbartverzierte Hütchen schief über der speckig glänzenden Stirn.

Aber niemand erschien. Aus der Ferne rief ein Kuckuck in die Lautlosigkeit hinein, ich zählte bis dreizehn. Inzwischen schritt Paula, leichtfüßig jetzt, als wäre die Lichtung mit den Bäumen ringsum eine Ballettbühne, auf die Jagdhütte zu; mir wurde angst und bange um sie und ich sah Wolframs verzerrtes Gesicht, die Augen weit aufgerissen, doch auch er wagte nicht, ihr ein drittes Mal zuzurufen, aus Furcht, er könnte Mutschmann, der sicher bewaffnet war, oder andere in der Hütte alarmieren. Dann, wie auf einen gemeinsamen Impuls, preschten wir beide los und hasteten hinter ihr her und langten fast gleichzeitig mit ihr bei der Tür an, in der sich immer noch kein Mensch zeigte. Ich schob Paula beiseite, wahrscheinlich brutaler als nötig, stürzte als erster in die Hütte hinein und brüllte, obwohl ich nichts bei mir hatte, um meinen Befehl Nachdruck zu verleihen: »Hände hoch!«

Keine Reaktion, kein Echo. Wolfram stieß mich an. Meine Augen hatten sich dem Halbdunkel angepaßt, und ich sah, worauf er deutete: auf den gedeckten Tisch, auf die Teller mit den nur zur Hälfte verspeisten Bratenscheiben, die Gläser mit den Bierresten darin, die Stühle, von denen zwei umgestürzt waren, als wären da welche in großer Eile aufgebrochen oder als hätte es da einen Streit gegeben, bei dem es zu Handgreiflichkeiten gekommen war. Paula kicherte. Sie griff nach dem Brot im Korbe, brach sich ein Stück davon ab, tunkte es in die Sauce in der Schüssel und begann, selbstvergessen zu kauen. Wolfram nickte in Richtung einer hölzernen Treppe, die steil abwärts führte, vermutlich hinunter in Mutschmanns Bunker. Ich mahnte flüsternd zur Vorsicht, aber nun war es Wolfram, der scheinbar ohne Bedenken mir voranging, bis er um eine Wendung der Treppe meinem Blick entschwand.

Dann, aus der Tiefe des Bunkers, ein Aufschrei.

Ich glitt aus auf den steilen Stufen und hatte Glück, daß ich mit dem Hintern zuerst unten landete und nicht mit dem Schädel.

»Hier!« rief Wolfram.

Ich richtete mich mühsam auf und erblickte im Schein des verflakkerten Kerzenstummels, zunächst nur schattenhaft, eine Gestalt, die unter einem Behälter, einem Faß wohl, zusammengesunken zu sein schien. Allmählich schälten sich Einzelheiten heraus, die Jägertracht mit den dunklen Flecken darauf, die Blut sein mochten; der Kopf des Mannes war nicht zu sehen. Wolfram kniete davor.

»Tot?« fragte ich.

Die Kerze verlosch.

Wolfram fluchte. Ich tastete mich die Wand entlang, stieß mir im Dunkel das Knie an einer Kante nach der anderen wund, bis ich mich in dem grauen Schimmer am Fuß der Treppe wiederfand und in Mannshöhe einen elektrischen Schalter entdeckte. Der funktionierte tatsächlich: irgendwo begann ein Aggregat zu surren, ein Ventilator pumpte Luft ein durch einen Schacht, und dann war auf einmal das ganze Gewölbe in ein gelbliches Licht getaucht, in dem sich, überdimensional, sorgfältig gestapelte Vorratskisten türmten und prall gefüllte Säcke und Riesendosen mit Aufschriften wie *Räucherschinken* und *Rindfleisch im eigenen Saft* und *Beste Molkereibutter;* es war wie ein versteinertes Schlaraffenland.

Wolfram, nach einem staunenden Rundblick, beugte sich wieder über den Grünbekleideten; seine Hand glitt ihm übers Gesicht; es war nicht zu erkennen, ob er dem Mann die Augen schloß oder die Lider anhob.

»Tot?« fragte ich ein zweites Mal.

»Besoffen«, sagte Wolfram. »Wie schon die liebende Gattin im Hause Münchmeyer.«

Er erhob sich und ich bekam endlich die gedunsene Visage des Betrunkenen zu sehen und das Idiotenlächeln, das um den halboffenen Mund lag. Nein, selbst wenn man einräumte, daß einer im Leben anders aussah als sein Abbild in der Zeitung, dies war nicht Mutschmann. Der Volksgenosse, der da über und über bekotzt dalag, war irgendein Forstmeister, einer von des Gauleiters Jagdkumpanei wahrscheinlich, der sich die gute Gelegenheit zunutze gemacht hatte.

Wolfram schien den Mann auch bereits vergessen zu haben; mit einer Handbewegung, die das ganze große Gewölbe einschloß, sagte er staunend: »Enorm!« Und dann: »Diese Säue!« Und wieder: »Enorm!«

Ich nahm dem Forstmenschen, der jetzt vor sich hin wimmerte, das Jagdmesser ab und suchte Wolfram klarzumachen, daß wir uns um all diese lieblichen Dinge erst später kümmern könnten; wir müßten hier fort, denn die da oben getafelt hätten, Gott weiß, was sie aufgestört hatte, dürften sich noch in der Nähe befinden, und unsere Hauptaufgabe sei nach wie vor, Mutschmann zu kriegen.

Wir lasen Paula auf, die am Fuß der Treppe wartete und an den Vorgängen anscheinend kein Interesse mehr nahm, durchsuchten noch einmal die Hütte oben, fanden aber nichts Wesentliches, und mußten nun entscheiden, wohin. Zurück ins Dorf, meinte Wolfram, nur dort könnten wir Weiteres erfahren, und außerdem dürften wir unser Motorrad mit dem Beiwagen, unser einziges Kommunikationsmittel, nicht derart lange unbewacht stehen lassen. Ich neigte dazu, ihm recht zu geben, aber, ob es nun an dem Licht lag, das sich verändert hatte, oder an meiner Nervosität, die mir den Blick schärfte, ich bemerkte auf einmal einen zweiten, sonst leicht zu übersehenden Pfad, der von der Hinterseite der Jagdhütte aus am Rand der Lichtung entlang in den Wald hinein führte.

»Wollen das doch noch prüfen«, sagte ich, obwohl ich den Verdacht hatte, daß wir an einer Müllgrube enden würden. Aber irgend etwas lockte mich, und Wolfram, der zunächst gezögert hatte, nahm das Mädchen bei der Hand, und während ich den Weg zwischen Stämmen und Gestrüpp verfolgte, hörte ich ihn manchmal hinter mir schimpfen. Wirklich sah es mehr als einmal so aus, als verlöre sich der Pfad, und nur ein paar geknickte Zweige wiesen darauf hin, daß hier einer vor uns dagewesen war, womöglich vor gar nicht allzu langer Zeit. Dann war in der Tat Schluß, auf einem kleinen Plateau, von dem aus der Fels steil abfiel. Eine weite Sicht bot sich auf den bewaldeten Gipfel um uns herum und auf das Wässerchen unten in der Schlucht, das von Stein zu Stein hüpfte, dessen Rauschen jedoch hier oben nicht zu vernehmen war. Sie werden solche Aussichtspunkte selber kennen, meistens stellt der Verkehrsverein dort eine Ruhebank auf, aber dieser war privat gehalten worden, wohl der privilegierten Stellung des Besitzers der Jagdhütte wegen.

Nun bin ich nicht schwindelfrei und gehe daher nie an den Rand eines Abgrunds; im Gegenteil, gewöhnlich suche ich sogar nach einer Barriere, auf die ich mich stützen kann, oder einem Pfahl oder Baumstamm, die mir als Halt dienen könnten, und da bot sich mir auch, rechts, ein etwa mannshoher Felsbrocken an, von Wind und Wetter zerschrundet. Diesem wandte ich mich zu.

Und sah den Schuh. Es war ein dickbesohlter Halbschuh mit breiter Lasche; die zugehörige Wade stak in einer buntkarierten Wollsocke; dann war noch ein Stück einer Knickerbockerhose aus braunem Cheviot-Stoff sichtbar.

»Wolfram!« sagte ich.

Vielleicht versagte mir auch die Stimme; jedenfalls behauptete er später, er habe keinen Laut von mir gehört, sondern das solcherart bekleidete Bein im gleichen Moment wie ich entdeckt, und sofort habe ihn eine böse Ahnung befallen. Und da ich, meiner Schwindelanfälligkeit wegen, mich nur langsam um den Felsbrocken herumtastete, war er, Paula dicht bei ihm, als erster an der Seite des Mannes, zu dem das Bein gehörte.

Meine Vorsicht war unnötig gewesen; es gab genug Platz jenseits des Felsens, etwa zwei bis zweieinhalb mit dürrem Gras bewachsene Meter im Geviert, genug für die drei Leichen, die da in den verschiedensten Posen lagen: der eine, in nächster Nähe, war zur Seite gerollt, das Gras mit seinem Blut verfärbend, und hatte sich im Sterben noch zusammengekrümmt wie ein Embryo; der Frau neben ihm, unter deren linker Brust ein dunkelgleißendes, schartiges Loch sich zeigte, war in den letzten Zuckungen der Rock zur Hüfte gerutscht, die seidenen Höschen, obszön wirkendes Rosa, waren beschmutzt, und sie hielt die Beine gespreizt, als sei sie im Tod noch vergewaltigt worden; und der mit den Knickerbockers, den Finger noch immer um den Abzug der Pistole gekrampft, besaß keine Schädeldecke mehr; über der Braue befanden sich nur Knochensplitter und Teile von Gehirn.

Auf ihn wies Paula mit spitzem Finger, und mir war, als kicherte sie wieder, aber ich mag mich getäuscht haben. Wolframs Gesicht war weiß wie Schreibpapier; im nächsten Moment, fürchtete ich, würde er sich übergeben, aber er beherrschte sich. Ich überwand meinen Widerwillen, kniete nieder bei den Toten und untersuchte zunächst die schwarzlederne Handtasche der Frau; es befand sich

Geld darin, eine unbeträchtliche Summe, ferner eine Photographie, die sie in elegantem Kostüm zeigte, zärtlich eingehakt in den Arm des Mannes mit der Knickerbocker-Hose, und mehrere Ausweise, deren einer, gezeichnet Rosswein, besagte, daß Fräulein Helma Goth als Sekretärin im Justizministerium in Dresden tätig sei. Ein blutverschmiertes Dokument in der Rocktasche des Embryos wies diesen als Regierungsrat Schramm, gleichfalls in Dresden, aus: derselbe Schramm wohl, dachte ich, den unser Landrat Wesseling in seiner Bedrängnis im Sporthotel in Oberwiesenthal angerufen hatte und der ihm keinen Rat mehr erteilen konnte, weil die sowjetischen Freunde gerade im Begriff waren, das Hotel zu besetzen. Schließlich, nachdem ich mir die Lunge voll Luft gepumpt hatte, machte ich mich an den ohne Schädeldecke heran.

»Den brauchen Sie nicht zu identifizieren«, sagte Wolfram. »Den kenn' ich.«

»Den kennen Sie?« Das halbe Gesicht verfolgte mich, und ich schluckte, um das Würgen in der Kehle loszuwerden.

»Der Mann heißt Benedikt Rosswein«, sagte Wolfram, »Doktor Benedikt Rosswein. War Ministerialdirektor im Justizministerium in Dresden und höherer SS-Führer. Als er noch Dozent an der Universität war, philosophische Fakultät, hat er meine Dissertation als jüdisches Machwerk abqualifiziert und verhindert, daß sie akzeptiert wurde. War übrigens eine ganz interessante Arbeit, eine Studie utopischer Gedankengänge im Hinblick auf mögliche soziale Strukturen der Zukunft. Dafür hat er mir dann, als ich bereits in der Todeszelle saß, das Leben gerettet. Wenigstens hat er mir das vor kurzem noch versichert, bei seinem Besuch in Schwarzenberg.«

»Er hat Sie aufgesucht?« fragte ich ungläubig. »In Schwarzenberg?«

»Und hat von mir verlangt, ich soll ihm Papiere verschaffen.« Reinsiepe wisse übrigens von der Sache, fügte er hinzu, Reinsiepe und der Dr. Rosswein seien einander begegnet.

Mehr teilte er mir nicht mit, und ich verzichtete auf weitere Fragen; wie immer die Unterredung zwischen den beiden verlaufen war, das Resultat lag vor Augen. Dennoch zwang ich mich, die Taschen des Toten zu durchsuchen. Ich fand Geld darin, in mehreren

Währungen, Ausweise, Notizen und, versteckt in einer Naht, eine kleine Gelatinekapsel mit einem weißlichen Pulver darin.

»Zeigen Sie mal«, sagte Wolfram.

Auch das Mädchen schien aufmerksam geworden zu sein; ich bemerkte die plötzliche Wendung des Kopfes, den Blick, der fast so etwas wie Interesse zeigte.

Ich zögerte.

Wolfram kam und nahm mir die Kapsel aus der Hand und betrachtete sie des längeren. Dann kratzte er sich am Kinn und sagte: »Merkwürdig. Wenn er das bei sich hatte, warum dann...«

Er beendete seinen Satz nicht. »Wieso merkwürdig?« verlangte ich zu wissen.

»In der Kapsel ist Zyankali«, sagte er. »Oder eine Mischung, in der genügend Zyankali enthalten ist, daß der Tod binnen Sekunden eintritt. Den höheren Herren ist das Zeug in den letzten Monaten ausgehändigt worden, hat mir der Gefängnispfarrer erzählt. Erspart ihnen das Warten auf den Henker.«

Ich wußte, was Wolfram durch den Kopf ging; er hatte lange genug auf den Henker gewartet. »Aber warum hat der Kerl sich dann erschossen, und noch dazu auf diese Art?« fragte ich, auch und gerade um Wolfram von seinen Gedanken abzubringen.

Er zuckte die Achseln. Es sei zu spät, sagte er mit einem Blick auf den zertrümmerten Schädel, sich den Kopf des Standartenführers Dr. Rosswein zu zerbrechen. Damit steckte er die Kapsel mit einer Selbstverständlichkeit ein, die keinen Zweifel daran ließ, daß er sie als seinen rechtmäßigen Anteil an der Hinterlassenschaft des Toten betrachtete; und da er mein Unbehagen, mehr noch, meine Mißbilligung spürte, lachte er auf, ein kurzes, gepreßtes Lachen, und sagte: »Keine Sorge, Freund Kadletz. Wenn ich bisher keinen Selbstmord begangen habe, werde ich's auch in der Zukunft nicht tun.« Und als hätte sie unseren Wortwechsel und alles, was darin mitschwang, bis ins Letzte verstanden, hängte das Mädchen Paula sich an seinen Arm und blickte mit solch rührender Sorge zu ihm auf, daß ich es vorzog, die Angelegenheit für jetzt nicht weiter zu verfolgen. Außerdem war es Zeit, daß wir uns aufmachten, diesen Mutschmann zu finden, der doch vermutlich, allein oder in Begleitung, an dem opulenten

Imbiß in der Jagdhütte teilgenommen hatte, bevor die ganze Gesellschaft sich Hals über Kopf auflöste.

Obwohl es bereits dunkelte unter den Bäumen, und obwohl Paula jetzt deutlich hinkte, ging der Abstieg rascher vonstatten, als ich erwartet hatte; auch fanden wir unser Motorrad mitsamt dem Beiwagen genau dort, wo wir das Gefährt stehengelassen hatten, unberührt und in fahrbarem Zustand. Im Wirtshaus dann, an dessen Tür wir lange und laut klopfen mußten, bis endlich die Riegel und Querbalken beiseite gezogen wurden, trafen wir nur den Wirt an; die Familie hatte sich wohl verkrochen, und der Mann selber war sichtlich verängstigt, die grauen Löckchen an seinem Hinterkopf waren klebrig von Schweiß, und er redete zuviel und zu hastig; ja, er sei total ausgeräubert worden, keinen Kanten Brot habe er im Hause, keinen Tropfen Bier, nichts, die ganze Zeit schon seit dem Ende der Kämpfe seien von Böhmen her die Versprengten der Heeresgruppe Schörner über die Grenze gekommen, durchs Hochmoor oben, beim Bauern Uhlig vorbei, und hätten wie die Heuschrecken alles kahlgefressen, und als wäre das nicht genug Schlimmes, zögen da auch noch die Banden herum, Fremdarbeiter meistens, aber Wehrmacht und SS ebenso, wir sollten uns nur vorsehen, schon der jungen Dame wegen, daß wir denen nicht in die Hände liefen, besonders nicht der Truppe eines Hauptmanns Stülpnagel, die schnitten den Leuten die Kehle durch und hausten wilder noch als die Russen drüben in Oberwiesenthal, nein, er tue seine Tür niemandem auf, freiwillig nicht, nicht einmal dem Gauleiter Mutschmann, wiewohl der doch ein mächtiger Mann gewesen, und hätte auch uns nicht geöffnet, wenn wir nicht dauernd gerufen hätten, daß wir vom Aktionsausschuß wären, was, wie er gehört habe, hier in der Gegend die neue Regierung sei, und er hoffe nur, daß wir endlich beginnen würden, Ordnung zu schaffen, damit das anständige, fleißige Volk, was wir Deutsche doch wären, nach all den Opfern wieder zu etwas käme.

Wolfram tippte ihm auf die Schulter. »Wann ist der Mutschmann denn bei Ihnen vorbeigekommen?«

Der Wirt geriet wieder ins Schwitzen, aber er schwieg.

»Wir haben nicht ewig Zeit«, mahnte Wolfram.

Endlich bequemte der Mann sich zu reden. »Vor einer Stunde ungefähr. Vielleicht auch nur dreiviertel.«

»Allein?«

Er nickte.

»Und wohin wollte er? In welcher Richtung ist er gegangen?«

Der Mann überlegte; wahrscheinlich wog er in seinem dumpfen Gehirn die alte Macht ab gegen das noch leichte Gewicht der neuen und wünschte nur, er hätte sein redseliges Maul gehalten oder uns die Tür gar nicht erst aufgemacht.

»Wird's bald?« sagte Wolfram.

Der Mann wies vage zu dem Hang hin, wo der steinige Weg zum Gehöft des Bauern Uhlig und zum Hochmoor hinaufführte.

»Warum nicht gleich«, sagte Wolfram.

Der steile Hang, den wir hinauffahren mußten, lag bereits im Abendschatten; nur der grellbunte Schal, den Paula sich wieder um Kopf und Schultern gezurrt hatte, leuchtete. Ich fror plötzlich, aber das waren die Nerven. Das Tal unter uns sank ins Dunkel, wir wurden durchgerüttelt, die Maschine keuchte und knatterte und drohte vor jeder Kurve der Serpentine zu versagen, aber endlich erreichten wir den Kamm doch, und hinter ein paar windzerzausten Bäumen kam das vielgeflickte Dach eines Bauernhauses in Sicht.

Noch heute erinnere ich mich des Bildes, das sich uns bei der Einfahrt in den Hof bot, bis in die Einzelheiten. Über der Eingangstür zum Haus befand sich, wohl als Schutz gegen den Winterschnee gedacht, ein kleines Vordach, das von zwei blütenumrankten Kanthölzern abgestützt war; diese Blüten in ihrer Frühlingspracht erschienen unwirklich gegen das stumpfe Grau der Gesichter, die die Bäuerin unter dem Vordach umdrängten. Die Bäuerin erklärte mit keckernder Stimme, es käme ihr keiner ins Haus; die Leute sollten sich endlich wegscheren; auch wenn sie noch so lange marschiert wären, durch ganz Böhmen hindurch und noch weiter, und weggelaufen vor den Tschechen, die Stube wäre eben besetzt, und basta.

Besetzt, von einem einzigen Mann! Empörung loderte auf, die Empörung von Menschen, die nur wußten, daß sie endlich über die Grenze gelangt und in der Heimat waren, und die nun ausruhen wollten, eine Nacht hindurch wenigstens und mit einem Dach überm Kopf. Wer war denn der Kerl dort in dem Haus, daß er eine ganze Stube für sich allein beanspruchte, während sie ihren Hintern ins Freie halten konnten: ein General vielleicht?

»General!« kreischte die Bäuerin, »General, ha! Mehr, viel mehr als ein General war der!«

Das Murren wurde leiser, verstummte. Ihre Armee zerbrochen, ihre Waffen verloren, ihre Füße wund, standen sie im Geiste immer noch stramm.

Und außerdem, plärrte die Frau, werde der in der Stube jeden erschießen, der es wagte, das Haus zu betreten, aber vorher noch ihren Mann, den armen Krüppel, der ihn bedienen mußte von vorn und hinten, trotz seinem Hinkebein, und ihm heißes Wasser bringen und ihn abseifen und abreiben und abtrocknen und was nicht noch.

Ich beriet mich mit Wolfram. Der Herr Gauleiter saß in der Falle, kein Zweifel, aber wie ihn greifen, besonders da keiner wußte, auf wessen Seite, wenn es hart auf hart kam, sich diese geflüchteten Soldaten schlagen würden, die nun, scheinbar apathisch, auf der nackten Erde hockten und Paula und Wolfram und mich anstarrten, als stammten wir von einem anderen Planeten; und ich bedauerte, daß ich mich gescheut hatte, den Finger des Dr. Benedikt Rosswein vom Abzug seiner Pistole zu lösen und die Waffe an mich zu nehmen.

»Die Freunde«, sagte Wolfram, übrigens ganz ohne Ironie, obwohl er sich der Reinsiepeschen Ausdrucksweise bediente, »die Freunde in Oberwiesenthal!«

Es war das Nächstliegende. Oberwiesenthal würde man, auf dem Motorrad, in höchstens einer Viertelstunde erreichen können; die Frage war nur, wer von uns beiden hinfahren und mit den sowjetischen Genossen verhandeln sollte und wer hier blieb, um die Situation möglichst unter Kontrolle zu halten, bis Hilfe eintraf; und dieser Frage untergeordnet, aber doch bedenkenswert: wo war Paula besser aufgehoben, hier, inmitten dieser demoralisierten und offenbar feindselig gestimmten ehemaligen Schörner-Leute, oder drüben bei den Freunden, deren Truppen, wie uns immer wieder zu Ohren gekommen war, der deutschen Frauenwelt gegenüber nicht eben Hemmungen hatten. Das Problem löste sich jedoch sehr einfach: Wolfram konnte nicht Motorrad fahren; weder wüßte er, wie man das Ding in Gang setzte, erklärte er, noch wie man es in Gang hielt, und er ermahnte mich zur Eile, da die Nacht bald einsetzen werde. Ich erspare Ihnen die zum Teil ganz lustigen Details meiner Unterredung mit den sowjetischen Dienststellen in Oberwiesenthal; genug, ich hatte es dort mit nicht nur einem Vertreter der Besatzungsmacht zu tun, sondern mit einer ganzen Reihe von ihnen. Sie übergaben mich einer immer der nächsthöheren Charge, bis der Ranghöchste endlich zu dem Telephon auf seinem Schreibtisch griff und mit einer offenkundig außerhalb Oberwiesenthals befindlichen Instanz sprach. Nach ein paar, natürlich russischen Sätzen, aus denen ich nicht nur den Namen Mutschmann, sondern auch meinen eigenen heraushörte, reichte der Offizier mir zu meiner Überraschung den Hörer und sagte: »Poschalujsta!«

»Genosse Kadletz?« Die Stimme am anderen Ende des Drahtes erschien mir bekannt. »Hier spricht Major Bogdanow.«

Es war tatsächlich jener Major Bogdanow, der bei unserem Besuch in Annaberg dem Gespräch beigewohnt hatte, das Reinsiepe und ich mit Kapitän Workutin führten und an das ich nicht denken kann, ohne daß mir zugleich die Erinnerung an Tatjana das Herz beschwert. Bogdanow begriff sofort, wie wichtig es war, daß uns sowjetische Stellen bei unserm Unternehmen Hilfe leisteten; nur leider, sagte er, da das besondere Territorium Schwarzenberg bekanntlich außerhalb der sowjetischen Besatzungszone läge, sei es ihm nicht möglich, ohne Genehmigung höheren Orts, die einzuholen ziemliche Zeit in Anspruch nehmen würde, Truppen, selbst in kleiner Zahl, zu entsenden; und da die Sache keinen Aufschub dulde, werde er veranlassen, daß mir Personal der Polizei von Oberwiesenthal zur Verfügung gestellt würde.

Und wirklich meldete sich nach einer kurzen Weile, stramm vor dem russischen Offizier salutierend, in dessen Dienstzimmer ich warten durfte, ein Hauptwachtmeister Liebstöckel zur Stelle, ein schon älterer Mann mit zahnbürstenartigem Schnurrbärtchen unter der dumpfen Nase; er trug die Uniform, die er seit je getragen hatte, nur war das Hoheitszeichen am Tschako von Hand verändert, und eine dunklere Stelle auf dem Tuch über der Brusttasche zeigte an, wo das Hakenkreuz-Insignium sich vor kurzem noch befunden hatte. Hauptwachtmeister Liebstöckel erklärte, er habe weitere drei Mann bei sich und erwarte Befehl. Der russische Offizier verwies ihn stumm an mich, und ich erkundigte mich, ob er ein Fahrzeug zur Verfügung habe, und Liebstöckel sagte, ja, einen Pkw mit Holzfeuerung, und ich ordnete an, er möge mit seinen Leuten einfach hinter mir herfahren.

Bewaffnet waren die vier, dessen hatte ich mich versichert; sie trugen Pistolen und hatten Polizeiknüppel bei sich; aber ob sie auch schießen würden, wenn nötig, und gar auf den Gauleiter, der neben dieser Würde auch noch das Amt des Obersten Polizeibefehlshabers in Sachsen innegehabt hatte, das erschien mir noch sehr die Frage zu sein, und diese Frage beschäftigte mich während nahezu der ganzen Rückfahrt. Was würde sich in Tellerhäuser, wo keine Russen mehr standen und nur Wolfram und ich eine Regierungsmacht vertraten, von deren Wesen die vier in dem hinter mir her puffenden, stinkenden Gefährt nur geringe oder gar keine Kenntnis haben konnten, als stärker erweisen: deutsche Treue oder deutscher Gehorsam?

Auf dem Hof des Bauern Uhlig hatte sich äußerlich nicht viel verändert; der halbwüchsige Sohn des Bauern, berichtete Wolfram, habe das Vieh heimgetrieben und in den Stall gebracht, ein paar magere Kühe, die übrigens von den Soldaten nicht angetastet worden wären und die jetzt von der Bäuerin gemolken würden; Paula befinde sich bei ihr im Stalle, in der Wärme, und habe einen großen Becher Milch geschenkt erhalten. Aber man spürte, daß etwas in der Luft lag; selbst die Soldaten ahnten es; sie hatten ein Feuerchen angezündet, um das herum sie lagerten und der Dinge harrten, die da kommen sollten.

Ich nahm Liebstöckel beiseite und instruierte ihn: er sollte mit seinen Leuten die Haustür einbrechen; ich würde als erster hineingehen, während sie, auf dem Fuße folgend, mir Feuerschutz gaben gegen den bewaffneten Mann in der Stube, der außerdem noch den Bauern in seiner Gewalt hatte; ich wollte diesen Mann jedoch, so betonte ich, lebend haben, verstanden?

Liebstöckel verstand; sein Blick war unruhig geworden, und ich sah, daß er drauf und dran war, mich zu fragen, wer denn der Mann da in der Stube wäre; aber ich wandte mich um, bevor er etwas sagen konnte, und schritt auf das Haus zu, Liebstöckel und seine drei Leute so dicht hinter mir, daß ich ihren Atem hören konnte in der Stille, die jetzt herrschte.

Die Tür gab nicht beim ersten Stoß nach; der Bauer hatte solid gebaut. Auch beim zweiten Anlauf hielt die Tür noch stand, und ich überlegte mir schon, ob ich Liebstöckel anweisen sollte, das Schloß zu zerschießen, aber da kam einer der Soldaten herbeigeschlurft, ein Hüne von Mann mit einem Gorillagesicht und überlangen Armen; der trat, ohne ein Wort zu sagen, die Tür ein.

Mit zwei Schritten war ich in der Stube: der Bauer und Mutschmann saßen einander gegenüber am Tisch; sie hatten Karten gespielt, der Bauer hatte die seinen vor Schreck fallen lassen, Mutschmanns lagen vor ihm auf dem Wachstuch, neben seiner Pistole; er hatte ein gutes Blatt gehabt, drei Asse und zwei Könige. Er wirkte noch stiernackiger als auf seinen Photos, vielleicht gerade weil er in Zivil war; seine Augen, wasserhell und nichtssagend, waren entzündet.

Endlich stand er auf und griff nach seiner Pistole, aber seine Hand zitterte. »Liebstöckel!« sagte er mit einem schiefen Blick auf mich, »was will der Kerl hier?«

Liebstöckel nahm Haltung an. »Er will, daß Sie mitkommen, Herr Gauleiter.«

»Liebstöckel!« sagte Mutschmann, »ich bin ein gutmütiger Mensch, das wissen Sie. Aber Sie wissen auch, was passiert, wenn bei mir einer nicht spurt. Führen Sie den Kerl ab. Und sorgen Sie für Ruhe und Ordnung da draußen. Abtreten!«

Liebstöckel rührte sich nicht.

Mutschmann richtete den Lauf seiner Pistole auf mich, im Schein der Petroleumlampe war das kleine schwarze Loch, aus dem der Tod kommen würde, deutlich zu sehen, und ich dachte, wie blöd, alles überstanden zu haben, die Naziherrschaft, den Krieg, und nun das hier, und von der immer noch zitternden Hand dieses lächerlichen Provinzsatrapen.

»Nicht daß ich«, hörte ich Liebstöckel wie aus weiter Ferne sagen, »nicht daß ich je vergessen würde, Herr Gauleiter, was Sie immer für die Kameraden von der Polizei in Oberwiesenthal und Tellerhäuser getan haben, dienstmäßig, und dazu jedes Jahr die Weihnachtsgeschenke für die Familie; aber es ist eine andere Zeit gekommen, und die Befehle erteilen jetzt andere Stellen, und Pflicht ist Pflicht, das haben Sie auch selber stets betont.«

»Geben Sie Ihre Waffe her, Mutschmann«, sagte ich.

Er starrte mich an, als habe er jetzt erst begriffen, daß sich tatsächlich etwas verändert hatte. Dann setzte er sich wieder hin und schüttelte, als suche er Unbegreifliches einzuordnen, langsam den Kopf. Der Bauer goß Schnaps ein und schob das Glas quer über den Tisch. Mutschmann legte seine Pistole zur Seite, griff nach dem Glas und trank.

Ich nahm die Pistole und steckte sie ein.

»Aber nicht zu den Russen!« sagte er in plötzlicher Panik. »Nicht zu den Russen!«

»Sie werden vor Gericht gestellt werden«, sagte ich. »Es gibt da internationale Bestimmungen. Das Weitere wird Ihnen von dem für Justiz zuständigen Mitglied des Aktionsausschusses von Schwarzenberg mitgeteilt werden, der draußen auf Sie wartet.«

Ich weiß nicht, ob Mutschmann, der mir jetzt widerstandslos folgte, meine Erklärung verstanden hatte; er schien in eine Art Stumpfsinn verfallen zu sein und gab auf die Fragen, die Wolfram ihm stellte, nur spärliche Antworten; erst als der sowjetische Jeep, laut hupend, auf den Hof gefahren kam, schrak er zusammen, stürzte zu mir hin und klammerte sich keuchend an meinen Arm und ließ nicht locker, bis ich ihn, mit Hilfe des Hauptwachtmeisters Liebstöckel, mit Gewalt wegstoßen konnte.

Dem Jeep entstieg Kapitän Workutin. Workutin erkannte mich sofort, ja, er schien mich gesucht zu haben, denn er kam schnurstracks auf mich zu, hieb mir auf die Schulter und begrüßte mich, wobei sein schwerer Akzent die gewollte Herzlichkeit noch unterstrich. »Der Genosse Kadletz! Erfolg gehabt, sehe ich, ja? Und wo ist der Gefangene? Ah, da ist er ja, und unter sicherer Bewachung, hoffe ich? Und wer ist dieser Genosse?«

Ich stellte Wolfram vor, erwähnte etwas von langer Zeit in der Todeszelle und von Abteilung Justiz im Aktionsausschuß, und daß Wolfram nun verantwortlich wäre für das, was mit dem Gefangenen zu geschehen habe.

»Werden wir sehen!« rief Workutin jovial. »Werden wir alles sehen!«

Darüber, was wir zu sehen bekommen würden, ließ er sich allerdings nicht näher aus, wenigstens im Moment nicht. Seine Aufmerksamkeit galt auch nicht mehr uns und auch nicht dem Gefangenen, sondern Paula, die, ohne daß mir's bewußt geworden wäre, sich Wolfram wieder zugesellt hatte und die nun, mit scheuem Lächeln, auf Workutin zutrat, den rechten Fuß hinter den linken plazierte und einen tiefen Knicks vor dem Kapitän machte, wobei sie den Kopf ein wenig schief legte und mit einem Ausdruck so voller Vertrauen zu ihm aufsah, daß es mir ins Herz schnitt.

»Das Fräulein«, sagte Workutin, »ist vom Theater? Vom Ballett gar? Ich bin ein großer Freund von Ballett. Bolschoi! Ich besuche immer das Bolschoi, immer wenn ich in Moskau bin. Vielleicht sehe ich das Fräulein auch einmal im Bolschoi, auf der Bühne?«

Paula bewegte die Lippen, vergeblich.

»Das Fräulein«, sagte Wolfram, »ist leider nicht imstande, Ihnen Auskunft zu geben. Schock, wahrscheinlich.«

»Ah so, Schock«, sagte Workutin. »Sehr traurig. Aber was tut sie dann hier?« Und da Wolfram, wie auf einen Impuls hin, schützend neben sie trat, grinste er verständnisvoll. »Ich sehe. Das für Justiz zuständige Mitglied des Aktionsausschusses der Republik Schwarzenberg hat ein Herz für die Mühseligen und Beladenen!« Womit er Paula beide Hände auf die Schulter legte, diese kurzen, sommersprossigen Hände, und das Mädchen an sich zog und auf beide Wangen küßte, laut schmatzend, so als wäre sie einer seiner Offiziere. Dann, mit großzügiger Geste, schob er sie Wolfram in die Arme, wandte sich Liebstöckel zu und rief: »He, du da – den Gefangenen her zu mir!«

Liebstöckel gehorchte.

Workutin betrachtete den schwitzenden Mutschmann von oben bis unten und bemerkte schließlich: »Schöne Stiefel, das. Jagdstiefel, was? Warst ein großer Jägermeister, Gospodin Gauleiter, ja? Aber jetzt kommst du mit. Nein, nicht mit dem« – das bezog sich auf mich – »mit mir. Paschli!« Er sah, daß ich zum Widerspruch ansetzte, und wehrte mit herrischer Handbewegung ab. »Genosse Kadletz«, sagte er, »*wir* haben den Krieg gewonnen. Oder?«

17
Militärisches Zwischenspiel

Ganz ähnlich den anderen Institutionen der Armee, hat auch die amerikanische Militärregierung (abgekürzt: AMG) den dienstlichen Leerlauf zur hohen Kunst entwickelt. Da ist eine Vielzahl von Berichten abzufassen über die Lage im Bezirk, die wirtschaftliche, die geistige, die politische, und über die segensreiche Wirkung der von den höheren Stellen der AMG angeregten Aktionen auf diese Lage, statistische Erhebungen sind anzufertigen über das Aufkommen an Lebensmitteln und anderen Gütern sowie über Handel und Wandel im allgemeinen und die erwünschte Wiederaufbautätigkeit, über den Gesundheitszustand der Bevölkerung und deren medizinische Versorgung, über Verkehrsmittel und Beförderungsleistung, letztere aufgeschlüsselt nach Kilometern pro Person und Tonne, im Bezirk selbst und außerhalb desselben, Erkundungen sind einzuziehen über die Aktivität nationalsozialistischer und anderer subversiver Gruppen, unter spezieller Berücksichtigung von Einflüssen aus der sowjetisch besetzten Zone (abgekürzt SBZ) und in Hinsicht auf eine mögliche Verschiebung und neue Grenzziehung der alliierten Besatzungszonen, wobei das besondere Augenmerk von AMG zu richten sei auf Personen (German Nationals) in Schlüsselpositionen, technischen wie administrativen, unter Inaussichtstellung einer eventuellen Übersiedlung dieser Personen, samt Familie und beweglichem Besitz, in die US Zone of Occupation (abgekürzt: USZO). Befolgte einer all diese Anregungen, Anforderungen und Anordnungen im Ernst, er hätte, obwohl er mitunter gewichtige Entscheidungen zu treffen hat, kaum je die Zeit zu ruhigem, geschweige denn schöpferischem Nachdenken. Lieutenant Lambert hilft sich, indem er den ganzen täglich einkommenden mimeographierten Wust, der ihn auf dem Umweg über Captain Woodruff erreicht und von diesem mit Bemerkungen wie *Action!, Speedy Ac-*

tion! oder auch *Immediate Action!,* in einigen Fällen sogar mit der Aufforderung *Special – Rush!* versehen ist, an Sergeant Whistler weitergibt; Whistler weiß dann, so er nicht gerade in seiner Eigenschaft als Begutachter von Kunstgegenständen unterwegs ist, mit geübtem Blick zu bestimmen, welches der routinemäßig mit *From* (Absender), *Over* (Dienstweg) und *To* (Adressat) markierten Dokumente auf der Stelle in den Papierkorb wandern kann, welches abzulegen ist für den Fall, daß irgend jemand auf die Idee käme, in der betreffenden Angelegenheit nachzufragen, und welches einen gewissen Grad von *Action,* wenn auch unter keinen Umständen *Speedy* oder *Immediate* oder gar *Rush,* erfordert. Nur so, meint Lambert, kann einer in diesem Dienst überhaupt zur Selbstbesinnung gelangen.

Und sich auf sich selber besinnen, sich klar werden über die Vorgänge in den tieferen Lagen seiner Psyche, das, glaubt er, braucht er jetzt unbedingt. Was nützen die Masken, denkt er, die man sich vors Gesicht hängt, etwa die des großmächtigen Vertreters der großmächtigen Besatzungsmacht, die Sprechblase voll großmächtiger Worte zwischen den gestrengen Lippen hervorquellend: irgendwie verrät der Mensch sich doch, seine Ängste, seine inneren Konflikte, seine Schuldgefühle. Wie war er dazu gekommen, den Leuten dort im Rathaus zu Schwarzenberg zu sagen: bin ich meines Bruders Hüter? Und sich dann anhören zu müssen, und noch dazu von dem Träumer, dem Wolfram: Ja, genau das?

Lambert betrachtet Whistler, der schon seit einiger Zeit dasitzt, die Füße in den verkrusteten Stiefeln auf der Platte des Schreibtischs, den Stuhl nach hinten gekippt, so daß das gesamte Gewicht der langen Knochen auf den zwei hinteren Stuhlbeinen lastet. Schließlich fragt er: »Was auf dem Herzen, Sergeant?«

Whistler schiebt seinem Lieutenant ein paar Papiere zu, jene eben, in denen von einer möglichen Veränderung der alliierten Besatzungszonen die Rede ist und von gewissen, noch zu bestimmenden Personen, die, ihre Übereinstimmung vorausgesetzt, in die amerikanische Zone umzusiedeln wären. Lambert sucht nach dem üblichen Vermerk Captain Woodruffs, aber nichts der Art ist zu finden, vielleicht hält der Captain die Sache für nicht gar so wichtig, oder er hat, beansprucht wie er ist von realeren Sorgen um Eß- und Trinkbares für seinen Trupp, die Bedeutung der Geschehnisse, die da anlaufen sollen, übersehen.

»Und«, Lambert, den ein Gefühl des Unbehagens überkommen hat, räuspert sich, »was meinen Sie dazu, Whistler?«

Er erwartet, daß er, wie bei ähnlichen Gelegenheiten auch, hören wird, jener sei nur ein kleiner Sergeant. Whistler aber läßt sich nach vorn fallen, so daß sein Stuhl wieder auf vier Beine zu stehen kommt, und sagt: »Da wird's wohl bald ein Ende haben mit unserer kleinen Republik.«

»Wieso unserer?« sagt Lambert, sofort in der Defensive, denn er wittert, daß ihm da eine Verantwortung zugeschoben werden soll.

Whistler, vielleicht reagiert er immer so in schicksalhafter Stunde, hat plötzlich eine Silbermünze in der Hand und läßt sie spielerisch von Finger zu Finger gleiten. »Waren schließlich meine 25 Cents«, sagt er, »oder?« und legt das Geldstück, stummer Beweis des geschichtlichen Vorgangs, vor sich auf den Schreibtisch.

Bin ich meines Bruders Hüter, denkt Lambert wieder; er hat sich losgesagt von denen in Schwarzenberg, die Kerle haben auch nur an sich selber gedacht und ob er ihnen zu fressen verschaffen wird, und alles andere ist ihnen gleichgültig geblieben. Und in diesem Moment wird es ihm siedend heiß auf Stirn und Wangen: eine neue Grenzziehung der Besatzungszonen und Verschiebung der amerikanischen, und zwar, wie die Anweisung andeutet, nach Westen, das heißt zugleich, daß seine schon jetzt minimale Chance, die Spur Esthers je aufzugreifen, gänzlich zerflattern wird; die Schuld, die er trägt, wird nicht mehr aufzuheben und nicht zu sühnen sein, und er wird sie mit sich herumschleppen müssen bis an sein Lebensende, denn Kain ist nicht nur, wer den Arm erhebt gegen Abel, Kain ist auch, wer es versäumt, schützend hinzutreten vor Abel, und wer schweigend zusieht, wie Abel erschlagen wird von anderen.

»Und wen würden Sie mitnehmen aus unserer kleinen Republik, Sir«, fragt Whistler in einem Ton halb spöttisch, halb gelangweilt, »bevor die Russen dort einziehen?«

»Die Anweisung«, sagt Lambert, »spricht ausdrücklich von Besatzungszonen; Schwarzenberg aber ist ein selbständiges Gebiet.«

Sergeant Whistler, verärgert ob soviel Verständnislosigkeit, echter oder gespielter, nimmt sich eine von Lamberts Zigaretten, steckt sie zwischen die Lippen und zündet sie an, nachdem er ein loses Tabakblättchen von seiner Zunge entfernt hat. »Und die russischen Tanks«, fragt er endlich, »werden einen Bogen um das geheiligte Territorium machen? Woher denn die gerühmte Unabhängigkeit, wenn nicht aus meiner Tasche? Und weil, vielleicht erinnern Sie sich an die Karte, die wir damals vor uns hatten, dies winzige Dreieck Land mit der einen Tangente die sowjetische, mit der anderen unsere Zone berührt. Ich bin kein Geschichtsphilosoph, Sir, und auch von der Kunst verstehe ich so gut wie nichts, aber das weiß ich, daß ein Machtvakuum nur dort sich bilden kann, wo zwei Mächtige einander gegenüberstehen.«

Whistler, denkt Lambert, ist um so unverschämter geworden, je mehr Freiheiten ich ihm gestattet habe. Aber leider ist Lambert selbst zur Zeit in ein solches Gewirr widersprüchlicher Gefühle verstrickt, daß er sich gerade wegen des unterkühlten Gemüts, das der Mann offenbar besitzt, irgendeine Hilfe von ihm erwartet und ihn daher gewähren läßt.

»Ich mache Ihnen einen Vorschlag, Sir«, sagt Whistler und bläst Rauch durch die Nase. »Wir holen diesen Menschen, diesen Wolfram, heraus und das Mädchen, das er bei sich hat, Paula oder Justine oder wie immer sie heißt. Ich habe den Eindruck, die beiden sind bei uns besser aufgehoben als bei den Russen. Und wir tun das auf möglichst unauffällige Weise. Am besten fahre ich alleine hin, das dürfte das geringste Aufsehen erregen.«

Dies nun geht Lambert absolut gegen den Strich. Wenn schon Rettungsaktion, denkt er, dann nicht ohne mich, außerdem, was sind ein oder zwei Menschen in diesem Spiel; und korrigiert sich sofort, für die Psyche des einzelnen, seine zum Beispiel, wäre sogar ein Einzelerfolg, ein bestimmter, von entscheidender Bedeutung; dennoch müßte sich da auch Größeres erreichen lassen, spekuliert er und sieht plötzlich, daß er doch wieder Interesse empfindet für das Zufallsgebilde Schwarzenberg, nun aber aus Gründen, die jeglichen Eigennutzes bar sind, eine seinem belasteten Herzen höchst wohltuende Erkenntnis.

»Sie und ich, Sergeant Whistler, wir werden noch einmal eine Tour nach Schwarzenberg unternehmen«, sagt er und legt, des Effekts wegen, eine kurze Pause ein. »Und von dort aus weiter, hinüber zu den Russen. Es gibt Fragen allgemeiner wie spezifischer Natur, die sich nur gemeinsam mit ihnen lösen lassen.«

Whistler erscheint skeptisch. »Ohne Befehl?«

»Haben Sie Angst?« lächelt Lambert. »Möchten Sie lieber hier bleiben?«

Whistler hat die 25-Cent-Münze noch immer vor sich liegen. Jetzt greift er nach ihr und hält sie, auf offener Handfläche, Lambert hin. »Kopf, wir fahren«, sagt er, »und Sie erreichen, was Sie so dringend ersehnen.«

»Und Wappen?« sagt Lambert.

Doch da glitzert das Silber schon durch die Luft. Das Geldstück landet aber nicht, wie Lambert erwartet hat, auf der Tischplatte, sondern auf dem Teppich unten, und im nächsten Augenblick hat Whistler seinen schmutzigen Stiefel darauf gestellt.

»Nun?« fragt Lambert, ohne besondere Unruhe zu zeigen.

»Es ist unwichtig«, sagt Whistler. »Wir fahren.«

18

Aufzeichnung Kadletz:
Philatelistisches und andere Erkenntnisse

Ich bin, wie Sie wohl bemerkt haben werden, kein Mensch, der seine Gefühle zur Schau trägt; nur die Genossen Kiessling und Vieweg ahnten, was nach der Trennung von Tatjana in mir vorging: der letztere, weil ich ihn wiederholt befragte, ob er denn nach der Ankunft des Zuges in Annaberg, bei den Freunden, nicht wenigstens ein paar Worte mit ihr zu wechseln Gelegenheit gefunden hätte. Außerdem mochte Reinsiepe, der mit stets geschärftem Blick alles beobachtete, was um ihn herum vorging, sich über mein Innenleben seine Gedanken gemacht haben.

Insofern waren Verfolgung und Fang des Gauleiters Mutschmann, an denen ich bekanntlich beteiligt war, eine nützliche Ablenkung gewesen; noch wichtiger in dieser Hinsicht jedoch war die Routinearbeit des Aktionsausschusses, an der ich mich gerade während meiner inneren Krise mit Hingabe beteiligte. Was das Administrative betrifft, so war ich allerdings nur Dilettant, besonders im Vergleich zu dem Genossen Viebig; der gehörte zu denen, die da viel klarer sahen als ich und deren Vorschläge entsprechend praktikabler waren als meine.

Ich glaube, ich habe bereits erwähnt, daß der Postangestellte Bernhard Viebig, ein ruhiger, unauffälliger Mensch, wie man sie bei zufälliger Begegnung leicht übersieht, alter Sozialdemokrat war. Logisch, daß ihm im Rahmen des Aktionsausschusses das Postwesen unterstellt wurde, und da Post und Verkehr sozusagen ein Fachgebiet bilden, war es nur konsequent, daß die Eisenbahn gleichfalls in den Bereich seiner Zuständigkeit fiel. Loyal unterstützt von einer Anzahl zumeist ältlicher Bahnbeamter, darunter Lokführer, Rangiermeister und Reparaturschlosser, entledigte er sich auch dieser zusätzlichen Aufgabe auf recht kompetente Weise; ein zwar noch unregelmäßiger Zugverkehr zwischen Schwarzenberg und den Städten Aue und Johanngeorgenstadt wurde aufgenommen, und es war sogar von Plänen die Rede, den Personen- und Güterverkehr nach Auerbach in der amerikanischen Zone und nach Annaberg in der sowjetischen wieder aufzunehmen; und wie sehr er mir bei der Zusammenstellung und Abfertigung des Zwangsarbeitertransports, der zu meinem Ressort gehört hatte, behilflich gewesen war, das wissen Sie ja.

Ich habe mich manchmal gefragt, warum gerade ehemalige Sozialdemokraten zur Verwaltungsarbeit tendieren, und hier wiederum zum Wirtschafts- und Sozialwesen, und ich nehme an, das kommt daher, daß in ihnen noch etwas nachwirkt von dem in den Anfängen der Arbeiterbewegung so prävalenten Drang, dem leidenden Proletariat direkt und praktisch zu helfen; die weiter links stehenden Gruppen, besonders wir Kommunisten, haben eher Fernziele im Auge, weitreichende Projekte weltverändernder Natur, und unser Ziel ist es, den Menschen revolutionäre, um nicht zu sagen utopische Gedanken einzuimpfen, die, wenn überhaupt, erst in der langen Perspektive zu verwirklichen sind und daher im Alltag, wo es um Bier und Wurst geht, weniger ins Gewicht fallen. So war Viebig es gewesen, der anregte, man möge die Waggons des Transports mit Stroh auslegen, und der trotz großer Schwierigkeiten das Stroh auch beschaffte, während ich, wenn ich dem Punkt überhaupt irgendwelches Nachdenken widmete, der Meinung war, man könne die relativ kurze Strecke von Schwarzenberg nach Annaberg zur Not auch ungepolstert reisen; denn von Annaberg aus sollten die befreiten Zwangsarbeiter in einem anderen, von den Freunden gestellten Zug weiterreisen und wir unsere Waggons plus Lokomotive zurückerhalten. Und Viebig war es auch, der an meiner Seite gestanden hatte, als Tatjana und ich die letzten Blicke tauschten und ich ihr noch einmal zuwinkte, mit kaum merklicher Bewegung der Hand, da ich es für besser hielt, für sie wie für mich, demonstrative Gesten unter den obwaltenden Umständen zu vermeiden. Erst dann, die Kolben bewegten sich bereits, schwang Viebig sich auf das Trittbrett der Lokomotive, denn er hatte den Auftrag, mitzufahren und dafür zu sorgen, daß die Waggons der Staatlich Schwarzenbergischen Eisenbahn, von denen diese wenig genug besaß, ihr auch erhalten blieben und nicht in unberufene Hände gerieten; zugleich, hatte ich ihn gebeten, möchte er ein Auge auf Tatjana haben und mir, was immer in Annaberg auch geschah, nach seiner Rückkehr zuverlässig berichten.

Tatsächlich geschah ihr persönlich nichts, wenigstens nicht, solange Viebig die Vorgänge zu verfolgen imstande war; er sei jedoch bald genug von seinen eigenen Sorgen in Anspruch genommen worden. Er habe noch beobachten können, wie Militärposten auftauchten, längs des Zuges Aufstellung nahmen und verhinderten, daß das bis dahin noch heiter gelöste Völkchen in den Waggons aus diesen ausstieg und sich die Beine vertrat. Dann sei seine Lokomotive abgekuppelt, auf ein Nebengleis dirigiert und durch eine andere ersetzt worden, an der bereits ein Personenwagen 2. Klasse hing, offenbar bestimmt für eine Militäreskorte; der Schornstein dieser neuen, von sowjetischer Seite gestellten Lokomotive sei mit Frühlingsblumen bekränzt gewesen, und rechts und links ihres Kessels habe je ein rotes Transparent geprangt, beschriftet mit weißen kyrillischen Buchstaben; die Texte, die der Genosse Viebig sich übersetzen ließ, lauteten: *Willkommen im Mutterland!* und: *Ruhm dem großen J. W. Stalin!* Eine Weile danach seien rote Fahnen, zwei Stück zum Schmuck eines jeden Waggons, verteilt und befestigt und die Türen, bis auf einen Spalt zum Zweck der Luftversorgung, geschlossen worden. Ihm selbst aber, berichtete Viebig weiter, habe ein Offizier bedeutet, er möge sich mitsamt seiner Lokomotive trollen, die Strecke nach Schwarzenberg sei frei; und als er Ersatz für seine beschlagnahmten Waggons forderte, da diese ja kein herrenloses Gut, sondern Eigentum der Republik Schwarzenberg wären, erntete er allgemeines Gelächter; Dawaj, dawaj, sagte der Offizier mit unmißverständlicher Handbewegung, andernfalls werde er, Viebig, auch noch diese Lokomotive loswerden und selber im Gefängnis landen, im Tjurm, wie der Offizier es ausdrückte.

Viebigs Liebe gehörte der Brief- und Paketpost, und sein Problem dabei waren die Briefmarken. Deutlich bemerkbar für ihn, so erklärte er bei einer der allmorgendlichen Sitzungen des Ausschusses, gewänne die Bevölkerung nämlich Vertrauen zu unserer neuen

Ordnung; der Beweis dafür sei, daß die Menschen wieder Briefe schrieben, Briefe und Postkarten, und diese in die Postsäcke steckten in der Gewißheit, daß jemand sie auch befördern würde; Pakete würden aufgegeben in den Postämtern, Rechnungen gingen aus und Geldüberweisungen, in beschränkter Höhe zwar zunächst, doch würden sie auch zuverlässig ausgezahlt; der Postbetrieb, zuerst nur im Stadtgebiet von Schwarzenberg in Gang gekommen, erstreckte sich, einschließlich Telephondienst, bis weit in die Umgebung, ja, bis nach Aue hin, obwohl Aue, als kreisfreie Stadt, strenggenommen postalisches Ausland wäre, aber all das frankiert noch mit den Briefmarken des politisch nicht mehr existenten Reiches, auf welchen das bekannte Porträt des Führers mitsamt Bärtchen und herrisch-düsterem Blick.

Was Viebig da auf seine umständliche Art zum Ausdruck brachte, gab mir sehr zu denken. Was war denn die Realität des Lebens in diesem Schwarzenberg, das bis dato nur von den allerwenigsten als ein selbständiges Staatswesen betrachtet wurde? Was wurde schon produziert an nützlichen Gütern: ein paar Töpfe und Pfannen, Haushaltsartikel verschiedener Art, Kleinmöbel, Dinge im großen und ganzen, die sich im Tauschhandel umsetzen ließen; die Mehrzahl der Bevölkerung aber zog auf die Felder und Wiesen, um Eßbares zu ergattern, schnitt Kräuter in den Gräben und Niederungen und verbrachte endlose Zeit schlangestehend vor den Läden, um, war einer endlich an der Reihe, gesagt zu erhalten, daß die aufgerufenen Abschnitte seiner Lebensmittelkarte nur zum geringen Teil oder gar nicht eingelöst werden konnten; und dennoch, in all der Not und dem Wirrwarr, saßen hinter den Schaltern der Ämter und den Schreibtischen der Dienststellen wieder Leute mit durchgescheuerten Ärmeln, Papiere wurden ausgefüllt, signiert, gestempelt, der Briefträger kam wie eh und je; das Chaos kristallisierte sich, der Vorgang hatte etwas Gespenstisches an sich, gab zugleich aber auch Anlaß zu der Hoffnung, daß die Republik nicht immer nur ein Phantasiename mit ironischem Beiklang bleiben würde. Und war es, historisch betrachtet, am Ende gar eine Großtat seitens des Genossen Viebig, wenn er darauf bestand, etwas scheinbar so Unwesentliches wie Briefmarken auf die Tagesordnung des Aktionsausschusses zu setzen? Was war denn ein Staat ohne seine Symbole, ohne Fahne, Wappen, Amtsschilder, Siegel, Urkunden, Geldscheine und Postwertzeichen? Dabei, so stellte sich in der Diskussion heraus, war Viebig durchaus vertraut mit der Lehre der Dialektik und den Zukunftsvisionen der Klassiker des Marxismus; bestimmt werde einst, sagte er, eine Zeit anbrechen, in der der Staat abstürbe und die Menschen ohne Polizei und schon ganz gewiß ohne Militär auskommen würden: aber ohne Briefmarken? Und er schwärmte von einer Dauerserie mit Werten von 5 Pfennig bis einschließlich 1 Mark, auf denen in bunten Farben markante Baudenkmäler der Republik, wie etwa das Schwarzenberger Schloß, oder auch erzgebirgische Schnitzarbeiten, abgebildet sein sollten, gleichzeitig auch als Objekt für Sammler gedacht, was der schwarzenbergischen Post wiederum Devisen einbringen würde; nur leider habe die Druckerei Gärtner, bei der er seine Erkundigungen eingezogen habe, ihm mitgeteilt, daß ein solcher Auftrag unter den gegenwärtigen Bedingungen nicht durchführbar sei, ja, man könne mit den vorhandenen Maschinen nicht einmal die in den verschiedenen Postämtern gelagerten Bestände von Hitler-Briefmarken, viele Tausende von Bögen, mit den notwendigen Überdrucken versehen, so daß nichts anderes übrigbliebe, als Gummistempel, etwa mit der Silhouette des Schlosses Schwarzenberg darauf, anfertigen zu lassen und den Schalterbeamten aufzutragen, die alten Marken des Reichs einzeln und individuell durch Überstempelung in gültige schwarzenbergische Postwertzeichen zu verwandeln.

Womit der Genosse Viebig aus seiner wachstuchenen Aktenmappe ein Stück weißen Pappkartons hervorzog und auf den grünbezogenen Konferenztisch legte; gegen das Weiß und Grün hob sich die mit Akribie verfertigte Silhouette des Schlosses auf schönste Weise ab; zur Linken ließ sich das Gewirr der Dächer von Wohn- und Wirtschaftsgebäuden erkennen, zur Rechten der massige Turm, in dem ich selber eingesessen hatte, bis man mich ins Konzentrationslager brachte, und in dem jetzt der abgesetzte Bürgermeister Dr. Pietzsch und die Herren von der Kreisleitung der Nationalsozialistischen Partei eingelocht waren, die der Genosse Kiessling im Naturtheater gefangengenommen hatte. Auf Briefmarkenformat reduziert, versicherte Viebig, werde das schwarze Schloß das Gesicht des Führers fast zur Gänze verdecken, zumindest aber es unkenntlich machen und zugleich als Wahrzeichen Schwarzenbergs das Herkunftsland der Postsendung zur Genüge identifizieren.

Komisch das Ganze? Eine Marginalie zu einer Marginalie der Geschichte? Für Reinsiepe, der, wie mir allmählich immer klarer wurde, ganz anderes im Sinne hatte als eine Eigenstaatlichkeit des Gebietes Schwarzenberg, sicherlich. Reinsiepe trug die ganze Zeit während Viebigs zugegebenermaßen etwas langwieriger Ausführungen ein süffisantes Lächeln zur Schau; aber auch andere zeigten Ungeduld, und kaum hatte Viebig geendet und den Auftrag erhalten, nach eigenem Vorschlag zu verfahren, sprang Kiessling auf und erklärte, selbst auf die Gefahr hin, uns noch mehr zu langweilen, als der Genosse Viebig es bereits getan, müsse er wieder auf sein altes Thema zurückkommen: die Truppe Stülpnagel, die immer noch entlang des Gebirges ihr Unwesen treibe, die Bevölkerung terrorisiere, einzeln stehende Gehöfte und Siedlungen überfalle und ausraube, Genossen verprügele, die sich für das Allgemeinwohl opferten, einer sei erst vor ein paar Tagen krankenhausreif geschlagen worden, und, generell gesprochen, die Autorität des Aktionsausschusses in den Augen der Bevölkerung zur Farce machte. Jetzt wagten sich die Kerle sogar, von den Wäldern um Sosa herum herkommend, bis zu den Ortschaften in der unmittelbaren Nähe von Schwarzenberg vor; und mit deutlichem Seitenhieb gegen Viebig und uns alle, die wir dessen Kleinkram mit solcher Langmut angehört hatten: Was nützten die schönsten Briefmarken, wenn der Staat, der sie herausgab, jeder vorbeistreunenden Räuberbande ausgeliefert war? Er, Kiessling, habe, wie wir wüßten, mehrmals versucht, der Truppe das Handwerk zu legen; das erste Mal sei sie ihm hohnlachend davongefahren, und beim zweiten wären die Banditen ihm und seinen paar Leuten zahlenmäßig und an Bewaffnung so überlegen gewesen, daß er es vorgezogen habe, sich zurückzuziehen, ohne ein Gefecht zu eröffnen. Aber nach diesen Erfahrungen wisse er ziemlich genau, wo die Schlupfwinkel der Truppe lägen, kenne auch ihre Hauptschwäche, die darin bestehe, daß alles bei ihr auf ihren Anführer, den besagten Stülpnagel, ausgerichtet sei; und dies nun mit einem Blick in meiner Richtung: Nachdem ich bei der Gefangennahme des Gauleiters Mutschmann bewiesen habe, daß zu derlei Zwecken unsere Bemühungen und die der Freunde sich sehr wohl koordinieren ließen, erbitte er die Vollmacht des Ausschusses, nach Annaberg fahren und mit dem sowjetischen Kommandanten dort entsprechende Verhandlungen führen zu dürfen; die Amerikaner kämen für ein solches gemeinsames Unternehmen weniger in Frage, seien doch ihrer mehrere, er habe da Berichte, bei der Truppe Stülpnagel gesehen worden, und sogar in vertrautem Gespräch mit den Führern der Bande.

Kiesslings Forderung wurde allgemein gebilligt; wer würde schon seine Zustimmung versagen, wenn ein anderer sich erbietet, Mühen und Gefahr auf sich zu nehmen; Reinsiepe erklärte sich sogar bereit, wenn seine Zeit es gestatte, Kiessling nach Annaberg zu begleiten und notfalls für ihn zu dolmetschen; vielleicht könne er auch, da er bei den Freunden die Bekanntschaft einiger Offiziere gemacht, Kiesslings Absichten durch persönliche Fürsprache förderlich sein.

In derselben Sitzung war übrigens, ich erzähle das nicht nur der Vollständigkeit halber, sondern weil es mir ein gewisses Licht auf die Arbeit unseres Aktionsausschusses und auf die Haltung seiner Mitglieder zu werfen scheint, ein Herr Dobrindt geladen, Finanzsekretär beim Rat der Stadt, der dringlich ersucht hatte, gehört zu werden: ein vogelartiges Männlein, von dessen Existenz und Funktion ich bis zu dem Moment, da er ins Sitzungszimmer gestelzt kam, keinerlei Kenntnis gehabt hatte, und das tatsächlich, wenn es in starke Erregung geriet, mit seinen angewinkelten Armen flatterte, als wären diese verkümmerte Flügel. Er sei zwar, entschuldigte sich Herr Dobrindt mit einem merkwürdigen Krächzen in der Stimme, das jedoch ebensogut Zeugnis seiner Verlegenheit einer ihm noch ungewohnten Staatsmacht gegenüber sein mochte, bei der von Herrn Bornemann, dem neuen Herrn Bürgermeister, einberufenen Versammlung der Rathausangestellten pflichtgemäß präsent gewesen, habe sich aber nicht zu Worte gemeldet und sich auch anderweit zurückgehalten in der Erwartung, daß die Herren vom Aktionsausschuß, die nun ja als eine Art städtischen Regierungskollegiums fungierten, sich vor Ultimo schon bei ihm melden würden; erst als der Monatsletzte verstrichen war und auch in der Folgezeit keiner bei ihm an die Tür klopfte, sei er unruhig geworden, lägen doch in seinem Geldschrank lange schon die Tütchen bereit mit unseren Gehältern darin, wobei er, unser Einverständnis vorausgesetzt, sich erlaubt habe, uns analog dem unter Herrn Bürgermeister Dr. Pietzsch vorhandenen Stellenplan der leitenden Herren einzustufen. Wonach er die Arme sinken ließ und, den Kopf schief, die Äuglein glänzend, unsere Antwort erwartete.

Man muß sich das heute, wo alles seinen sozialistischen Gang geht, einmal vorstellen, wo jeder Werktätige das ihm Zukommende entweder bar auf die Hand erhält oder auf sein Lohnkonto überwiesen, und zwar regelmäßig und pünktlich; aber wir im Aktionsausschuß, die wir zwölf bis sechzehn und manchmal noch mehr Stunden am Tag herumliefen und uns um Großes wie Kleines kümmerten, wir hatten in unserm Eifer gar nicht daran gedacht, daß wir vielleicht auch bezahlt werden müßten; es gab ja auch kaum etwas zu kaufen fürs Geld, höchstens auf dem Schwarzmarkt, der für uns unerschwinglich war, und die paar Pfennige für die Zuteilung auf Marken, wenn etwas zugeteilt wurde, die hatten die Frauen immer noch im Strumpf.

Doch da wartete der arme Mensch nun, Finanzsekretär beim Rat der Stadt, und mir war irgendwie zum Lachen zumute; ich blickte Wolfram an und er mich, Reinsiepe saß da, ein Bein über das andere geschlagen, und strich sich über das wie immer scharf rasierte Kinn, woher bezog er eigentlich seine Klingen, und Helene Bornemann, die, für Lebensmittel zuständig, es wohl am schwersten von uns allen hatte, kratzte sich den knochigen Handrücken: Herr Dobrindt war wie aus einer anderen Welt. Aber plötzlich, da ich ihn so betrachtete, die graue Bürofarbe des Gesichts, die hochgezogenen Schultern, die Kranichbeine, an den Knien ausgebeult, bekam ich es mit der Angst zu tun, daß diese seine papierene Welt, in der jeder Handschlag abgegolten werden mußte, ganz gleich, für wen und aus welchen Motiven er getan wurde, sich als die realere erweisen mochte, und meine Angst steigerte sich, bis ich endlich den Genossen Kiessling, nach einigem Räuspern, fragen hörte: »Sagen Sie mal,

Herr Finanzsekretär, was würde ich denn so von Ihnen zu bekommen haben?«

»Ihr Name ist Kiessling?« Herr Dobrindt griff unter seinen linken Flügel und förderte ein hellgraues Heftchen zutage. »Sie figurieren hier als zweiter stellvertretender Bürgermeister und Stadtrat für Polizeiangelegenheiten und öffentliche Sicherheit: da erhalten Sie als Entgelt für Ihre Tätigkeit die Summe von 820 Mark.«

Kiessling hob die Braue. »Monatlich?«

»Wir können Ihnen«, versicherte Dobrindt eilig, »Ihr Salär auch in wöchentlichen Raten auszahlen.«

»Und der da«, ein Fingerzeig Kiesslings, »der Genosse Bornemann?«

Dobrindt geriet wieder ins Krächzen. »Der Herr Bürgermeister würde selbstverständlich die gleichen Bezüge haben wie der Herr Bürgermeister Dr. Pietzsch seinerzeit: 1450 Mark pro Monat, plus Aufwandsentschädigung, Repräsentationskosten und Reisespesen.«

»Das alles hat der Pietzsch tatsächlich gekriegt?«

Herr Dobrindt, nervös geworden, verlegte sein Gewicht auf das andere Bein und scharrte mit dem nunmehr entlasteten Fuß. »Aber selbstverständlich!«

»Hast du gehört, Bornemann«, sagte Kiessling.

Bornemann war beeindruckt.

»Du bist reich! Wir alle sind reich! Wir können unsern Weibern Pelzmäntel kaufen und Schlafzimmergarnituren, und seidene Blusen!« Er wandte sich Dobrindt zu. »Ist nur ein Haken dabei, ein einziger kleiner Haken. Was meinen Sie, Herr Finanzsekretär, was die Arbeiter in meinem Betrieb wohl sagen würden, wenn sie erführen, daß ich mir soviel Geld unter die Nägel reiße für das Vertrauen, das sie mir geschenkt haben?« Er richtete sich auf, seine Augen flackerten. »Ist nämlich unser Staat, dieses Schwarzenberg, und wir haben nicht die Absicht, uns an unserm Staat zu bereichern. Ist das klar, Mann?«

Dobrindt flatterte.

»Herr Dobrindt hat es doch nur gut gemeint«, beschwichtigte Wolfram, dem ich, was er an Geld in der Tasche trug, geborgt hatte.

Und fügte zu Dobrindts Tröstung hinzu: »Sobald unsere Zeit es erlaubt, Herr Finanzsekretär, werden wir ein Budget veranschlagen für die Stadt und ihre Angestellten, und werden festlegen, wer wieviel erhält und für welche Arbeit. Inzwischen nehmen Sie Ihr Geld wieder aus Ihren Tütchen heraus und bewahren Sie es sicher auf. Und sollte einer von uns wirklich in finanzielle Bedrängnis geraten, so werden wir uns, nach gehöriger Prüfung, vertrauensvoll an Sie wenden.«

Anders als der Landrat Wesseling und so viele diesem Gleichgesinnte ist der Herr Dobrindt später nicht in den Westen gegangen; er wohnt jetzt noch hier und bezieht eine bescheidene Rente, zum Leben eigentlich zuwenig, und wenn wir einander auf der Straße begegnen, hält er mich an, zieht seine Schultern in die Höhe, bewegt die angewinkelten Arme und bemerkt leicht krächzend, wie sehr er uns an dem Tag bewundert habe. Sie mögen unser Verhalten bei jener Gelegenheit, unsere Nichtachtung von Geld und Geldeswert, naiv finden, und sicher war es das auch. Aber es war nicht unedel gedacht, und wenn ich, rückblickend, das Schwarzenberg mir vorzustellen suche, das uns damals vorschwebte, so beschleicht mich eine leise Trauer darüber, daß es uns nicht vergönnt war, das Experiment, ein Weilchen noch wenigstens, weiterzuführen.

Nun, über all dem administrativen Kram, der Sie, fürchte ich, sogar etwas langweilen mag, der von uns aber täglich neue Lösungen forderte und mir, ganz nebenbei, mein seelisches Gleichgewicht zu wahren half, bin ich von dem, was ich eigentlich erzählen wollte, abgekommen. Ich schulde Ihnen noch den Rest der Mutschmann-Geschichte; es geht aber auch um meine eigenen Konflikte, die mit dem Los des Ex-Gauleiters von Sachsen nur insofern in Zusammenhang stehen, als ich alles, was sich mir bot, als eine Art Betäubungsmittel zu verwenden suchte gegen den Schmerz, der mich erfüllte über unwiederbringlich Verlorenes, nicht Wiedergutzumachendes, ein Schmerz, der mich heute zu Zeiten noch packt. Vielleicht wird er, habe ich einmal von ihm gesprochen, sich endlich verlieren; diese Hoffnung könnte einer der Gründe dafür sein, daß ich Ihnen gegenüber gewisse Hemmungen abgelegt habe.

Ich war also gar nicht unangenehm berührt, als der Genosse Reinsiepe, der über seine Verbindungen zu den Freunden in Annaberg von einer kurz bevorstehenden spektakulären Aktion bezüglich Mutschmanns erfahren hatte, mich einlud, ihn dorthin zu begleiten: ich hätte ja, so drückte er sich aus, eine Aktie an dem Mann. Nicht nur, dachte ich, würde die Fahrt nach Annaberg und was auch immer dort geplant war, ein öffentlicher Prozeß wahrscheinlich, mich von meinen viel zu oft um Tatjana kreisenden Gedanken abbringen; nein, auf dieser Reise mochte sich auch, bei einigem Geschick meinerseits, die Gelegenheit ergeben, diskrete Nachforschungen anzustellen über den weiteren Verbleib des Transports, den ich auf den Weg gebracht hatte, und über das Schicksal seiner Passagiere, besonders der einen, deren Bild sich mir um so tiefer ins Gehirn grub, je mehr die Zeit sie von mir entfernte.

Diese Reise nach Annaberg ist mir bis in ihre Einzelheiten erinnerlich, schon des Fahrers wegen, den Reinsiepe sich da organisiert hatte: ein Mensch mit kahlem Kugelschädel und starrem Blick, den fülligen Leib in eine hochgeschlossene Jacke gezwängt, und so wortkarg, daß mir der Verdacht kam, er könne der deutschen Sprache nicht wirklich mächtig sein; aber auch wegen der Spannungen mit Kiessling, der, obwohl der einzige von uns mit echten Dienstgeschäften bei den Freunden, von unserm Ausflug nur durch Zufall erfahren hatte, in letzter Minute vor der Abfahrt auftauchte und mit spitzen Worten sich erkundigte, ob er vielleicht mit von der Partie sein dürfe; danach saß er mißmutig in der Ecke des Wagens und betrachtete beflissen die vorbeischwankende Landschaft oder den Rauch aus dem Kanonenöfchen, das hinten ans Auto montiert war und auf sinnreiche Weise dem Motor die nötige Energie verschaffte; nur einmal brach er sein Schweigen und verlangte zu wissen, ob der Genosse Reinsiepe, trotz seiner freundlichen Worte während der Sitzung, etwa eigene Pläne verfolge bezüglich der Truppe Stülpnagel und sonst auch noch, und darum versuche, ihn, Kiessling, von irgendwelchen Kontakten mit den sowjetischen Freunden auszuschließen; sollte das der Fall sein, so möge Reinsiepe wissen, daß er, Kiessling, Mittel und Wege finden werde, den Auftrag des Aktionsausschusses auch ohne Unterstützung von seiten anderer zu erfüllen.

Der Kopf des Fahrers hob sich den Bruchteil einer Sekunde lang, ein Wachhund, Gefahr witternd; doch Reinsiepe winkte ab. Reinsiepe lachte kurz und überspülte den bei einem so ruhigen Menschen wie Kiessling recht ungewöhnlichen Ausbruch von Feindseligkeit, indem er erklärte, man müsse doch die Dinge voneinander zu scheiden wissen, hie revolutionäre Pflicht, hie Zirkus; heute aber handle es sich ausschließlich um Zirkus, und es würde ihn sehr wundern, wenn es Kiessling gelänge, einen der maßgebenden Freunde zu sprechen, mit denen es doch wohl zu verhandeln galt: die hätten an diesem Tag anderes im Kopf, als auf einem Territorium, für das sie gar nicht zuständig waren, noch nicht jedenfalls, ein paar marodierende Landsknechte abzufangen, die Kiessling längst hätte liquidiert haben sollen. Nachdem er auf diese Art den viel langsamer denkenden Kiessling abgeschlagen hatte, wechselte Reinsiepe sofort das Thema und begann, höchst angeregt mit mir zu plaudern, über den Wert und Unwert der Frauen, der sowjetischen insbesondere, von denen er mehrere näher zu kennen deutlich durchblicken ließ; bevor ich jedoch entscheiden konnte, ob er damit auf mein Verhältnis zu Tatjana anzuspielen gedachte, war er schon bei seinem nächsten Punkt, der Teilung Deutschlands in Besatzungszonen, die, meinte er, durchaus von längerer Dauer sein könnte als allgemein erwartet, wobei er, wie mir schien, absichtlich vermied, die Republik Schwarzenberg überhaupt zu erwähnen, und kam dann auf mich zu sprechen, wollte hören, was ich denn in den Jahren, seit er Schwarzenberg verlassen, so getrieben hätte, verlor aber merklich sein Interesse, als ich von meinen Erfahrungen in Gefängnissen und Lagern zu berichten begann; und als ich den Spieß dann umkehrte und ihn fragte, wie und wo er diese Zeit verbracht hätte, verdüsterte sich seine Stirn, und er redete mit bewegter Stimme vom Elend der Emigration, und wie er doch, draußen in der weiten Welt, den Gedanken an Deutschland und an die Genossen, die dort unter den schwersten Opfern die Parteiarbeit fortsetzten, nie losgeworden sei und selbst aus der kleinsten Nachricht noch Hoffnung geschöpft und auch in den schlimmsten Jahren sein Vertrauen in die Kraft der Arbeiterklasse nie verloren habe; doch genau wo er gewesen und was er im einzelnen getan, und wer ihm sein täglich Brot bezahlte, das ließ er trotz seiner stets gedankenreichen Worte nicht erkennen, sei es, daß er Gründe hatte, diese Details vor Kiessling und mir im Dunkel zu halten, oder auch vor dem Fahrer, der ja trotz seiner sonderbaren Steifheit rechts und links seines gelblich glänzenden Schädels je ein Ohr kleben hatte. So ging es bis nach Annaberg hinein, freundlich, leger; nur ein Zögern hier und da, ein Abbrechen mitten im Satz, ein rascher Seitenblick auf mich oder auf Kiessling deuteten an, daß er seine Aussagen sehr wohl überlegte; und erst als wir nahe dem Marktplatz waren und die Menge sahen, die dort, grau, unansehnlich, geduckt, sich gesammelt hatte, verkniff er die Lippen und verstummte.

Ein Posten. Ich dachte, Reinsiepe würde nun wieder sein ledergebundenes Sesam-öffne-Dich hervorholen; aber das erwies sich als unnötig; der Fahrer wurde auf einmal lebendig, schob das Fenster des Wagens herunter, wechselte ein paar ungeduldige Worte mit dem Posten, auf russisch natürlich, worauf dieser hastig eine rotweiß gestrichene Barriere beiseite zerrte und uns weiterfahren ließ. In einer Seitenstraße, in der bereits ein gutes Dutzend Militärfahrzeuge geparkt standen, stiegen wir aus; der Fahrer blieb, ohne uns eines Blickes zu würdigen, hinter seinem Steuer sitzen. Und dann war da die unverkennbare kehlige Stimme und die breite Hand auf meiner Schulter. »Ah, der Genosse Kadletz! Und mit einer ganzen Delegatsja! Wollen sich also mit ansehen Gerechtigkeit, Urteilsvollstreckung!« Kapitän Workutin blinzelte mir zu, seine Mundwinkel sarkastisch. »Vielleicht auch gleich zur Nachahmung in der brüderlichen Republik Schwarzenberg?«

Ich gedachte der Bilder von den Hinrichtungen im Osten, die, gefolgt von siegverheißendem Trompetengeplärr, vor gar nicht so langer Zeit noch im Kino von Schwarzenberg gezeigt worden waren, konnte aber auf dem ganzen Marktplatz, auch in dessen Mitte nicht, wo früher das Denkmal der klöppelnden Barbara Uttmann sich befunden hatte, ein Gerüst erkennen, das als Galgen hätte dienen können.

»Anschauungsunterricht!« fuhr Workutin fort, auf die Menge weisend, die immer noch anwuchs. »So hieß es doch in deutscher Sprache?«

Ich bewunderte seinen Wortschatz.

»Die erste Lektion, merken Sie sich das, Genosse Kadletz, ist die Lektion am Objekt. Das prägt sich ein, das gibt, wie sagt man, Anlaß zum Nachdenken!« Er schob das Kinn vor, sein Zeigefinger tippte mir gegen die Brust. »Hat Ihnen Reinsiepe denn nicht erklärt?«

»Ich dachte, wir überraschen ihn«, sagte Reinsiepe.

Workutin überging die Bemerkung, durch die Reinsiepe offenbar beabsichtigt hatte, sein inniges Verhältnis zu den Freunden zu demonstrieren. Statt dessen nickte er in Richtung von Kiessling. »Und dieser Genosse?«

Reinsiepe murmelte etwas von einem Auftrag des Aktionsausschusses von Schwarzenberg, den Kiessling mit einem verantwortlichen Genossen der Militäradministration zu besprechen wünsche. Wieviel von Reinsiepes Auskunft Workutin verstanden hatte, und ob er sie überhaupt zur Kenntnis nahm, blieb unklar. Jedenfalls ließ er Reinsiepe und Kiessling stehen; mich dagegen, dem er als einem der Beteiligten an der Gefangennahme des ehemaligen Gauleiters anscheinend die Rolle eines Ehrengastes zugedacht hatte, griff er beim Ellbogen und schob mich so zu einer sichtlich in Hast zusammengezimmerten Tribüne, auf der bereits, die zumeist hageren Gesichter in feierliche Mienen gefaltet, zehn oder zwölf Zivilisten standen, wohl die von den Freunden auserwählten neuen deutschen Würdenträger am Orte, und vor diesen, aber plaziert auf Stühle verschiedenster Herkunft, mehrere sowjetische Offiziere. Den Major Bogdanow allerdings konnte ich nirgends erblicken, den einzigen in dem Kreis, mit dem von Tatjana zu sprechen ich keine Bedenken gehabt hätte.

Ich mußte mitten in der Sitzreihe Platz nehmen, neben einem schläfrigen Obersten, der nach Kölnisch Wasser roch und mir, nachdem er mit einer pumpenden Bewegung meine Hand geschüttelt hatte, keine Beachtung mehr schenkte. Ich hatte das Gefühl, daß der ganze Platz auf mich starrte: was tat ich da, umgeben von den Uniformen der Sieger, wer war ich? Dann hörte man, von weit her, irgendwelche militärischen Kommandos; vom Rande des Platzes her marschierte eine halbe Kompanie auf, Maschinenpistolen vor der Brust, und formte eine Art Korridor durch die Menge hindurch bis hin zum Mittelpunkt des Marktes, den kreisförmig angeordneten, seit längerer Zeit schon stillgelegten Springbrünnlein, in deren gemeinsamem Becken jetzt nur ein Tümpel schlammigen Wassers den leeren Sockel des Denkmals der Barbara Uttmann umrahmte.

Das vor Beginn von Massenveranstaltungen übliche Stimmengewirr war sowieso merkwürdig gedämpft gewesen; nun aber, da am fernen Ende des Korridors eine einzelne Gestalt sichtbar wurde, senkte sich eine bedrückende Stille. Der Mann, der sich da näherte, hielt den Kopf geduckt; er trug noch immer die Kleidung, in der ich ihn gefangengenommen hatte, die grünliche Joppe, die braunen Breeches-Hosen, aber unterhalb der Knöpfe am Knie zeigte sich das rosafarbige Fleisch der Waden, und das Kopfsteinpflaster, über das seine nackten Füße sich vorwärtstasteten, schmerzte ihn wohl, so daß er zwei- oder dreimal stehenblieb und sich mit einem zerknitterten Taschentuch den Schweiß von der wulstigen Stirn wischte; ich sah das alles und dachte, um Gottes willen, die Leute werden noch anfangen, Mitleid zu haben mit dem Kerl, der sich's hat wohlsein lassen die ganzen Jahre, vor dem Krieg und während des Krieges erst recht, und der die Menschen tanzen ließ nach seinem Wort und der wer weiß wie viele Genossen auf dem Gewissen hat, und nicht nur Genossen.

Dann war Workutin wieder da. Er stand vor mir am Fuß der Tribüne, blickte auf zu mir und sagte: »Sie werden sprechen, Genosse Kadletz. Ein paar Worte nur, aber die richtigen und wirksamen, zu Ihren Landsleuten.« Und als nähme er meinen Widerspruch vorweg: »Die da, Genosse Kadletz«, ein Achselzucken, bezogen auf die örtlichen Funktionäre, »die sind von uns eingesetzt worden; Sie aber haben sich selber eingesetzt: deshalb.«

Und noch immer keine Spur von Bogdanow, und ich wußte, wenn ich noch etwas für Tatjana tun wollte, würde es nun Workutin sein, an den ich mich zu wenden haben würde; und außerdem, wer, wenn nicht er, hatte den Barfüßigen dort gefaßt, als er noch seine vornehmen gelben Jagdstiefel trug, und da war etwas, fühlte ich, das mich an diesen sowjetischen Kapitän band, obwohl wir keinerlei Sympathie füreinander hatten und er mir gewiß nichts Gutes antat mit seiner Aufforderung; ich wollte einwenden, daß meine Stimme zu schwach war, um das Areal des Platzes zu füllen, aber wieder war es, als hätte er meine Gedanken erraten, denn er gab einen Wink, und zwei Soldaten kamen im Laufschritt, der eine mit einer Kabelrolle auf dem Rücken, der andere mit einem schwarzen Mikrophon an einem silberglänzenden Stab, welches er mir vor den Mund hielt, und dann sah ich Mutschmann aus dem Korridor hervortreten. Er zögerte. Ein Offizier erschien von irgendwoher und gab ihm einen leichten Stoß. Mutschmann kletterte über die Umfassung des Beckens hinweg, ungeschickt, patschte durch das Schmutzwasser und erklomm schließlich den Sockel, auf dem einst die bronzene Barbara Uttmann gestanden hatte, und Workutin sagte zu mir: »Los jetzt!«

Wie mir in den Kopf kam, was ich dann auf dem Marktplatz zu Annaberg redete, kann ich Ihnen nicht sagen; ich vermute, daß Ideen der Art mich schon eine Zeitlang beschäftigt hatten. Zunächst versuchte ich, bei meinen Zuhörern die Ansätze von Mitleid abzubauen, das manch einer empfinden mochte und das sogar, perverserweise, auch mich momentan berührt hatte. Diese Jammergestalt, erklärte ich, die da gesenkten Kopfes vor uns stand, dank der Freundlichkeit der Besatzungsmacht den Bewohnern von Annaberg und Umgebung zur Besichtigung freigegeben, sei ja nicht einer von uns, sei kein gewöhnlicher Mensch, kein Arbeiter oder Angestellter, kein Bauer, Lehrer, Kaufmann, Arzt oder Beamter, sondern sei einer von den Mächtigen im Lande gewesen, mitverantwortlich für alles, was in den letzten zwölf Jahren hier geschehen war, für die Ungerechtigkeiten und die Unterdrückung, für den Krieg und das millionenfach vergossene Blut Unschuldiger und für das Elend, das jetzt um uns war und keinen von uns verschonte. Wie oft ereigne es sich schon, daß man so einen zu Gesicht bekomme, wie er wirklich sei, ohne die Kulisse der Macht, ohne Leibwache, Ehrendolch und Korsett. Die Frage sei jedoch nicht, wie tief sind die Mächtigen gefallen; die Frage sei vielmehr, wie es geschehen konnte, daß Leute wie dieser, dumm, feige und gefräßig, so mächtig werden konnten, und wieweit wir selber, durch unseren deutschen Gehorsam und dadurch, daß wir Augen, Ohren und Herz vor der eigenen besseren Erkenntnis verschlossen, uns mitschuldig gemacht hätten an seinem und seinesgleichen Aufstieg, und wie wir verhindern könnten, daß so etwas sich je wiederholte. Niemals wieder dürften wir kritiklos irgendwelchen Führern folgen und deren Versprechungen trauen, niemals wieder, sagte ich und spürte plötzlich den mißtrauischen Blick Workutins und sah den Ausdruck um seinen Mund, konnte aber nicht mehr heraus aus der Rille, in der die Nadel lief, und sagte, niemals wieder dürften wir unser Gewissen betäuben und das eigene Denken einem höheren Befehl unterwerfen; denn siehe, dort auf dem Sockel prange ja einer, der solche Befehle noch bis vor kurzem, bis zum letzten Moment seiner Herrschaft erteilte; man betrachte ihn sich gründlich, auf den lasse sich nichts abladen, keine Verantwortung, keine Schuld, auf diese Null. Oder befände sich etwa jemand auf dem Platz hier, der den Herrn Ex-Gauleiter verteidigen und den Anwesenden beweisen möchte, welch großer Held und weiser Staatsmann da vor uns stünde und welch wunderbare Führernatur uns verlorenginge, wenn wir ihn zum Teufel schickten?

Schweigen.

Wie hätte es auch anders sein sollen. Wer von diesen hatte sich je aufgerafft zu widersprechen angesichts der Macht, und da sollten sie es jetzt tun, umringt von den Waffen der Sieger? Mir wurde übel; ob von meiner Demagogie oder der Leere in meinem Magen, weiß ich nicht. Ich taumelte von der Tribüne herab und kam erst wieder zu mir in einem kahlen Arbeitszimmer, an einem zerkratzten Tisch, auf dem eine Tasse Kaffee dampfte und ein Teller mit Schwarzbrot und Butter und Wurst stand. Workutin saß hinter dem Tisch, mir schräg gegenüber, vor sich ein Blatt Papier mit Notizen, und sagte: »Fühlen Sie sich jetzt besser, Genosse Kadletz? Interessant, Ihre Ausführungen, sehr interessant und, meine ich, auch recht bedenkenswert.«

19
Militärisches Zwischenspiel

Major Kyrill Jakowlewitsch Bogdanow, bevor er in den Krieg zog, Kandidat der Wissenschaften und Lektor an der Universität Rjasan, ist ein Produkt jener gefährlichen Jahre, in denen ein Sowjetbürger, besonders wenn er Funktionär war oder zur Intelligentsija gehörte, nicht sicher sein konnte, wo er des Morgens erwachen würde: in dem Bett, in dem er sich zur Ruhe gelegt hatte, oder in einer Zelle des nächstgelegenen Polizeigefängnisses; tatsächlich ereilte ein solches Schicksal seinen Onkel Pjotr Wassiljewitsch sowie seinen Cousin Roman Sidorowitsch, und nur von diesem erhielt die bedrückte Familie später Nachricht aus einer Holzfällersiedlung innerhalb des Polarkreises. Major Bogdanow neigt daher zu einer gewissen Zurückhaltung, die während der Kampfhandlungen weniger betont zu werden brauchte, jetzt aber, da mit der Niederschlagung des faschistischen Feindes die normalen Strukturen von neuem hervortreten, sich wieder empfiehlt.

Es ist diese Veränderung, in seinem Verhalten wie in dem der Truppe, über die er auf seiner Rückfahrt nach Annaberg von Dresden, wo er länger als geplant dienstlich zu tun hatte, nachdenkt: was bin ich für ein Mensch, fragt er sich, daß ich den völkermordenden Krieg wie eine Befreiung empfand und nun, nach dem befreienden Sieg, nur die Zwänge spüre, die meine Anpassung erfordern; und soll das den Rest meines Lebens so weitergehen, Vorsicht bei jedem Wort und zweimal geprüft jeder Schritt, bevor man ihn tut? Und weiter fragt er sich, wie all diese Menschen wieder eingejocht werden sollen, die doch das gleiche erlebt haben wie er im Feuer der Schlacht, rechts und links neben sich den Tod, aber plötzlich Luft in der Lunge und die Aufpasser bangend ums eigene Leben und abhängig von denen, auf die sie angesetzt waren, und mit welchen Versprechungen man sie korrumpieren, mit welchen Drohungen sie einschüchtern wird, und ob nicht doch etwas bleiben würde von dem, was da war, ein Fünkchen von Rebellion unter der Asche.

In Annaberg trifft er ein, als die Menge vom Marktplatz her sich gerade verläuft, mürrische Grüppchen, stehenbleibend hier und dort, und erregte Gesten, und Blicke, die sich unter den Brauen verkriechen, sobald sie seiner gewahr werden; und da er weiß, daß unter Besatzungsregime jede Ansammlung Unmut, wenn nicht gar Aufruhr, bedeutet, sie sei denn behördlich beordert, und derartiges wäre ihm ja wohl bekannt, ergreift ihn Unruhe; er erwartet verstärkte Patrouillen zu sehen und Lastkraftwagen mit aufgesessener Infanterie; aber nichts dergleichen, höchstens ein paar zusätzliche Wachen vor Bahnhof und Post und den übrigen öffentlichen Gebäuden; und wie er die Treppe hinaufeilt im Hause der Militäradministration, ist auch dort nichts von Alarmstimmung zu spüren, man begrüßt ihn eher gelassen, jedoch vergnügter als sonst, so als hätte man irgendein kollektives Erfolgserlebnis gehabt, eine Auszeichnung erhalten für die Einheit oder, besser noch, eine Sonderzuteilung, Schnaps und Gürkchen etwa.

»Unser Reisender!« Workutin springt auf. »Willkommen!« Und tritt auf Bogdanow zu, ihm die Hand zu schütteln, was dieser, überrascht, mit sich geschehen läßt, und fährt unmittelbar fort: »Wir haben Geschichte gemacht hier inzwischen, Genosse Major!«

Bogdanow bleibt distanziert. »Geschichte?«

»Tja – a-ah«, sagt Workutin gedehnt, »Sie haben da etwas versäumt. Sie waren auch zu lange fort.«

Bogdanow schweigt.

»Geschichte, jawohl!« Dem Kapitän Workutin fällt ein, der andere könnte vielleicht noch nicht wissen, welcherart Geschichte in seiner Abwesenheit hier gemacht wurde, und er zählt auf, jetzt bereits mißmutig, da er erkennt, daß seine Begeisterung über das historische Ereignis auf diesen Intelligenzler schwerlich überspringen wird: der barfüßige Mutschmann und patsch-patsch durch das Wasser und hinauf auf den Sockel. Und wiederholt, was er bereits dem deutschen Genossen sagte, der, immer noch bleich, am Tisch sitzt und kaut, nämlich daß die beste Lektion die Lektion am Objekt sei, und preist, nun aber auf deutsch, damit Kadletz das Lob auch verstehe, den neuen Volksredner aus der befreundeten Republik Schwarzenberg, eine echte Entdeckung sei der, und wie er das Denken der Massen so klug zu lenken verstanden habe, und fragt schließlich wieder auf russisch, die Verärgerung, die jetzt hörbar in seiner Stimme, nur mühsam gezügelt: »Oder meinen Sie etwa, Bogdanow, daß hier nichts stattzufinden habe, was nicht aus Ihrem Kopfe stammt?«

»Ich meine...« Bogdanow hält inne, denn dies ist ganz klar eine von jenen Situationen, die man im Feld, in Reichweite feindlichen Feuers, anders spielt als in einem friedlichen, aber dünnwandigen Vorzimmer zu den Diensträumen der Sowjetischen Militäradministration in einer beschlagnahmten deutschen Villa.

»Legen Sie sich bitte keinen Zwang an«, sagt Workutin. »Ich selber halte mit nichts hinterm Berge und liebe daher Offenheit auch bei anderen und schätze Kritik.«

Nun juckt es Bogdanow doch. Wer ist der Kerl schon, ein Dorfpolizist, nach oben gespült von den Wogen des Krieges, und welches auch immer seine Verbindungen sein mögen in diesem Apparat, man hat auch selber einige. »Ich meine«, greift er den vorhin unterbrochenen Satz auf, »man kann verwilderte Sitten nicht mit verwilderten Sitten bekämpfen.«

»Verwilderte Sitten!« Workutins Gesicht läuft rot an, seine Augen werden zu Schlitzen. »Aber ja, aber gewiß!«

Kadletz, der wohl begriffen hat, was in dem Ton der Worte Workutins liegt, ist zusammengezuckt. Workutin hat es bemerkt; er wendet sich ihm zu und spricht nun, zu Kadletzens Information, wieder auf deutsch, stockend zwar, aber um so lauter und in Wirklichkeit gegen Bogdanow gerichtet: »Jawohl, teurer Genosse, wir haben nicht – wie heißt das – die feine bourgeoise Manier – ein Lump ist ein Lump bei uns und ein Verbrecher ein Verbrecher und – und wir stellen ihn hin auf einen – einen Sockel, ja – für jedermann sichtbar – wir sind Proletarier, eine Armee von Proletariern, eine siegreiche – und wenn wir sind *oditschawschije* – in deutscher Sprache – wie sagt man...«

»Verwildert«, übersetzt Bogdanow.

»Und wenn wir sind verwildert...« Workutin holt Atem, dann

brüllt er: »Wer hat uns dazu gebracht zu verwildern?« Und macht auf dem Absatz kehrt und stapft hinaus, die Tür hinter sich zuknallend.

Kadletz ist aufgestanden. Er weiß nicht, müßte nicht auch er diskret verschwinden nach diesem Zusammenprall, der offenbar tiefere Ursachen hat, als er zu erkennen imstande ist, aber dies dürfte das einzige Mal sein, daß er die Gelegenheit erhält, ein paar vertrauliche Worte mit dem Major Bogdanow zu wechseln, der ihn zweifelnden Auges mustert: als sei ein Zeuge bei der Szene, die sich da abgespielt hat, schon ein Zeuge zuviel.

»Genosse Major...«, beginnt Kadletz zögernd. Und da dieser, zerstreut, aber doch gutwillig mit »Ja, bitte?« antwortet, berichtet er hastig von Tatjana, Tatjana Orlowa, Lehrerin aus Rostow, und welch politische Reife sie gezeigt und wie sie geholfen habe, ihre Landsleute zu überzeugen, und er der Verantwortliche für den Transport, und wie dann die Schwarzenberger Güterwaggons geschmückt wurden mit roten Fähnchen, ihre Türen aber geschlossen bis auf einen Spalt, kurz, ob der Genosse Major nicht feststellen könne, was aus dem Transport geworden und wohin er gegangen und das weitere Schicksal der Tatjana Orlowa, die übrigens verheiratet gewesen sei mit einem Nikolaj Julianowitsch Orlow, Armeeoberst im Militärbezirk Rostow und später abgeholt von Männern in flauschigen Mänteln, angeblich zur Klärung eines Tatbestandes.

Bogdanow errät das Motiv der dringlichen Nachfrage; das ist nicht weiter schwer, der deutsche Genosse trägt, wie man sagt, das Herz auf der Zunge. Aber selbst wenn der Fall eher persönlich als politisch gelagert ist, und wie soll man derlei überhaupt säuberlich trennen, er reicht hinein in ein Gebiet, das ein gewöhnlicher Fuß entweder gar nicht oder nur mit größter Vorsicht betritt; Workutin wüßte wahrscheinlich, wo da nachzuforschen wäre; aber den armen Menschen hier, der unschuldig schuldig geworden, an Workutin zu verweisen, hieße, ihn trotz seiner schwarzenbergischen Heimatrechte und seines von dem Kapitän so geschätzten Rednertalents direkt in des Teufels Küche zu bringen; und so verdüstert sich seine Stirn desto mehr, je zahlreicher die Details, welche der unglückliche Kadletz herbeischleppt, bis er diesem mit müder Stimme endlich zusagt, ja, sicher, er werde alles tun, die Spur der Tatjana Orlowa aufzufinden und zu verfolgen; und weiß dabei doch schon, wie jede Frage nach der Verschwundenen, auch die behutsamste, ein Gewichtlein sein wird in der großen Waagschale, die sich gegen ihn, den Major Bogdanow, neigt.

Eine Ordonnanz, gestiefelt, die graubraune Litewka unter dem Ledergürtel von den Hüften abstehend wie das Röckchen einer Balletteuse: der Genosse Major werde von dem Genossen Kapitän Workutin in dessen Dienstraum erwartet, und mit einem Blick auf den Deutschen: »Der auch!«

»*Paschli!*« bedeutet Bogdanow dem von neuem beunruhigten Kadletz und denkt zugleich, welch zäher Bursche, Workutin, ein Hund, der den Knochen, einmal zwischen den Zähnen, nicht losläßt, trotz Zureden und Drohung, ihn vielmehr knurrend verteidigt, bis auch das letzte verdauliche Fädchen abgenagt ist und verschlungen. Bald aber findet er, angelangt bei Workutin, daß der wie ausgetauscht ist, beinahe liebenswürdig, der Streit um die Verwilderung der Sitten scheint vergessen, es geht auch um ganz anderes, es wird verhandelt mit einem Genossen Kiessling, gleichfalls aus Schwarzenberg, der in Begleitung und wohl auch unter dem Schutz dieses Reinsiepe sich befindet; Workutin versteift sich darauf, ausschließlich Russisch zu sprechen, und er läßt Reinsiepe übersetzen, das dauert länger, erbringt aber Zeit zum Nachdenken über die nächste Antwort und die Richtung, die dem Gespräch zu geben wäre. Und jetzt erkennt Bogdanow auch den Grund der von der Ordonnanz überbrachten dringlichen Einladung: verhandelt wird nämlich über ein Projekt, das, strikte gesehen, gar nicht in des Kapitäns Dienstbereich fällt, sondern in seinen, Bogdanows; warum aber, wenn es eine Frage militärischer Sicherung ist, mischt Workutin sich ein?

Der Genosse Kiessling, begreift Bogdanow nach kurzem Zuhören, anscheinend eine Art Verteidigungskommissar des auf immer noch ungeklärte Weise entstandenen Territoriums Schwarzenberg, wünscht militärisch vorzugehen gegen einen Trupp Faschisten, der das Leben der Bürger verunsichere und den angestrebten Wiederaufbau und die Herstellung gesetzlicher Verhältnisse behindere; mit eigenem Personal und eigenen Mitteln dazu nicht imstande, denn auch in Schwarzenberg halte man sich für gebunden an die Übergabebedingungen der Alliierten, die jegliche ernsthafte Bewaffnung selbst deutscher Ordnungskräfte verbieten, ersucht er um aktive Hilfe seitens der sowjetischen Besatzungsmacht im benachbarten Kreise; was läge auch näher als das, sagt er, bei der fragwürdigen Haltung der Amerikaner zu dem Hauptmann Stülpnagel, oder welchen Dienstgrad der Bandenführer auch habe.

Workutins Daumen pressen sich in die lose Haut unter dem fleischigen Kinn: kein Buddha, eher ein fett gewordener Tatarenkhan. Vielleicht, denkt Bogdanow, hat Workutin bereits sein *Njet* gesprochen und hofft nun, es von dem zuständigen Mann bestätigt zu bekommen; möglich aber auch, daß er die Entscheidung, auf die er offensichtlich doch Einfluß nehmen möchte, aus noch unklaren Motiven selber zu treffen sich scheut; kenne einer sich aus in den Gehirnwindungen von Menschen, wie der einer ist.

»Genosse Bogdanow«, sagt Workutin, »seien Sie so gut, unseren deutschen Freunden zu erklären, weshalb die sowjetische Armee, beim besten Willen und bei aller Sympathie für die Lage der Genossen in Schwarzenberg, nicht außerhalb der ihr zugewiesenen Besatzungszone operieren kann.«

Reinsiepe übersetzt die Aufforderung nicht. Er wartet ab. Anscheinend will er, ob im Zusammenspiel mit Workutin oder nicht, daß zunächst Bogdanow sich festlegt.

»Und vertrösten Sie die Genossen«, fährt Workutin endlich fort, lässig, so als bedürfe Bogdanow nur noch eines kleinen Anstoßes. »Denn wenn wir dann einmarschieren, werden wir nicht nur ihren Stülpnagel erledigen, sondern das ganze andere konterrevolutionäre Gesindel auch.« Und mit kurzem Lachen, die deutsche Redewendung benutzend: »*In einem Aufwasch*, so sagt man doch, oder?«

Reinsiepe verharrt immer noch, stumm.

Bogdanow hält die Augen geschlossen. Ein leichtes Lächeln liegt auf seinen Lippen. Er sieht sich vorstürmend an der Spitze seiner Leute; dabei hatte es so sich nie abgespielt, mit dem Pathos der Schlachtgemälde, immer hatten die Nerven gezittert und die Schädeldecke zu bersten gedroht; und dennoch war es erlösend gewesen. Wieviel Mann würde man brauchen gegen die Truppe

Stülpnagel: fünfzig? hundert? »Genosse Reinsiepe«, sagt er, »übersetzen Sie.«

Reinsiepe, erleichtert, zeigt freudigen Eifer.

»Der Genosse Kapitän«, erklärt Bogdanow, mit Pausen, damit Reinsiepe das rechte Wort auch finde, »ist besorgt über Fragen der Zuständigkeit. Das Territorium Schwarzenberg ist bekanntlich unabhängig und untersteht nicht der sowjetischen Besatzungsmacht.«

»Noch nicht«, ergänzt Workutin.

»Noch nicht«, von Reinsiepe, deutsches Echo.

»Ob wir also auf Ihr Hilfegesuch eingehen können«, eine sehr lange Pause, auch Bogdanow versteht es, Spannung zu schaffen, und Workutins Gesicht ist eine Studie in Widersprüchen, »das obliegt nicht uns zu entscheiden. Haben Sie das, Genosse Reinsiepe?«

Reinsiepe schluckt, aber er übersetzt getreulich. Dann jedoch winkt Bogdanow ihm ab und schließt, sich selber des Deutschen bedienend: »Ich werde nachfragen höheren Orts. Und dann werde ich zu Ihnen kommen, Genossen, nach Schwarzenberg, und wenn wir dann losschlagen, gemeinsam, werden Sie mich an der Spitze meiner Leute finden.«

Workutin hustet, unmäßig lange, und wischt sich den Speichel vom Mund. Und obwohl das Taschentuch, blaukariert, fast das halbe Gesicht Workutins verdeckt, weiß Bogdanow: dies verzeiht der Kerl ihm nie.

20

Es hatte eine Weile gedauert, bis Wolfram ihr klarmachen konnte, was von ihr erwartet wurde und was der Herr mit dem schwarzen Köfferchen von ihr wollte; aber sobald sie begriffen hatte, war sie fügsam gewesen und hatte sogar geduldet, daß er sie mit dem Arzt allein ließ.

Trotzdem war er nervös. Die Geräusche im Korridor störten ihn, das Hüsteln einer Frau, die irgendwo wartete, aufgerufen zu werden, die eiligen Schritte eines Rathausangestellten, die zur Treppe hin verschwanden, das Schurren eines Eimers auf den Steinfliesen, und dann, von der nächstniederen Etage her, wo das Bürgermeisterzimmer sich befand, lautes Gewirr von Stimmen, darunter Reinsiepes, deutlich erkennbar.

Anscheinend war dieser Dr. Fehrenbach ein gründlicher Mann; Zeit genug nahm er sich für seine Untersuchung. Vielleicht war es unnötig gewesen, dachte Wolfram, daß er diskret den Raum verließ, nachdem Paula, der Aufforderung des Arztes folgend, ihren Sweater ausgezogen und sich auf die abgeschabte Couch gelegt hatte, zusätzliches Ausstattungsstück seines Dienstzimmers, eingetauscht vom Genossen Kiessling gegen ein ewig verstaubtes Topfgewächs. Er kannte ihren nackten Körper, die Brüste, die weißen Schenkel; sie gab sich leicht und ohne Scheu; aber er hatte gemeint, daß sie dem Dr. Fehrenbach gegenüber weniger Hemmungen haben würde, wenn er sich zurückzog, und auch der Arzt mochte es lieber sehen, wenn er sie abklopfen und abhorchen konnte, ohne daß ihm einer dabei zuschaute.

Fehrenbach bestach durch seine langen, sensiblen Hände, man konnte ihn sich als Handaufleger vorstellen, Zaubersprüche murmelnd. Wahrscheinlich, dachte Wolfram, hätte man ihn längst konsultieren sollen; der Mann war zwar weder Neurologe noch Psychiater, aber ein Vierteljahrhundert allgemeiner Praxis in einer Stadt wie Schwarzenberg würde ihm Fälle in Menge geliefert haben, die Analogien zu dem Paulas aufwiesen und ihn befähigten, eine wenigstens in den Grundzügen brauchbare Diagnose zu liefern. Wenn er sich zurückgehalten hatte, dann wohl aus dem Bedenken heraus, daß Fehrenbach zur Zeit der einzige Arzt im Umkreis war; die andern Ärzte, soweit nicht zum Militärdienst eingerückt, hatten sich, einschließlich der Herren vom Wehrmachtslazarett in der Realschule, in den letzten Tagen des Krieges davongemacht, und Fehrenbach saß nun da mit den sich rapide häufenden Grippe-Infekten und Tbc-Ausbrüchen, den Hungerödemen und den schon epidemieartigen Ruhr- und Typhuserkrankungen; einen so überlasteten Menschen für einen Fall von Sprachhemmung in Anspruch zu nehmen hätte geheißen, die eigene doch immerhin privilegierte Stellung ungebührlich auszunutzen.

Wolfram ging, quer über den Korridor, zur Tür seines Zimmers, doch seine Hand zuckte zurück, bevor sie die Klinke berührte. Nein, nichts von alldem war der wirkliche Grund für sein Zögern gewesen, nicht Sympathie für den armen Überforderten, nicht die Ethik, die etwas überspitzte, die dem revolutionären Führer gebot, ans eigene Wohl zuletzt zu denken; es war die Angst vor der Endgültigkeit des Urteils, vor dem Satz: Bedaure, Herr Wolfram, hier versagt alle ärztliche Kunst.

Und es war diese Angst, die ihn auch jetzt wieder davon abhielt, auf die elende Klinke zu drücken, und die überhaupt jeden Kontakt zwischen ihm und dem Arzt verhindert hätte, wäre der nicht nach einer Sitzung des Aktionsausschusses, zu der er geladen war, um über den Gesundheitszustand der Bevölkerung zu referieren, auf ihn zugekommen.

Er wolle um Gottes willen nicht den Eindruck erwecken, als möchte er sich bei ihm Liebkind machen, hatte Fehrenbach das Gespräch begonnen und dann mit plötzlich rauh gewordener Stimme hinzugefügt: »Vielleicht interessiert es Sie zu erfahren, Herr Wolfram, daß ich Ihre seligen Eltern beide in den letzten Monaten ihres Lebens noch behandelt habe.« Und hatte, ohne eine Reaktion abzuwarten, einen Ausruf, eine Frage, sofort weiterberichtet, der Herr Noah Wolfram habe ihn, obwohl nicht eigentlich sein Patient, um einen Hausbesuch gebeten, da die anderen Ärzte am Ort nichtarische Fälle nicht mehr oder nur noch widerwillig behandelten. Er, Fehrenbach, sei dann recht erschrocken gewesen, als er die Wohnung über dem noch nicht wieder verglasten Herren- und Damenkonfektionsgeschäft am Marktplatz betrat; Herr Noah Wolfram sei nach dem Schock, den die öffentliche Zurschaustellung auf dem Handkarren für ihn bedeutet habe, einfach nicht mehr derselbe gewesen, als den er ihn früher, wenn auch nur flüchtig, gekannt: witzig und mit respektablem Embonpoint; sein Gesicht sei von krankhaft grauer Färbung gewesen, der Schlaf habe ihn geflohen, und bei jedem Klingelzeichen an der Tür sei er zusammengezuckt und habe zu zittern begonnen; auch sei er, trotz aller Bemühungen seiner Frau und trotz der besten und teuersten Medikamente, heftig vom Fleische gefallen und binnen Wochen um Jahre gealtert; dennoch habe er den dringlichen ärztlichen Rat zu emigrieren nicht befolgt; dazu sei er, habe er geäußert, nicht mehr lebenstüchtig genug; und allmählich habe der alte Herr aufgehört, sich für die Welt draußen zu interessieren, habe auch nicht mehr von seinem Sohne gesprochen, der, wie er vorher noch manchmal gesagt hatte, hoffentlich entkommen sei und sich irgendwo in Sicherheit befinde, und sei einfach, wie soll man es anders bezeichnen, erloschen; und seine Frau, obwohl physisch von stärkerer Konstitution, habe ihn nur um ein geringes überlebt.

Wie kommt es, dachte Wolfram, daß der Verlust eines Menschen erträglicher erscheint, solange die Umstände seines Endes schemenhaft blieben? Nun aber, in Kenntnis der Einzelheiten, drang alles wieder auf ihn ein, die Schrecken der Zeit, da er, verstrickt in einen, wie sich herausstellte, quixotischen Widerstandskampf, nur durch Zufall vom Tod von Vater und Mutter erfuhr, und das Schuldgefühl, das ihn seitdem belastete, denn wenn er schon zu solchen Großtaten sich bereit fand, hätte er wenigstens dafür Sorge tragen sollen, daß die beiden das Land rechtzeitig verließen. Die Auseinandersetzung mit dieser Schuld war jetzt nicht länger zu vermeiden, ebensowenig wie die Klärung seines Verhältnisses zu seinem Vater, dem er sich, zu Unrecht natürlich, so oft überlegen gefühlt hatte, während in Wahrheit hinter dem kaufmännisch-reellen Gehabe, das der Alte zur Schau trug, ein Träumer, ganz wie er einer war, sich verborgen hatte.

»Wenn ich Ihnen dienlich sein kann...« Mit diesen Worten hatte Fehrenbach den Bericht über seine Eltern geschlossen und dabei offengelassen, ob er nach dem Vater auch in dem Sohn einen Patienten sah oder ob sein freundliches Anerbieten sich in der Hauptsache auf Paula bezog, von deren Existenz und sonderbarem Wesen er zweifellos wußte; die Republik Schwarzenberg war eben ein Mini-Staat.

Endlich entschloß er sich und drückte auf die Klinke.

Die Szene dann erschien zunächst ganz normal: Paula lächelte ihm zu; der Arzt war dabei, sein Stethoskop in das Köfferchen zu packen.

»Nun?« fragte Wolfram in einem Ton so brüsk, daß er ihn selber unangebracht fand.

Dr. Fehrenbach richtete sich auf. »Das Fräulein kann von Glück sagen: keine Frakturen und, soweit mir festzustellen möglich ist, keine inneren Verletzungen.«

Wolfram war befremdet. Frakturen, Verletzungen: wie kam der Mann dazu, ihn ausgerechnet dieserhalb zu beruhigen, wenn es doch wohl um Psychisches ging, woher und wieso die Unfähigkeit der Patientin, Worte zu formen, sich auszudrücken.

»Aber es sind«, fuhr Fehrenbach fort, »besonders am Rücken und an den unteren Extremitäten Spuren von Quetschungen vorhanden, die anfänglich sehr schmerzhaft gewesen sein müssen und dem Fräulein zum Teil heute noch zu schaffen machen. Leider kann sie uns keine Auskunft geben über die Ursachen, aber es sieht so aus, als wäre sie von einem Gegenstand von größeren Ausmaßen getroffen worden oder darunter zu liegen gekommen. Haben Sie denn nie etwas in der Hinsicht bemerkt, Herr Wolfram?«

Noch immer verwirrt, denn nun sollte er auf ganz andere Symptome geachtet haben als die augenfälligen, suchte Wolfram sich zu erinnern. Ja, da mochte ein gelegentliches kurzes Aufstöhnen gewesen sein, eine plötzliche unmotivierte Bewegung, aber beides konnte hunderterlei Gründe gehabt haben, und schon gar bei einer Person, die außer Gesten und halb tierischen Lauten kein Mittel hatte, sich auszudrücken; und seine Verwirrung ging über in Erschrecken und zugleich Mitleid, da ihm klar wurde, daß das arme Ding auch noch Schmerzen gelitten hatte, ohne sich ihm mitteilen zu können; daß Paula es sich sogar bewußt versagt haben mochte, ihn spüren zu lassen, was sie litt, aus Furcht, er könne sie, die doch schon schwierig genug war im Umgang, dann gänzlich fallen lassen.

»Nichts?« bohrte Fehrenbach. »Keine Diskolorierungen, keine Abschürfungen?«

»Das schon«, sagte Wolfram und sah den Arzt an, als müßte der sich doch denken können, wie so etwas zustande kam. »Schließlich machten Paula und ich unsere Bekanntschaft auf den noch rauchenden Schutthaufen von Dresden, wo der Fuß kaum Halt fand; da hatte jeder seine blauen Flecken, das war das mindeste.«

»Sicher«, sagte Fehrenbach, »sicher.«

»Aber...« Eine Handbewegung, Einladung an den Arzt, sich doch wenigstens hinzusetzen. »Aber das andere?«

Doch Dr. Fehrenbach verschmähte den angebotenen Stuhl. Statt dessen trat er dicht neben Paula, so als bedürfe sie gerade jetzt seiner Nähe, und erklärte: »Für dieses andere, Herr Wolfram, habe ich keinerlei organische Gründe finden können. Zunge, Larynx, Stimmbänder, Atmungsorgane, alles in Ordnung. Und da das Fräulein nach dem Zeugnis des Herrn Reinsiepe, von dem Sie mir Mitteilung machten, früher völlig normal gewesen ist und nicht einmal zu Hysterie neigte, besteht die Aussicht, daß sie ihre Sprechfähigkeit wiedergewinnen kann.« Und sich zu Paula hinwendend: »Sie haben mich doch verstanden, nicht?«

Paula setzte ihren rechten Fuß hinter den linken und vollführte einen tiefen, ehrfürchtigen Knicks.

»Und um zu diesem Ziel zu kommen«, Wolfram wußte nicht, ob er sich bereits erleichtert fühlen durfte, »was schlagen Sie vor, Herr Doktor?«

»Psychotherapie. Eventuell kombiniert mit gewissen Drogen. Und später Sprechunterricht.«

Psychotherapie, dachte Wolfram, Drogen: die ärztliche Kunst, immerhin eine Hoffnung. Und fragte: »Wären Sie in der Lage, Herr Doktor, eine solche Behandlung zu übernehmen, oder sie zumindest einzuleiten?« Und eingedenk der Offerte des Herrn Dobrindt, des städtischen Finanzsekretärs, setzte er hinzu: »Ich bin gegenwärtig zwar ziemlich mittellos, könnte mir aber Geld verschaffen.«

»Ich tät's Ihnen auch umsonst.« Fehrenbach schien wenig amüsiert zu sein. »Aber mit dem, was ich an Drogen besitze, kann ich nicht einmal eine Darminfektion kurieren. Und wie soll ich mich um das Unterbewußtsein des Fräuleins bekümmern, wenn ich für jeden Patienten, der mir in die Praxis kommt, im Durchschnitt zweieinhalb Minuten zur Verfügung habe? Da müßten Sie schon anderswohin gehen mit dem Fräulein, Herr Wolfram, ziemlich weit weg, in eine Welt, die noch relativ heil ist.«

»Und außer dem, was Sie vorschlugen, Herr Doktor, gäbe es nichts, was ihr helfen könnte?«

»Ein Wunder höchstens.« Dr. Fehrenbach hob die Hand. »Nein, bitte, sparen Sie sich Ihren Widerspruch. Das Fräulein ist ja auch durch ein Wunder verstummt, ein negatives, wenn man es so bezeichnen will. Folglich könnte es auch ein Wunder gegenteiliger Art geben. Ein kleines Gebet könnte nützlich sein, Herr Wolfram, ein Gebet zu dem Gott Ihrer Väter; der hat wahrhaftig lange genug zugesehen bei dem, was Ihnen und Ihrem Vater und so vielen Ihresgleichen geschehen ist in diesen Jahren; da kann er sich schon einmal bemühen, helfend einzugreifen.«

Wolfram fand den Gedanken, daß ihm der da oben einen Ausgleich schulden könnte, tröstlich, und er stellte sich vor, was er noch an Gutem zu erwarten hätte, wenn es einen Gott gab, der nach Fehrenbachschen Begriffen von Gerechtigkeit handelte. Der schöne Tagtraum wurde jedoch unterbrochen; das Telephon schrillte; der Pförtner meldete, ein Jeep sei am Eingang vorgefahren, dem zwei Amerikaner entstiegen, und der eine hätte nach ihm gefragt.

Der Hüter seines Bruders, dachte Wolfram sofort; und tatsächlich, es erschien derselbe Lieutenant Lambert, der schon einmal hier in Schwarzenberg gewesen war und dem Aktionsausschuß seinen Besuch abgestattet und dabei jenen unangenehmen Temperamentsausbruch gehabt hatte, und wie damals war er in Gesellschaft seines lang aufgeschossenen, permanent Gleichgültigkeit mimenden Sergeanten, auf den Paula auch gleich wieder zuging, als hätte sie ihn erwartet.

»Sie wollten zu mir?« fragte Wolfram.

Lambert trat hinter Wolframs Schreibtisch und setzte sich auf Wolframs Stuhl, mit dem Recht des Siegers von dem Büro mitsamt Inventar Besitz ergreifend. Darauf stützte er die Ellbogen auf die Tischkante, lehnte sich herausfordernd vor, erwiderte: »Zu Ihnen, genau« und blickte mit leicht angehobener Braue auf den Mann mit dem Köfferchen, wortlose Aufforderung an Wolfram, diesen hinauszukomplimentieren.

Wolfram entschied sich jedoch, mißzuverstehen. »Darf ich Ihnen Herrn Dr. Fehrenbach vorstellen, Lieutenant«, sagte er freundlich.

Lambert lehnte sich noch weiter nach vorn, doch sein Ton änderte sich. »Arzt?«

»Arzt«, bestätigte Wolfram, »der einzige, der uns geblieben ist. Im übrigen trifft sich das gut, da kann Ihnen Herr Dr. Fehrenbach gleich berichten...«

Lambert winkte ab. Aber da Wolfram nicht zu halten war und darauf bestand, das bekannte Kain-Zitat in einen Gewissensappell umzufunktionieren und davon zu reden, wie die Amerikaner doch ansprechbar seien in Sachen Menschlichkeit, siehe die Quäkerspeisungen nach dem Ersten Weltkrieg, ein Töpfchen Milch und eine Semmel für jedes deutsche Schulkind, er selber habe seines auch erhalten, und wie der Herr Dr. Fehrenbach nicht einmal die Mittel besitze, eine einfache Darminfektion zu kurieren, während der medizinische Dienst der amerikanischen Armee mit allem Notwendigen so reichlich ausgestattet sei, das erführe man von vielen Seiten, und immer weiter und immer so fort in diese Kerbe hinein, hörte er nur noch mit halbem Ohr hin und dachte, in der Tat, das hatte sich sehr gut getroffen, die zufällige Anwesenheit von Dr. Fehrenbach, denn auch und gerade Ärzte gehörten zu jener Kategorie von Deutschen, die die Armee in westlicher Richtung evakuiert zu sehen wünschte. Also schnitt er Wolfram das Wort ab, indem er abrupt aufstand und anordnete: »Sergeant, würden Sie dafür sorgen, daß wir hier nicht gestört werden?«

Whistler klopfte Paula wohlwollend auf den Rücken, begab sich, jegliche militärische Geste sorgfältig vermeidend, hinaus auf den Korridor und bezog Posten vor der Tür.

Drinnen sagte Lambert vom Fenster her, durch das er gerade einen zweiten Jeep, dieser jedoch geparkt auf dem Hinterhof des Rathauses, bemerkte hatte: »Ich könnte Ihnen kurz aufzählen, was die von den Quäkern gespeisten deutschen Schulkinder in späteren Jahren alles getan haben.« Der Jeep, ausgerüstet mit einer langen wippenden Antenne, trug ein ganz anderes Kennzeichen als seiner und war noch schmutziger. »Aber Sie wollten ja Hilfe von mir«, sagte er, »Sie beide. Well, ich bin gekommen, Ihnen zu helfen.« Und da Fehrenbach zu einer Erwiderung ansetzte, einem Dankeswort wohl, fügte er hastig hinzu: »Nein, nicht in der Art, wie Sie glauben. Darum mögen sich andere kümmern, denn wir, das wird Sie möglicherweise überraschen, ziehen ab.«

Paula kicherte aus irgendeinem Grunde, den nur sie kannte. Lambert warf einen Blick auf seine Zuhörer; Fehrenbach schien recht nachdenklich geworden zu sein; Wolfram zupfte an seinem Ärmel, eine mechanische Bewegung ähnlich der, mit der Sterbende an ihrer Bettdecke zupfen.

»Das muß Sie aber nicht beunruhigen«, nahm Lambert, ein wenig zu gleichmütig, den Faden wieder auf. »Denn gerade für Sie ist gesorgt, obwohl Ihr Schwarzenberg de jure nicht zu unserem Besatzungsgebiet gehört. Sie kommen mit uns: Sie, Herr Wolfram und das arme Mädchen dort, und Sie, Herr Dr. Fehrenbach, selbstverständlich mit Ihrer Familie, Sie haben doch Familie, ja? Kann ich Sie, sagen wir in zwei Tagen, hier abholen?«

Nun kam sie also doch, dachte Wolfram, die große Veränderung. Und es war widersinnig zu hoffen, daß die Sowjets die Grenzen des armseligen Landkreises Schwarzenberg noch einmal respektierten, wenn sie in die von den Amerikanern aufgegebenen Fetzen des ehemaligen Reiches einrückten. Aber war nicht auch der gegenwärtige Zustand, die imaginäre Republik, ein Widersinn? Und war nicht gerade das Widersinnige in der Geschichte eher die Regel als die Ausnahme?

Wolfram fuhr zusammen. Fehrenbach hatte etwas gesagt, und zwar zu ihm. »Sie sollten zuschlagen, Herr Wolfram, habe ich mir erlaubt zu bemerken.« Fehrenbach nickte nachdrücklich. »Dies ist Ihre Chance, und sie wird sich kaum noch einmal bieten. Und die des Fräuleins. Psychotherapie, Sie wissen doch, und gewisse Drogen, die wir hier auf Jahre hinaus nicht haben werden. Das Fräulein wird wieder sprechen können, wird leben können wie ein Mensch, an Ihrer Seite leben, Herr Wolfram.«

Wolfram grub sich die Nägel in die Handflächen. All das hatte er sich selbst überlegt in der Minute, die auf das Angebot des amerikanischen Leutnants gefolgt war.

»Und speziell für Leute wie Sie«, gab Fehrenbach zu bedenken, »Leute, die sich ihre eigenen Gedanken machen, wird das Leben unter den Russen kein Zuckerschlecken sein.«

»Wie können Sie wagen, so etwas zu behaupten!« Wolfram spürte, wie ihm das Blut zu Kopfe stieg. »Ohne den heldenhaften Einsatz der Roten Armee wäre einer wie ich längst tot und verscharrt! Ich habe gegen den Faschismus gekämpft, die Russen sind meine Bundesgenossen, meine Brüder, und ich...« Er brach ab. Lautstärke war kein Argument gegen die unbequeme Voraussage, Ironie mochte da geeigneter sein. »Aber Sie, Herr Doktor«, erkundigte er sich mit erzwungenem Lächeln, »werden die Einladung doch gewiß akzeptieren?«

Fehrenbach zuckte die Achseln. »Ich bin Arzt. Und der einzige Arzt hier in Schwarzenberg, wie Sie unserem amerikanischen Gast gegenüber bereits betonten.«

Die Tür öffnete sich. Sergeant Whistler, lässigen Schritts, trat ein, ihm auf den Fersen, so daß er ihn fast umstieß, der Genosse Bornemann.

»Sorry, Sir«, sagte Whistler, »Typ hier war nicht abzuweisen. Blökt herum, er wäre der Bürgermeister.«

»Ich w – w – weiß ja nicht, w – w – worüber Sie hier verhandeln, W – W – Wolfram«, Bornemann war so erregt, daß er stotterte, »aber wir v – v – verhandeln mit einem s – s – sowjetischen Offizier, und jetzt k – k – kommen Sie bitte mit mir mit.«

»Sergeant«, sagte Lambert, »leisten Sie Ihrer stummen Freundin hier Gesellschaft, bis ich wieder da bin.« Und zu Wolfram und dem erhitzten Bornemann: »Sie gestatten doch, daß ich Sie begleite.«

21
Aufzeichnung Kadletz:
Gegenbesuch

Der Wahrheit die Ehre zu geben: ich hatte sehr bezweifelt, daß der
Major Bogdanow sein Wort halten würde. Gewiß, er war ein Ehren-
mann; aber was war die offiziell nicht einmal existierende Republik
Schwarzenberg schon im Kräftespiel der Siegermächte, und welch
geringfügiges Problem war ein auf ihrem Gebiet umherziehender
Trupp faschistischer Desperados verglichen mit den Problemen der
Errichtung einer Nachkriegsordnung in Europa? Und in Anbetracht unserer Bedeutungslosigkeit, weshalb sollte Bogdanow sich
der Mühe unterzogen haben, unseretwegen bei seinen Vorgesetzten
in Dresden vorzusprechen, ihnen langwierige Erklärungen über unser Vorhandensein zu geben und ihnen auseinanderzusetzen, was
für liebe und unterstützenswerte Kerlchen wir doch wären; weshalb
sollte er zusätzlichen Ärger mit einem Manne wie diesem Kapitän
Workutin auf sich nehmen, der doch Einfluß zu haben schien und,
gleich unserem Genossen Reinsiepe, offensichtlich gegen das Unternehmen Stülpnagel war.

Dennoch war Bogdanow gekommen, hatte seinem Fahrer befoh-
len, sein Fahrzeug hinter dem Rathaus abzustellen, außer Sicht der
Bevölkerung, und saß nun am Konferenztisch in Bornemanns
Dienstzimmer auf einer Art ledergepolstertem Thronsessel, einem
Prunkstück noch aus der Zeit eines Vorgängers von Dr. Pietzsch.
Vor ihm stand, wie vor uns allen, ein Gläschen Wodka, Samogon,
Selbstgebrannten nannte er ihn, und die Flasche war sein Gastge-
schenk gewesen; und neben seinem Glas waren zwei Karten von
Schwarzenberg und Umgebung ausgebreitet, eine deutsche Stabs-
karte, aus eroberten Beständen, wie Bogdanow erklärte, und eine
Verwaltungskarte des Landkreises, die Kiessling einem Akten-
schrank des Rathauses entnommen hatte. Kiessling war wohl ein

wenig vom Wodka beflügelt; wenn er nicht, dem Beispiel Bogdanows folgend, doppelt geschwänzte rote und blaue Pfeile auf seine Karte malte, deren Spitzen sämtlich nahe der Ortschaft Sosa konvergierten, hielt es ihn nicht auf seinem Stuhl; aufgeregt tänzelte er hin und her, gelegentlich ein triumphierendes »Ha!« oder »Oho!« ausstoßend oder die Hand hebend, als sei er drauf und dran, Bogdanow auf die Schulter zu klopfen. Und war es denn nicht ein Triumph für uns zu erleben, wie die Republik Schwarzenberg soweit anerkannt wurde von der großen, siegreichen Sowjetunion, daß eine kombinierte militärische Operation von Streitkräften beider ins Auge gefaßt werden konnte! Selbst Bornemann, dem der Sinn fürs Historische abging, schien von dem Moment ergriffen; man konnte sehen, wie er sich straffte, das Kinn vorschob, seinem sonst eigentlich nichtssagenden Blick einen bedeutenden Ausdruck zu geben trachtete und von Minute zu Minute mehr in die Rolle eines führenden Repräsentanten des Staates hineinwuchs. Nur der Genosse Reinsiepe hockte da, verschlossenen Gesichts, machte sich dauernd Notizen und ließ auf keine Art erkennen, was ihm wirklich durch den Kopf ging.

Für mich stellte sich vor allem die Frage, ob dieser Besuch und diese Besprechung nur der Laune eines Offiziers der Sowjetischen Militäradministration entsprangen, der einem überheblichen Kameraden beweisen wollte, daß auch dessen Bäume nicht in den Himmel wuchsen, oder ob eher Grundsätzliches dahintersteckte, ein Ratschluß von Mächtigeren als Bogdanow und Workutin; denn hatte letzterer den Genossen Kiessling und Reinsiepe und mir nicht kürzlich erst, bei Gelegenheit unseres Besuches in Annaberg und in Gegenwart von Bogdanow, erklärt, daß gegen Stülpnagel und andere Gegner der neuen Ordnung nichts Radikales zu unternehmen sei bis zu dem Zeitpunkt, wo alles in einem Aufwasch, einprägsames Wort, geregelt werden würde? Und während am Konferenztisch von Stellplätzen die Rede war, von Aufmarschwegen und Flankenschutz, von Gefechtsständen, Vorausabteilungen, Treffpunkten, Erkennungssignalen und Einkreisung, Bogdanow überließ nichts dem Zufall und tat wirklich, als führte er wieder Krieg, überlegte ich die ganze Zeit, wie ich ihn dazu bekommen könnte, ein paar Worte mit mir allein zu wechseln: nicht nur, weil ich gerne gewußt hätte, welches der Ratschluß der Mächtigen, wenn es ihn gab, denn wäre und wie sich die Zukunft von Schwarzenberg gestalten sollte, sondern auch Tatjanas wegen. Ich suchte seinen Blick auf mich zu lenken; eine leichte Kopfbewegung mochte genügen, mich ihm verständlich zu machen, eine Braue, fragend erhoben, ihm in Erinnerung zu bringen, daß zwischen uns noch etwas ausstand; doch er reagierte nicht; fast schien es sogar, als vermeide er, mich anzuschauen.

Jahre nach den Ereignissen, von denen ich Ihnen berichte, kam mir ein Roman in die Hand, in dem der Autor ein kurzes, aber entscheidendes Gespräch zwischen zwei Generälen beschreibt, einem amerikanischen und einem französischen, das stattfindet, während beide Herren in schöner Eintracht gegen eine gekachelte Wand ihr Wasser lassen. So außergewöhnlich war meine Begegnung mit Bogdanow, nachdem die allgemeine Besprechung einen gewissen Punkt erreicht hatte, also gar nicht; nur daß die Lokalität, schräg gegenüber dem Dienstzimmer des Bürgermeisters, anders konstruiert war als in dem Buche: statt der gemeinsamen Wand gab es ein Becken und, durch eine hölzerne Tür von diesem getrennt, die übliche Sitzgelegenheit.

Ich stand also da, ganz in Gedanken, und hörte, wie hinter mir einer hereinkam und sich in das kleine Kabinett begab, und dann Bogdanows leises Lachen und sein »Hoffen wir, daß uns hier keiner stört, Genosse Kadletz«.

Für andere, Reinsiepe etwa, hätte dieses Zusammentreffen nach Konspiration ausgesehen; das war es wohl kaum; aber es hatte seine dramatischen Momente, trotz der lächerlichen Örtlichkeit und der unvermeidlichen Geräusche.

»Was die Genossin Orlowa betrifft, für die Sie sich interessieren, Genosse Kadletz«, sagte Bogdanow, »so habe ich in Erfahrung gebracht, daß derart Transporte zu zentralen Punkten geleitet werden, wo die Heimkehrer überprüft und einzeln befragt werden und wo man entscheidet, ob sie in ihre Heimatorte entlassen werden können oder noch weiter in staatlicher Obhut bleiben müssen.«

Das Becken vor mir an der Wand geriet plötzlich ins Schwanken. »Wieso das?« fragte ich mit einer Stimme, die mir nicht zu gehören schien.

»Man traut ihnen nicht. Man fürchtet sie. Sie haben eine andere Welt gesehen, eine Welt schlimm genug, aber eine andere.«

»Das haben Sie doch auch, Genosse Major!« sagte ich.

Sekunden verstrichen. Ich fand mein Gleichgewicht wieder. Dann hustete er, spuckte aus und zog die Kette. Laut sagte er: »Es könnten feindliche Agenten unter ihnen sein.«

»Doch nicht Tatjana!« erwiderte ich hitzig. Und nachdem das Rauschen aufgehört hatte: »Genosse Major, sagen Sie mir, hätte ich versuchen sollen, sie zurückzuhalten?«

»Es war ihr freier Wille, nicht?« sagte er. »Und es ist ein weites Land, Rußland, und es ist die Heimat.« Er stieß die Tür des Kabinetts auf und stand dicht hinter mir, er hatte sich mit irgendeinem Eau de Cologne besprüht, das einen herben Geruch ausströmte. »Sonst etwas?«

»Was wird aus Schwarzenberg?« sagte ich.

»Weiß ich nicht«, antwortete er. »Noch nicht.«

»Man hat Ihnen nichts in der Hinsicht mitgeteilt in Dresden?« fragte ich weiter, obwohl ich wußte, daß er keine andere Auskunft geben würde.

Er sah mich forschend an, und ich bemerkte jetzt erst, daß seine Augen entzündet waren, so als hätte er Nächte hindurch kaum Schlaf gefunden. »Wir werden Ihren Stülpnagel beseitigen«, sagte er, »ist das etwa nichts?« Und dann: »Es ist Zeit.« Er ließ mir den Vortritt. »Bitte.«

Als wir zurückkamen in das Bürgermeisterzimmer, war dort der amerikanische Leutnant, den ich kannte. Mißtrauisch von Reinsiepe beobachtet, ging er auf Bogdanow zu, salutierte flüchtig und sagte auf deutsch, mit deutlichem Akzent: »Ich freue mich, Sie kennenzulernen, Major. Wir werden sicher manches Gemeinsame haben.«

Wolfram, den ich vorher vermißt hatte, stand da, das hagere Gesicht noch bleicher als sonst, den dunklen Blick auf die beiden Offiziere gerichtet, den Russen und den Amerikaner; doch schien mir, daß er in seinen Gedanken anderswo war, in einer anderen Zeit vielleicht: Zukunft oder Vergangenheit, wer will das wissen.

22
Militärisches Zwischenspiel

Das Gemeinsame, denkt Lieutenant Lambert, das die Militärs miteinander verbindet, ist eben das Militär. Man ist sozusagen vom gleichen Fach, auch wenn man das Fach erst im Kriege und notgedrungen erlernte, man bewegt sich, ob Russe oder Amerikaner, in ganz ähnlichen hierarchischen Ordnungen, benutzt, dienstlich zumindest, die gleiche oder fast gleiche Sprechweise, und sogar die Gesten und die Haltung gleichen einander aufs merkwürdigste; der Mensch, der zivile, der man einst war, im Staate Wisconsin oder im Bezirk Rjasan, hat sich verloren mitsamt seinen zivilen Eigenschaften; man hat, jeder an seiner Front, den Tod aus der Nähe erlebt und den stinkenden Qualm aus den Ruinen, und hat jetzt seine Probleme mit der Verwaltung des eroberten Landes, der eine in einer Stadt namens Auerbach, der andere in Annaberg; obwohl es nicht diese Gemeinschaft ist, die ihn und den Major Bogdanow hier zusammengeführt hat, auf gleichsam neutralem Boden, sondern, wie sie beide einander fast protokollarisch versichern, der pure Zufall.

Doch gibt es auch Unterschiede. Wesentlich sind dabei nicht, denkt Lambert, die paar Jahre, um die Bogdanow älter ist als er, oder dessen höherer militärischer Rang, oder die andersartige Uniform. Möglich, daß es das Russische an Bogdanow ist, das die Melancholie erzeugt, die wie ein leichter grauer Schatten die Farben des Bildes dämpft; doch mag auch das zu simpel gesehen sein; wir neigen dazu, die Dinge durch vorgelieferte Raster zu betrachten, Russisch gleich Dostojewskij gleich Weltschmerz gleich Besäufnis, mit dem Sturm auf das Winterpalais und den Prozessen mit ihren selbstzerstörerischen Geständnissen als zusätzlichen Illustrationen zum Thema. Oder ist es das Leben, das der Mann geführt hat, sind's seine Erfahrungen, unglückliche Liebe, Leberbeschwerden? Jedenfalls fasziniert ihn dieser Major, stellt Lambert fest, und nicht nur, weil Bogdanow der erste Sowjetmensch ist, dem er von gleich zu gleich begegnet; die geschundenen Kriegsgefangenen und die Zwangsarbeiter, mit denen er administrativ zu tun hatte, zählen in diesem Kontext nicht. Da er aber nun annimmt, daß das, was sie beide einander zu sagen haben werden, kaum für die Ohren der anwesenden Deutschen bestimmt sein dürfte, findet er, man müsse sich ihrer schnellstens entledigen; außerdem möchte er vermeiden, daß der sehr nachdenklich gewordene Wolfram, gezielt oder nicht, in Gegenwart Bogdanows von der Offerte spricht, die er und Dr. Fehrenbach vor einer Viertelstunde erhalten haben. Also komplimentiert Lambert den Bürgermeister mitsamt den Genossen des Aktionsausschusses höflich, aber entschieden aus dessen eigenem Dienstzimmer hinaus; sein Hauptpunkt dabei: es handle sich bei seinen Verhandlungen mit Major Bogdanow um interalliierte Angelegenheiten vertraulichen Charakters, man werde jedoch den Herrn Bürgermeister und die anderen Herren so bald als möglich wieder hereinbitten.

Bogdanow ist die Reaktion des Genossen Reinsiepe auf seinen und seiner schwarzenbergischen Freunde überraschenden Hinauswurf, ein verwundertes Runzeln der Stirn und ein deutlich mißbilligendes Hüsteln, nicht entgangen, und er ist wenig erfreut darüber, sieht er doch voraus, daß das Zusammentreffen mit dem Amerikaner, da kann er noch soviel von Koinzidenz reden, ihm sowieso dick angekreidet werden wird und in Summa mit all dem, was der Kapitän Workutin seit langem gegen ihn zusammengestellt, in den auf die primitivsten Denkmuster geeichten Köpfen der neuerlich wieder sehr präsenten Überwacher zu recht ungünstigen, ja, für ihn gefährlichen Schlußfolgerungen führen muß.

Lambert bemerkt, daß der schwermütige Zug im Gesicht des anderen nun, da sie beide allein geblieben sind, sich noch verdüstert hat. »War ich voreilig?« fragt er, plötzlich unsicher geworden. »Ich hätte Ihr Einverständnis einholen sollen, bevor ich diese Leute bat, uns zu verlassen.«

»Nitschewo«, eine müde Handbewegung Bogdanows, »oder zu deutsch, da wir uns wohl am besten in der Sprache des Feindes verständigen, den wir gemeinsam geschlagen haben: es macht nichts.«

Lambert hofft, der Major, einmal ins Reden gekommen, werde jetzt die Führung des Gesprächs übernehmen. Aber Bogdanow verfällt wieder in Schweigen, und sein Blick ist voll Trauer wie zuvor. So greift Lambert denn in seine Kartentasche, die er neben seinem Stuhl abgestellt hat, fördert eine flache, leicht gekrümmte Flasche zutage und stellt sie auf den Tisch. »Vielleicht regt das die Verständigung an.«

»Kentucky Bourbon«, liest Bogdanow halblaut vom Etikett, das *Bourbon* aussprechend wie den Namen des ehemaligen französischen Königshauses.

»Eine der wenigen amerikanischen Annehmlichkeiten mit Tradition«, erläutert Lambert. »Aus dem Ante-bellum-Süden noch, *bellum* hier der Bürgerkrieg, unserer, nicht Ihrer. Was war vorher in den Gläsern auf dem Tisch?«

»Wodka.«

»Auch nicht schlecht.«

»Leider nichts mehr vorhanden. Die armen Schlucker, unsere Schwarzenberger Freunde, bekamen jeder nicht einmal ein volles Glas. War aber auch schon fast zuviel für sie, auf den leeren Bauch, den die meisten von ihnen ständig haben.«

Lambert öffnet den Bourbon, schenkt ein. »Sie sympathisieren mit den Leuten, Major?«

»Na zdarowje!« Bogdanow leert sein Glas in einem Zuge.

Lambert sucht es ihm gleichzutun, verschluckt sich aber. Endlich kann er wieder reden und sagt: »Ich jedenfalls war des Glaubens, Sie und ich könnten ein paar Dinge zu besprechen haben, die besser unter uns blieben.«

»Und woher wollen Sie wissen, daß ich für ein solches Gespräch zur Verfügung stehe?«

Esther, denkt Lambert. Die Suche war bisher schon schwierig genug, und wer wird noch sein, der nachforschen könnte, sobald seine Armee sich zurückgezogen hat. Doch dann sagt Bogdanow ein zweites Mal: »Nitschewo!« und fügt, in einer Art edler Resignation hinzu: »Was in diesem Falle etwa bedeutet: mitgefangen, mitgehangen.«

Lambert blickt auf; es ist etwas vorgegangen in seinem Gegenüber, ein blaues Äderchen zeichnet sich ab auf dessen Schläfe, die Hand ballt sich nervös zur Faust, und seine Stimme klingt übermäßig gezügelt.

»Sagen Sie mir, Lieutenant«, fragt Bogdanow, »weshalb sind Sie wirklich nach Schwarzenberg gekommen? Es ist ja nicht eigentlich Ihr Besatzungsgebiet.«

Lambert füllt die Gläser nach; er spürt wieder Boden unter den Füßen. »Aber es ist meine Schöpfung.«

»Ihre – wie sagten Sie?« Bogdanow greift nach seinem Glas, aber er nippt jetzt nur. »Sie wollen also behaupten, dieses weder von Ihrer noch von der Roten Armee besetzte Stück Territorium, mit seiner aus der Bevölkerung heraus improvisierten und immerhin demokratisch erscheinenden Verwaltung, sei durch Sie persönlich zustande gekommen. Wenn dem tatsächlich so ist, mein Kompliment. Der einzige mir bis dato bekannte Lieutenant, der Geschichte gemacht hat, hieß Bonaparte.«

»Haben Sie eine Münze bei sich, Major?«

Der Gedankengang ist für Bogdanow nicht nachvollziehbar; dennoch holt er seine Geldbörse aus der Tasche und fischt eine abgegriffene Münze heraus, vom Umfang etwa einer mittleren Taschenuhr, schweres Kupfer, und hält sie zwischen Daumen und Zeigefinger, Lambert zur Ansicht. »Ein Kopekenstück, noch aus der Zarenzeit«, belehrt er. »Soll Glück bringen.«

»Borgen Sie's mir«, bittet Lambert. Und da Bogdanow ihm die Münze auf die flache Hand fallen läßt: »Kopf oder Wappen?«

Bogdanow versteht immer noch nicht.

Lambert, weniger geschickt als Whistler, bringt den Drall nicht zustande, den das Geldstück beim Wurf haben müßte, oder diese Kopeke ist einfach zu schwer: sie fällt herab auf den Tisch, ohne Rückprall, ohne Drehung um sich selbst, und liegt nun da. »Kopf«, stellt Lambert fest, »wie damals auch.« Und berichtet Bogdanow: Ost- oder Westgrenze des Landkreises Schwarzenberg; die übliche unklare Weisung, das übliche Hin und Her; dann der Anruf bei Major Pembroke vom Korps; und schließlich Sergeant Whistler, das 25-Cent-Stück.

»Wie ich das kenne!« Bogdanow lacht verbittert. »Das Verhalten der Stäbe ist, scheint es, in allen Armeen das gleiche. Sie hätten nicht zufällig so eine 25-Cent-Münze?«

Lambert durchwühlt seine Hosentasche, findet eine, legt sie neben die Kopeke.

»Tauschen wir?« schlägt Bogdanow vor.

Lambert greift sich die Kopeke: ein Handel unter Soldaten, bei dem er vermutlich das bessere Geschäft macht, die alte Münze dürfte einen viel höheren Wert haben als sein lumpiger Vierteldollar. Aber ihr wahrer Wert liegt im Ideellen, und dementsprechend erklärt er: »Ich möchte das symbolisch sehen, unser Tausch eine Art Verbrüderung.«

Verbrüderung. Bogdanow lehnt sich zurück in seinem Sessel und schließt für Sekunden die Augen. Ja, damals an der Elbe, einen Tag lang. Aber hier und jetzt? Er ist zu weit gegangen, viel zu weit, der Annäherungsversuch des Amerikaners beweist es; es ist nur ein Glück, daß außer ihnen beiden keiner das kompromittierende Wort gehört hat.

»Und wieso sind Sie in Schwarzenberg?« Lamberts Stimme dringt wie durch eine Wand hindurch an Bogdanows Ohr. »Ihre Besatzungszone ist es doch auch nicht?«

Bogdanow zwingt sich zur Ruhe. Er könnte antworten wie Workutin: *Noch nicht,* aber statt dessen sagt er, betont sachlich: »Man hat uns um Hilfe gebeten gegen einen Trupp von Faschisten, der die Menschen in diesem Gebiet terrorisiert.«

»Stülpnagel?«

Bogdanow richtet sich auf. »Von dem wissen Sie auch?«

»Ich bin nicht zum ersten Mal in der Gegend.« Lambert zögert. Er denkt an die Begegnung im Dorfe Sosa, an den jungen Egloffstein, da hatte sich eine Spur gezeigt, Esther, aber dann war es doch nichts gewesen. Er schüttelt den Kopf. Warum sind die hier in Schwarzenberg zu den Russen gegangen, denkt er, warum kamen sie nicht zu uns? Nur weil er ihnen damals den Kain zitiert hat in seiner Frustration? Oder besteht da ein tieferer Grund, ein allgemeingültiger? Aber welcher Instinkt sollte die Leute hier auf eine Erkenntnis gebracht haben, die er erst durch lange Erfahrung erwarb: wo wird die amerikanische Militärbehörde, mit ihren Auffassungen von Demokratie, eine Regierung unterstützen, die aussieht wie diese; dann lieber irgendwelche Strauchritter.

»So«, sagt Bogdanow, »Sie sind nicht zum ersten Mal in der Gegend.« Sein Verdacht verstärkt sich, daß hier noch mehr Fäden laufen als die, in die er sich bereits verstrickt hat, und er fährt fort: »Sie werden verstehen, Lieutenant, daß ich mir Klarheit verschaffen möchte, bevor ich irgend etwas unternehme, Klarheit über Sie, über Ihre Absichten, über Ihre Verbindungen zu unseren Freunden in Schwarzenberg, und generell.«

»Verstehe ich durchaus.« Lambert trinkt, der Bourbon schmeckt angenehm rauchig. Auch er möchte Klarheit, vor allem über das, was er eigentlich von Bogdanow will. Er mag diesen sowjetischen Major, hat ihn auf Anhieb gemocht: keiner von den Abgestumpften, denkt er, kein Rohling, obwohl der Krieg so viele verroht hat, auch kein gewöhnlicher Draufgänger; eher sensibel, ohne aber sentimental zu sein; und dann seine Schwermut, woher kommt das. Lambert holt Atem. »Ich hatte einmal«, sagt er, »in Leipzig, wo ich ein paar Semester studierte, ein Mädchen. Sie hieß Esther, Esther Bernhardt.«

Bogdanow hört zu. Er hat eine Art zuzuhören, die den Gesprächspartner dazu verführt, mehr zu sagen, als er anfänglich wollte. Lambert gibt Erklärungen: Kain hat unrecht, der Mensch ist sehr wohl seines Bruders Hüter, konkret gesprochen, des Judenmädchens Esther; aber ist er wirklich für schuldig zu halten, er als einzelner, als Leroy Lambert, oder liegt die Schuld nicht vielmehr in den Umständen, in der Zeit, in der wir leben; und sollte es wirklich seine Schuld sein, wo fing sie an, wo begann der Verrat? Und daher die Suche; daher der Ausflug in das noch unabhängige Gebiet Schwarzenberg, eine Hoffnung, zugegebenermaßen eine geringe; daher die Begegnung in Sosa, und der Fund: Egloffstein, den wenigstens gibt es.

Bogdanow blickt auf. »Und auch heute wieder: die Suche? Nur die Suche?«

»Nicht nur.« Lambert möchte trinken, es ist noch ein Rest in der Flasche, aber er schiebt das Glas von sich. Nein, bei aller Sympathie für den Major Bogdanow wird er ihm nichts von den Evakuierungsplänen seiner Armee für gewisse deutsche Spezialisten erzählen, und das nicht etwa, weil er so großen Respekt vor betipptem Papier hätte, das je nach Wahl als *Confidential*, *Secret* oder gar *Top Secret* klassifiziert und abgestempelt wurde, sondern weil er glaubt, daß Bogdanow, erführe der auch nur ein Wort von dem Angebot an Wolfram und Dr. Fehrenbach, das Visier herunterklappen würde, und zwar endgültig und für immer. »Nicht nur, aber in erster Linie, Major«, vervollständigt er seine Antwort daher. »Und bis zu einem Grad war die Suche ja auch erfolgreich, bin ich doch auf Sie gestoßen.«

»Ich kenne keine Esther Bernhardt.«

Egloffsteins Antwort, fast wörtlich. Aber so leicht, denkt Lambert, läßt er Bogdanow nicht aus der Pflicht. »Wie soll ich«, fragt er, »sagen Sie mir das, Major, einen Menschen finden, wenn mir mehr als die Hälfte des Raumes verschlossen bleibt, in dem er verschwunden ist?«

»Ach Gott«, Bogdanow seufzt, »da kommen Sie nun angeschwommen aus Amerika, Sie und Ihre Landsleute, mit all Ihren Komplexen und Ihrer Naivität, und meinen, in dem Raum, um den es sich handelt, sei das Leben nach irgendwelchen Ihnen vertrauten Mustern gelebt worden. Wie viele Millionen, glauben Sie, sind hier verschwunden, und wo verliert sich ihre letzte Spur?«

Die Melancholie wieder, denkt Lambert, und beeilt sich zu erwidern: »Aber man kann sich doch nicht damit zufriedengeben, gar nichts zu tun! In Ihrer Armee wird wohl kaum anders gearbeitet werden als bei uns: man muß eine Sache nur auf den Dienstweg bringen und Druck auf die entsprechenden Stellen machen, damit sie aktiv werden; Sie wissen das alles sicher viel besser als ich.«

»Wenn es Sie tröstet, Lieutenant.« Bogdanow gedenkt des Genossen Kadletz, und der war bei weitem nicht der einzige: alle stellen sie Ansprüche an ihn. Sie haben doch Macht, Genosse Major! Das wird zwar kaum je ausgesprochen, aber es steht dahinter; Sie haben einen Apparat, Kommunikationsmittel, dienstbare Geister die Menge. Doch wie gering ist diese Macht, und wie lange wird er sie haben, wenn er wirklich nachzuforschen beginnt und an die schwarze Mauer stößt, hinter der das Schweigen liegt? Und sagt: »Geben Sie mir die Personalien der Esther Bernhardt.«

Lambert, erleichtert, entnimmt seinem Portefeuille das Bild Esthers, reicht es Bogdanow über den Tisch hin. Bogdanow betrachtet das Gesicht: nicht unangenehm, soweit es sich auf dem verblaßten Photo erkennen läßt, intelligent; wahrscheinlich ist es längst von den Knochen gemodert oder zu Asche verbrannt; er macht sich Notizen nach Lamberts nicht allzu ausführlichen Angaben. Dann ist auch das vollbracht, das Photo wieder in seines Eigners Besitz; Lambert spricht von seiner tiefen Dankbarkeit, viel zu wortreich, allmählich verträpfeln die Worte.

Bogdanow faltet die Hände. »Deshalb also, wegen Ihrer Freundin Esther, kamen Sie in erster Linie, Lieutenant. Und in zweiter?«

»In zweiter Linie?« Lambert lacht, lauter als nötig. »Aus Interesse! Aus ganz natürlichem Interesse, das einer doch haben darf an seiner Schöpfung. Im Anfang war hier in Schwarzenberg das Nichts, Tohuwabohu, wie es die Bibel bezeichnet. Und nun aus dem Chaos heraus, Sie selbst wiesen schon darauf hin, eine Ordnung weder von uns installiert noch von Ihnen.« Lambert sieht, daß Bogdanow auf ganz andere Weise zuzuhören beginnt als vorher, gespannt, abwägend; von seiner Schwermut ist nichts mehr zu spüren. Er staunt aber auch über seine eigenen Gedanken und fügt hinzu: »Vielleicht ist dieses Schwarzenberg ein Modellfall und wert, es in seiner weiteren Entwicklung zu beobachten.«

Bogdanow starrt ihn an. »Und Ihre Leute würden das einfach so tolerieren?«

»Unsere Leute…« Lambert überlegt: aber selbst wenn Bogdanow von der großen Umgruppierung der Armeen noch nichts wissen sollte, wird er's in Bälde erfahren. »Bei uns«, teilt er ihm daher mit, »heißt es, daß die amerikanische Armee sich demnächst auf ihre in Jalta ihr zugewiesene Besatzungszone zurückziehen wird. Und leider hat keiner der drei Weisen, die damals auf der Krim zusammensaßen, den glücklichen Wurf des Sergeanten Whistler vorausgesehen.«

Dem Major Bogdanow kommt Workutins *Noch nicht* wieder in den Sinn und der große Aufwasch, von dem der Kapitän so genüßlich gesprochen hat, und er sagt, halb aus dem Unterbewußten heraus: »Schade!«; was nun wiederum den Lieutenant Lambert aufhorchen läßt.

»Schade?« wiederholt der. »Liegt Ihnen denn so wenig daran, daß auch in diesem Zipfel der Welt Ihr sowjetischer Einfluß zum Tragen kommt? Denn es wird doch in Ihrem Besatzungsgebiet nicht viel anders sein als in unserem: die Deutschen richten sich stramm nach ihrem neuen Herrn, und wie wir uns räuspern, so husten sie.«

»Lassen wir die deutschen Nationaleigenschaften aus dem Spiel«, empfiehlt Bogdanow, »zumindest für den Moment. Ihre Frage bezieht sich, wenn ich richtig verstehe, auf unsere Besatzungspolitik, und damit zugleich auf die amerikanische. Was auf Ihrer Seite geplant wird, erscheint mir, soweit ich es erkennen kann, widersprüchlich, und auch bei uns…« Workutin, denkt er, Workutin hat seine feste Konzeption, aber Workutin ist nicht allmächtig, *noch nicht.* »…auch bei uns ist manches unklar. Doch eines steht für mich fest, schon auf Grund dessen, was Lenin einmal gesagt hat, dessen Name Ihnen ja vertraut sein dürfte: Revolutionen lassen sich nicht exportieren. Ein jedes Volk muß seinen eigenen Weg gehen, wir können ihm seine Entwicklung nicht aufzwingen, so praktisch das auch erscheinen mag.«

Welche Offenheit, denkt Lambert, und er fühlt sich geschmeichelt, daß ein Mensch wie Bogdanow, ein Russe noch dazu, ihm so viel Vertrauen entgegenbringt; zugleich aber ist ihm ein wenig unwohl dabei, denn da sind ja ein paar Punkte, und keineswegs unwichtige, die er gerade vor diesem Mann zurückhält. Aber die Bahn ist vorgezeichnet, so etwas wie Zusammenarbeit zwischen ihnen beiden bereits im Gange, und nur um ganz sicherzugehen, erkundigt er sich: »Sie meinen also auch, Major, daß es erstrebenswert wäre, unsere kleine Republik, nennen wir sie spaßeshalber so, bestehen zu lassen?«

»Unsere?« Bogdanow kaut auf seiner Lippe. »Vorhin war sie noch Ihre, Ihre persönliche Schöpfung.« Dabei weiß er doch, daß das Projekt schon nicht mehr nur das eines kleinen amerikanischen Leutnants ist, der eigentlich nach einem verlorengegangenen jüdischen Mädchen sucht und der selbst im besten Falle nicht viel Gewicht in die Waagschale der Geschichte werfen kann, und sobald seine Armee sich zurückzuziehen beginnt, gar keines. Was als ein Gedankenspiel begann, ist zu einer Herausforderung geworden, mehr noch, zu einer ausgewachsenen Konspiration, in die er, Major Bogdanow, Kyrill Jakowlewitsch, verwickelt ist und deren Hauptlast er zu tragen haben wird; aber was tut's, bei allem, was sich bis jetzt schon gegen ihn angehäuft hat; und außerdem ist die Verlockung groß, einmal auszuprobieren, wie sich das vereinbaren könnte: Sozialismus und Freiheit.

Er steht auf. Er schiebt den Thronsessel zurück und blickt nieder auf Lambert, der ihm plötzlich sehr knabenhaft erscheint mit seinem schmalen Nacken, und sagt: »Sie sollten, Lieutenant, und dies noch bevor Ihre Armee abmarschiert, dafür sorgen, daß von irgendeiner Ihrer Stellen der Sonderstatus des Gebiets Schwarzenberg in irgendeiner Form anerkannt wird. Dann kann ich nachstoßen bei uns, oder kann es zumindest versuchen.«

»Das ist wenigstens eine Idee!« Lambert ist jetzt zuinnerst überzeugt, daß dieser sowjetische Major, an den er zufällig geraten ist, auch eine Idee haben wird, wie seine Esther wiederzufinden wäre, und übermütig sagt er: »Eine von beiden Großmächten garantierte selbständige demokratische deutsche Republik, das müßte doch akzeptabel sein, besonders in einem solchen Miniformat und mit uns zweien, Ihnen und mir, als Sonderbevollmächtigten am Orte. Und wenn Sie den Wodka mitbringen, verpflichte ich mich, den notwendigen Bourbon zu beschaffen.«

»Seien Sie nicht unernst, Lieutenant«, sagt Bogdanow ärgerlich. »Selbst wenn Sie erreichen, was wir besprochen haben: Sie werden weit vom Schuß sein, wenn es hart auf hart kommt, aber mich kann das Unternehmen einiges kosten. Und jetzt wollen wir die Regierung von Schwarzenberg wieder in ihr Zimmer lassen, nicht?«

23
Aufzeichnung Kadletz:
Warten auf Bogdanow

Das Gespenstische war, daß wir dahinlebten, ohne zu wissen, wie nahe wir dem Ende waren. Welchen Grund hätten wir auch haben sollen, den baldigen Untergang der Republik vorauszusehen? Nach wie vor arbeiteten wir von früh am Morgen, wenn wir uns zu unserer täglichen Konferenz trafen, bis spät in die Nacht hinein, ein jeder in seinem Aufgabenbereich, und die ersten guten Ergebnisse unserer Tätigkeit zeigten sich auch. Die Industriegüter, die aus den Betrieben kamen, und wenn es nur Töpfe und Pfannen, Spaten, Beile, Schubkarren und andere Artikel des täglichen Gebrauchs waren, gingen aufs Land und in den Export, und im Austausch dafür erhielten die Abgesandten der Betriebe und die Aufkäufer des Aktionsausschusses Getreide und Kartoffeln und manchmal sogar Fette, so daß es möglich wurde, die Anrechte der Bevölkerung laut fälligem Abschnitt ihrer Lebensmittelkarten wenigstens teilweise zu erfüllen; der öffentliche Verkehr lief an; die notwendigsten Reparaturen an Straßen und Gebäuden wurden vorgenommen; die Menschen spürten, daß die Arbeit sich allmählich wieder lohnte und daß, wie man so sagt, das Leben in Gang kam, ein ganz andersgeartetes als früher, ein Leben, über dessen Inhalte und Ziele sie selber nun ein Recht hatten mitzusprechen; selbst vom Landratsamt her, von dem Herrn Wesseling, kamen Worte der Anerkennung, ob diese nun ehrlich gemeint waren oder als Alibi für irgendwelche seiner Quertreibereien, und es bestanden die freundnachbarlichsten Beziehungen mit den nach und nach entstandenen Aktionsausschüssen in Aue und Johanngeorgenstadt und in anderen Ortschaften der Republik, welche sämtlich unseren Ausschuß in Schwarzenberg als eine Art Zentralbehörde anerkannten; und der Besuch des Majors Bogdanow und seine Zusage, daß wir bei einem Unternehmen gegen die

Stülpnagel-Bande auf Hilfe seitens der sowjetischen Freunde rechnen könnten, war in unseren Augen, wie ich Ihnen anzudeuten schon einmal Gelegenheit hatte, eine erste internationale Bestätigung der Autorität der schwarzenbergischen provisorischen Regierung.

All dies betrachteten wir, und ich glaube, aus gutem Anlaß, als einen Erfolg, und der Erfolg wiederum gab uns Auftrieb und ermutigte uns, weiter vorauszudenken als nur bis zum morgigen Tag; wenn ich mich recht erinnere, war es der Genosse Viebig, der in aller Bescheidenheit das Wort Wirtschaftsreform in die Debatte warf; die Mehrheit der Mitglieder des Ausschusses meinte jedoch, mit solch grundlegenden Maßnahmen sollte man noch etwas warten; zunächst wollte man sehen, welche Formen der Zusammenarbeit sich in den Betrieben selbst und unter den Bauern auf dem Land herausbildeten.

Wenn ich soeben von *Wir* sprach und von den rosigen Erwartungen, die wir hegten, so bezieht sich das in der Hauptsache auf die proletarischen Elemente im Aktionsausschuß. Ohne daß ich es damals durch mehr als ein paar flüchtige Eindrücke hätte belegen können, erschien es mir, als teilten die beiden Intellektuellen in unserem Kreis, Reinsiepe und Wolfram, unsere zuversichtliche Grundstimmung nicht; wenn wir, die wir aus der Welt der kleinen Leute kamen, uns erlaubten, ein wenig ins Schwärmen zu geraten, und uns gegenseitig verleiteten, uns eine Zukunft für das Ländchen auszumalen, blieb Reinsiepe schweigsam, und um seine Lippen herum bildete sich ein höhnischer Zug, und bei Wolfram fiel mir auf, daß er von einem Tag auf den nächsten aufgehört hatte, seine Verfassung zu propagieren; sogar wenn ein anderer, ich zum Beispiel, auf sein Projekt Bezug nahm, winkte er resigniert ab.

Das hätten uns Anzeichen genug sein können; aber wie das so ist, was der Mensch nur ungern glauben möchte, hält er sich vom Leibe, oder er sucht sich Vernunftgründe zusammen für die These, daß nicht sein darf, was doch schon erkennbar ist. Sie mögen nun fragen, wie es kam, daß wir so vernarrt waren in unsere Spielerei, und wie es überhaupt möglich war, daß ein willkürlich begrenztes Stück Territorium, konzipiert als eine mindere sächsische Verwaltungseinheit, von geringer Größe und ohne eigene Traditionen, historische oder kulturelle, in einem Zeitraum von nicht ganz sechs Wochen bei einer überraschend hohen Zahl seiner Bewohner ein Gefühl der Zugehörigkeit, ja, fast so etwas wie Patriotismus, erzeugen konnte. Lag es an den historischen Umständen, an dem totalen Zusammenbruch des Großreiches, der jetzt regionale Zusammenschlüsse und auf kleinste Einheiten bezogene Heimatsentiments förderte? Oder an den neuentstandenen Machtverhältnissen: draußen, außerhalb der schwarzenbergischen Grenzen, die Besetzten und Entmündigten, hier drinnen aber, in unserer kleinen Republik, die Freien? Aber entmündigt waren sie doch alle gewesen, seit Jahren, draußen dort wie hier drinnen, ohne sich deshalb besonders unwohl gefühlt zu haben; und wie viele draußen, ich weiß das, weil wir in Schwarzenberg bald darauf die gleiche Erfahrung zu machen hatten, empfanden die Besatzung sogar als angenehm fürs Gemüt, eine gerechte Strafe, wohlverdient, ganz abgesehen davon, daß die fremde Macht ihnen die Auseinandersetzung mit sich selbst ersparte, indem sie ihnen einen neuen Kodex, den sie aus Eigenem hätten finden müssen, einfach auferlegte. Oder erklärte sich der aus dem Nichts gewachsene, immerhin recht bemerkenswerte schwarzenbergische Staatsgeist durch die Mühe, die ein jeder Bürger erst einmal mit seinem Bewußtsein gehabt hatte, bis ihm dämmerte, daß dieses offiziell gar nicht benannte, schwer in Begriffe zu fassende Gemeinwesen plötzlich sein eigenes war, ihm zugeteilt, ohne daß er darum gebeten hätte, und daß er, wollte er selber leben, sich immer weiteren Mühen unterziehen müsse, um das neue Gebilde nun seinerseits mit Leben zu erfüllen?

Sei dem, wie es wolle; jedenfalls waren das die Empfindungen, soweit ich sie beurteilen konnte, die den kleinen Trupp erfüllten, der in jener Nacht unter dem Kommando des Genossen Kiessling auszog, um im Verein mit den von Major Bogdanow geführten sowjetischen Freunden dem Treiben der faschistischen Bande des Hauptmanns Stülpnagel ein für allemal ein Ende zu setzen. Noch nie waren wir so stark gewesen, an die sechzig Mann, noch nie so gut bewaffnet: im Vertrauen auf die russische Unterstützung war beschlossen worden, die interalliierten Beschränkungen außer acht zu lassen, und wir führten drei Maschinengewehre mit uns, ein Dutzend Panzerfäuste, Handgranaten die Menge und Karabiner mit reichlich Munition; und wir waren gut motorisiert, drei Lastautos mit Reservekanistern aus einem Benzinlager der Nazis, das Kiessling in einer lange stillgelegten Erzgrube entdeckt hatte, dazu die mit Holzgas betriebene Limousine des Genossen Reinsiepe, der es sich nicht nehmen lassen wollte, die Expedition zu begleiten, und dessen Fahrer eine Maschinenpistole sowjetischen Typs greifbar nahe liegen hatte. Auch Wolfram hatte darauf bestanden mitzukommen, und Kiessling hatte ihn akzeptiert, »aber diesmal ohne das Mädchen, bitte!« Kurz vor unserem Aufbruch jedoch, es ging auf Mitternacht, und es war stockfinster, kein Stern am Himmel, nur die jagenden Wolken, fand ich sie dennoch in der Fahrerkabine des dritten Lkw, in ihren Armen, zärtlich gebettet, ebenfalls eine Maschinenpistole, diese allerdings deutscher Machart; Wolfram stand noch neben dem Wagen und wartete auf das Signal zur Abfahrt. Auf meine Frage an ihn, ob Paula eine Waffe der Art denn schon einmal gehandhabt hätte, erwiderte er lachend, das Ding sei in ihren Händen wahrscheinlich weit weniger gefährlich als in seinen; im übrigen habe Kiessling vorsichtshalber das Magazin herausgenommen. Aber eine andere Sache, fügte er hinzu, belaste ihn viel mehr: ob ich mich der kleinen Kapsel entsänne, die ich seinerzeit aus der Rocktasche des seligen Ministerialdirektors und SS-Standartenführers Dr. Benedikt Rosswein herausgepult hätte? Nur zu gut, sagte ich; er selber habe mir ja noch einen Kurzvortrag über das Giftzeug gehalten, das sich darin befände, und sie darauf an sich genommen; gegen meinen Willen übrigens, ich hätte gleich kein gutes Gefühl dabei gehabt und die Kapsel lieber samt ihrem Inhalt zertreten.

»Hätten Sie's nur«, sagte er. »Die verdammte Kapsel ist mir nämlich verlorengegangen. Stellen Sie sich vor, irgendein Kind...«

Obwohl ich seine Besorgnis verstehen könne, sagte ich, hielte ich gerade diese Möglichkeit für minimal. Wo habe er die Kapsel die ganze Zeit denn aufbewahrt, in einem Schubfach, einem Etui, einer Pillendose?

»Ganz simpel in meiner Tasche.« Er tippte sich auf die linke Brusttasche. »Zwischen Büroklammern und Merkzetteln und was ein Mann an Kram so bei sich trägt, und ich habe mir auch kaum je Gedanken darüber gemacht; nur wenn ich nach etwas suchte, einem Bleistiftstummel etwa, und sie mir zwischen die Finger geriet, dachte ich mir, wie gut, daß ich sie habe und kein anderer.«

So war er. Und natürlich hatte er das tödliche Bonbon sich angeeignet und ständig mit sich herumgetragen, weil er irgendwo in seinem Hinterkopf die Vorstellung hatte, er könnte es eines Tages, wenn das Leben ihm nicht mehr lebenswert erschien, in aller Stille schlucken; aber warum sollte er, der in den schlimmsten Lagen, in der Todeszelle sogar, diesen Ausweg von sich gewiesen hatte, ihn jetzt in Betracht ziehen, da wir deutlich am Anfang einer neuen und besseren Zeit standen?

»Ich habe alles durchsucht«, fuhr er fort. »Ich bin auf den Knien über die Fußböden der Witwe Stolp, meiner Wirtin, gerutscht, ich habe ihre Matratzen gewendet, ihre Schränke durchwühlt, ihre Haustreppe gefegt, von meinem Köfferchen, meiner Reservehose, meinen zwei Hemden ganz zu schweigen: nichts, nichts, nichts.«

Ich schwieg.

»Ich weiß, was Ihnen durch den Kopf geht, Kadletz«, sagte er, »es war auch mein erster Gedanke, und ich habe Paulas Habseligkeiten sehr gründlich geprüft, bis hinein in die Nähte ihres Büstenhalters, den ihr die Tochter der Frau Stolp geschneidert...«

Dann blies einer auf einer Trillerpfeife, und eine Stimme, wohl Kiesslings, befahl: »Aufsitzen!« Wolfram stieg hinauf in die Fahrerkabine und preßte sich, es war da oben sehr beengt, neben Paula auf den Sitz, und ich begab mich zu Reinsiepes Wagen und nahm den Platz ein, den er mir, großzügig, wie er war, vor Beginn unserer Expedition angeboten hatte. Ein Knurren als Begrüßung. Dann ließ er sich hören: »Natürlich ist das Ganze der reine Firlefanz«, und dann, zu dem Fahrer: »Paschli!«

Der Wagen ruckte an. Ich war mir nicht klar darüber, ob ich mir nicht lieber einen Platz auf einer Holzbank hinten auf einem der Lkws hätte suchen sollen, unter den Leuten, zu denen ich nun einmal gehöre, statt hier, obzwar bequem ins Polster gelehnt, mir während der ganzen nächtlichen Fahrt Reinsiepes Bemerkungen anhören zu müssen. Ich kann Ihnen die einzelnen Punkte heute nicht mehr aufzählen, zu denen er seine Kommentare gab; meistens in jenem zugleich von Ärger und von geduldiger Milde gefärbten Ton, der darauf schließen läßt, daß der Redner es eigentlich für unter seiner Würde hält, gezwungen zu sein, mit einem Schafskopf, wie sein Zuhörer einer ist, sich abzugeben. Dazu kam, daß ich auf einmal von großer Müdigkeit befallen wurde; der Tag war für mich voll Arbeit gewesen wie jeder andere, und nun würde ich mir die Nacht um die Ohren schlagen müssen und vielleicht noch, sobald der Morgen heraufstieg, ein Gefecht zu bestehen haben, bei dem einem die Kugeln echt um den Kopf flogen; aber Reinsiepe war nicht zu bremsen; er schien es zu genießen, ein Publikum zu haben, das seinen Reden hilflos ausgeliefert war, und nahm die unverständlichen Laute, die ich aus meinem Dämmerzustand heraus gelegentlich von mir gab, als Zeichen von Einverständnis und Beifall.

Bogdanow, sagte er irgendwann, sei ein Narr, der nicht wisse, wo Gott wohne, und der sich einbilde, Ideen entschieden den Lauf der Geschichte, wo doch, wie Hegel schon lehrte und Marx dann erst recht, es ganz andere Kräfte waren, die uns in diese oder jene Richtung stießen; und uns obliege es, unseren Blick für politische Entwicklungen so zu schärfen, daß wir die heranreifenden Widersprüche und entsprechenden Kursveränderungen rechtzeitig erkennen und auf diese Weise es vermeiden könnten, auf den allseits bekannten Abfallhaufen der Geschichte zu geraten. Dann wieder hörte ich ihn über Wolfram reden, ein anständiger Mensch, tapfer und auf seine Art sogar brauchbar, wie sich wahrscheinlich noch erweisen werde, sobald er sich abgewöhnt haben würde, das eigene Urteil über das des Kollektivs zu stellen, und sich einfügen lernte in die wohlbewährten Strukturen, deren Glieder ich eines war ebenso wie er, der Bergbauingenieur und Spezialist für nichteisenhaltige Metalle Erhard Reinsiepe. Etwas später, der Wagen holperte bereits über die Wurzeln eines Hohlwegs und rüttelte mich zu halbem Bewußtsein zurück, erfuhr ich von Reinsiepe über Schwarzenberg, dieses sei, ah, ein rechter Mikrokosmos, eine Welt im Kleinen, mit all ihren Konflikten, Krankheiten, Katastrophen und immer neuer Katharsis; aber lohne es sich, seine Energie für einen Wassertropfen zu opfern, wenn es ganze Ozeane zu bewältigen gäbe; die Revolution, ja, die große, die aber nun sich ganz anders gestalte, als all die kleinbürgerlichen Träumer sie sich vorgestellt, denn eines habe dieser Hitler doch bewiesen: daß nämlich dem Instinkt des Volkes nicht zu trauen sei, der führe es in neun von zehn Fällen irgendwelchen Rattenfängern in die Arme; dennoch gäbe es außer der geschichtsbildenden Kraft des Volkes keine andere, die herbeiführen könnte, was herbeigeführt werden müsse, und also sei es die Pflicht derer, die das richtige Bewußtsein besäßen, dieses Volk in die Disziplin zu nehmen, unbeirrt und unbeirrbar, es zu lenken und immer wieder vorwärtszutreiben, mit der Gewalt des Knüppels sogar, wenn die Gewalt der Vernunft versage.

»Und die Kapsel?« sagte ich und fuhr zusammen beim Klang meiner eigenen Stimme.

»Welche Kapsel?« fragte er.

»Zyankali«, sagte ich. »Die Kapsel ist verschwunden.«

Er hatte keine Ahnung, wovon ich sprach; ich hätte es ihm natürlich erklären können, aber ich tat es nicht; es freute mich, daß mein Geheimnis ihn beunruhigte, er genoß es ja auch, wenn er mich und andere mit seinen halben Hinweisen hinhielt und uns peinigte mit seinen Andeutungen. Und dann kam das Signal zum Anhalten.

Ich war froh, daß ich aussteigen und mir die Beine vertreten konnte; die Luft war feucht und kühl, und der Morgen, obwohl im Osten noch nicht zu sehen, war spürbar in der Stille des Waldes vor dem ersten Vogelschrei.

Die Leute sammelten sich. Gesprochen wurde kaum, nur hier und da war ein Klirren, wenn Metall auf Metall stieß, oder ein kurzer Fluch, sofort unterdrückt, ein Hüsteln, ein stolpernder Schritt. Eine Taschenlampe blinkte auf, im Lichtkegel Köpfe, über ein Kartenblatt gebeugt, dann wieder Dunkel. Kiessling gab flüsternd Befehle. Gruppen von je drei oder vier Mann rückten aus: Kundschafter mit dem Auftrag, festzustellen, wo der Feind stand, und an vorbestimmtem Ort Verbindung aufzunehmen mit den Russen. Die Spiele meiner Kindheit kamen mir in den Sinn, das Gebirge war voller Geschichten von edlen Räubern, es war seit jeher eine Arme-Leute-Gegend gewesen, aber diese da, denen wir nun auf den Pelz rücken würden, fochten nicht für Gerechtigkeit; im Gegenteil, wir waren die Nachfahren jener Vogelfreien und Geächteten, die aus den Wäldern herabstiegen, um von den Reichen zu nehmen und den Armen zu geben. Neben mir tauchte plötzlich Wolfram auf, dicht bei ihm das Mädchen, die Maschinenpistole immer noch sorgsam im Arm. »Es wäre doch komisch«, Wolfram kicherte leise, »wenn die Bande sich längst aufgelöst hätte und die Kerle gar nicht da wären, wann wurden sie denn das letzte Mal gesehen, ich meine, wirklich beobachtet, von zuverlässigen Zeugen?« Doch als sei's eine Antwort, kam das Echo von Schüssen, eine ganze Salve, nach meiner Schätzung aus nicht mal einem Kilometer Entfernung, von rechts her, wo eigentlich die Russen sein sollten. War dort schon das erste Gefecht im Gange?

Ich will es nicht über Gebühr spannend machen; schließlich erzähle ich Ihnen das alles nicht, um Ihnen den Puls zu beschleunigen oder, wie es seit neuestem heißt, den Adrenalin-Spiegel zu heben, sondern um Ihnen die kurze Geschichte der Republik Schwarzenberg darzulegen, für deren Verlauf das mißlungene Unternehmen gegen die Gruppe Stülpnagel von großer psychologischer Bedeutung war. Stellen Sie sich doch bitte einmal vor, die Sache hätte geklappt, wie sie geplant war. Nicht nur wäre damit die letzte auf deutschem Boden noch existierende bewaffnete Einheit der nationalsozialistischen Wehrmacht ein für allemal zersprengt und vernichtet worden, und zwar von deutschen Arbeitern, nicht nur wäre dadurch die dauernde Bedrohung der entlegeneren Teile unseres Gebiets mit einem Schlag beseitigt gewesen, nein, ein solcher Sieg hätte außerdem, und gerade weil Arm in Arm mit der großen Sowjetarmee errungen, einen unermeßlichen Prestigegewinn für die Republik bedeutet, bei der eigenen Bevölkerung wie bei den Menschen in den angrenzenden Bezirken der amerikanischen und sowjetischen Besatzungszonen, und hätte die Autorität des Aktionsausschusses und seiner Mitglieder in erheblichem Maße gestärkt. So aber standen wir da, im ungewissen, während das rosig getönte Grau des Morgens die Silhouetten der Bäume ins Blickfeld schob, das Halbdutzend Lichter von Sosa im Tal verblaßte und die Lerchen von den Feldern jenseits des Waldes sieghaft singend gen Himmel stiegen. Die Patrouillen kehrten zurück; sie wußten, wo Stülpnagels Leute standen, zwischen uns und der Straße nach Eibenstock, in Abwehrstellung rings um ein verlassenes Wirtshaus, das ihrem Hauptmann als Gefechtsstand diente; die eine Patrouille war von ihnen beschossen worden, hatte das Feuer aber nicht erwidert, das war das Geknatter gewesen, das wir gehört hatten; aber von den Russen, die doch gerade wegen ihres viel längeren Anmarschweges längst hätten in Position sein müssen, nicht die geringste Spur.

Es war sinnlos herumzurätseln, was Bogdanow veranlaßt haben konnte, zu spät oder gar nicht zu kommen: ein unvorhergesehenes Hindernis, ein Irrtum irgendwelcher Art, eine Gegenentscheidung vorgesetzter Stellen; hier herrschte Krieg, Kleinstkrieg zwar, aber auch der winzigste Krieg war voller Überraschungen, böser zumeist. Kiessling wirkte bedrückt. Weshalb, wollte er von mir wissen, hielte ich mich abseits, statt ihm zur Hand zu gehen; oder glaubte ich etwa, ich könne hier den Schlachtenbummler spielen? Und dann, nachdem er sich auf diese Art Luft gemacht hatte, stellte er die Frage, die mich, und wohl auch andere, schon längst quälte: Wie lange sollten wir den unvermeidlichen Rückzug noch aufschieben auf die Möglichkeit hin, daß die Russen doch noch einträfen; denn dem Stülpnagel sei zuzutrauen, daß er uns, exponiert, wie wir dastünden, mit seiner ganzen Macht attackierte, sobald er sich seines Rückens sicher glaubte.

»Und wenn statt dessen wir ihn angriffen?« sagte Wolfram, der, gefolgt von Paula mit der Maschinenpistole, hinzugetreten war. »Zusammen mit den Russen, gut und schön; aber allein und auf eigene Faust...«

»...wär's ein noch schönerer Sieg, ja?« Kiessling betrachtete ihn; Wolfram sah sehr unkriegerisch aus. »Und ehrenhafter auch. Meinst du doch, Genosse Wolfram, oder?«

»Ehre. Sieg.« Wolframs Stimme war schneidend geworden. »Die Begriffe gehören ja wohl zu einer Zeit, die wir hoffentlich hinter uns haben. Mir geht es um dieses Schwarzenberg, das immer noch unser ist, und um die Zukunft –« Er brach ab, als klebe die Zunge ihm plötzlich am Gaumen.

Aber Kiessling war taub für derart Nuancen. Kiessling griff einfach das Wort auf, bei dem Wolfram hängengeblieben war, und wiederholte es: »Zukunft! Genau daran denke ich. Denn wenn die Kerle uns zusammenschlagen, was das Wahrscheinlichere ist, dann kann der Aktionsausschuß einpacken und nach Hause gehen. Oder besser noch nach Annaberg flüchten, zu den sowjetischen Freunden. Denn dann feiern die Nazis Auferstehung in ganz Schwarzenberg. Dann ist alles umsonst gewesen, all unsere Mühe, das Leben wieder in Gang zu bringen und etwas Neues zu schaffen, und deine Pläne, Genosse Wolfram, und deine Verfassung, auf die du so stolz warst. Und dann hätten die Russen ein Recht, bei uns einzumarschieren, oder die Amerikaner, oder meinetwegen auch die Botokuden, denn wir hätten unsere gottgegebene Chance vertan.«

Ich hätte eine solche Leidenschaft von Kiessling nie erwartet, und noch weniger die Gedanken, die er da geäußert hatte und die an meine geheimsten Befürchtungen rührten, und wohl auch an Wolframs, denn ich sah, wie er den Kopf senkte und mit seinen hageren Fingern durch das frühe Grau an seiner Schläfe fuhr, und ich hörte, wie er, mehr zu sich selbst als zu uns anderen, sagte: »Sie werden sich das Recht auch ohne das nehmen«; und ich spürte, da Kiessling nun das Kommando »Aufsitzen!« gab, einen Druck im Herzen, als hätte jemand ein eisernes Band darum gelegt.

Reinsiepe brachte mich zurück in die Welt der Realitäten. Er klopfte mir auf die Schulter, die linke, denn ich saß wieder rechts von ihm auf dem Hintersitz seines Wagens, und nickte mir weise zu: »Was habe ich gesagt? Den Blick für politische Entwicklungen schärfen, Genosse Kadletz, damit wir nicht auf dem Abfallhaufen der Geschichte landen!«

Ich wandte mich ab und verkroch mich in die Ecke. Er war rücksichtsvoll genug, mich schlafen zu lassen.

24
Militärisches Zwischenspiel

Der junge Egloffstein, persönlicher Adjutant und Vertrauter des selbsternannten Hauptmanns Konrad Stülpnagel, sitzt, die Beine von sich gestreckt, vor dem jetzt unbewirtschafteten Gasthaus *Zur Tanne* auf einem mit schwarzem Rips bespannten Biedermeiersofa, dessen Roßhaarpolsterung allerdings an mehreren Stellen heraushängt, und läßt sich die Sonne auf sein blasses Gesicht scheinen. Dabei sinnt er über den bewaffneten Haufen nach, der vor zwei Tagen aus Schwarzenberg in offenbar feindlicher Absicht angerückt kam und sich nach kurzem Schußwechsel übereilt zurückzog. Da seht ihr, hatte Stülpnagel danach geprahlt, an uns traut sich keiner heran; trotzdem fehlten beim gestrigen Morgenappell fünf Mann und heute gar sieben; noch ein solcher Sieg, befürchtet Egloffstein, sich des Ausspruchs des Pyrrhus, Königs von Epirus, erinnernd, und wir sind verloren. Überhaupt ist ihm, je länger die Kampfgruppe Stülpnagel nun schon raubend und Schrecken verbreitend durch die Dörfer zieht, ihre Perspektive immer zweifelhafter geworden, und der Hauptmann selber, deswegen befragt, weiß auch keine rechte Antwort zu geben: durchhalten, sagt er, zunächst einmal durchhalten, alles andere wird sich finden; geht's euch denn schlecht, sagt er, lebt ihr denn nicht, hier im Schwarzenbergischen, wie Gott in Frankreich?

Frankreich, denkt der junge Egloffstein, er hat Kameraden gekannt, die sind dort gewesen, als Besatzer, und sie haben von Wein und Käse erzählt, vor allem aber und immer wieder von den Weibern; es wird nicht alles ganz so glorreich gewesen sein, denkt er, auf dem Gebiet schneiden sie alle auf, aber in gewissen Punkten hatte es derart viel Übereinstimmung gegeben, daß sich annehmen ließ, die Frauen dort wüßten tatsächlich um aufregendere Genüsse als ihre deutschen Schwestern. Was ihn wieder auf Esther bringt, die er, zu seiner Qual, aus seinem Bewußtsein zu bannen nie völlig imstande gewesen ist; in der Hinsicht, und in manch anderer Beziehung ebenfalls, war Esther ja wirklich anders gewesen als die nach dem Rassengesetz zulässigen Damen; ihm jedenfalls ist später nie eine begegnet, die ihr an Verständnis und Zartgefühl vergleichbar gewesen wäre, an Sinnlichkeit und Leidenschaft.

Egloffstein seufzt, aus tiefstem Innern. Und wo, fragt er sich, bin ich heute, und was bin ich?

In der Entfernung sieht er jetzt, der serpentinenartige Verlauf der Straße gestattet es, Stülpnagels Mercedes, eine Staubwolke hinter sich herziehend, und verfolgt ihn müden Auges, bis er um eine Biegung herum in einem Waldstück verschwindet. In ein paar knappen Minuten wird es aus sein mit der Ruhe, weiß er, dann wird wieder das Gebrüll sein und die Hektik und irgendein neuer, sinnloser Aufbruch, und seine Gedanken, wie öfters schon jetzt in letzter Zeit, wenn sie um Esther kreisen, wenden sich jenem amerikanischen Leutnant zu, Lambert hieß er und residiert nur wenige Kilometer entfernt in der Stadt Auerbach, der ihn, weiß der Teufel, wie er Kenntnis erhielt von ihr und woher seine Neugier, über Esther auszufragen versucht hat. Immerhin, so überlegt er nun, könnte ein solches Interesse auf seiten des amerikanischen Leutnants als Entree bei ihm dienen, und eventuell sogar eine sichere Zuflucht schaffen: leider war's mir unmöglich, Sir, so bräuchte man nur zu erklären, Ihnen von Esther Bernhardt zu sprechen, als Sie's verlangten, stand doch dieser rohe Bursche, dieser Stülpnagel, daneben; was nicht einmal gelogen wäre, denn Stülpnagel wußte zuviel, von ihm und von dem, was er Esther getan, und das war keine Geschichte, die man dem Leutnant Lambert mit Nutzen erzählen konnte; der war nicht der Typ dafür, der wollte Erbaulicheres hören, genau was, würde sich dann schon aus seinen Fragen ergeben.

Doch gerade an dieser so fruchtbaren Stelle seines Gedankengangs wird er durch das heftige Geklingel einer Fahrradglocke unterbrochen: das Gewehr schief über der Schulter, den Helm im Genick, kommt einer angestrampelt und schreit schon von weitem: »Die Russen! Die Russen!« und hält, schwitzend und keuchend, vor Egloffstein an.

Den hat es hochgerissen. In seinem Kopf jagen sich die seit dem Ende des Krieges erfolgreich unterdrückten Bilder: von Schlünden, die sich öffnen, Feuer speiend und Eisen und Gestein, von wütend heranstürmenden Horden, von Bajonetten, spitz und blutbeschmiert.

»Die Russen!«

Der Mann steht vor ihm, noch immer weitet der Schreck ihm die Augen, das Fahrrad ist umgekippt und liegt neben dem Sofa, sonnenglitzernd die Speichen. Von überallher läuft herbei, was noch übrig ist von der Truppe: wirre Rufe, erregte Fragen, totales Durcheinander. Der Mann hebt den Feldstecher hoch, der ihm vor der Brust gehangen hat, den stummen Zeugen seiner Sicht. »Russen! Und mit Panzerwagen! Und Geschütz!«

Der junge Egloffstein hat sich gefaßt. »Unsinn!« behauptet er gegen den Lärm. »Doch nicht hier! Doch nicht auf schwarzenbergischem Boden!« Und vernimmt, zu seiner Erleichterung, das Geräusch des anrollenden Mercedes auf dem Kies und das Knirschen der Bremsen. Stülpnagel entsteigt dem Wagen und tritt herbei, gestiefelt, die Pistole um den Bauch, die Reitgerte in der Hand, obwohl er ein Pferd nie benutzt hat; ein paar Worte gewechselt mit dem Radfahrer, und er hat die Situation erfaßt; das kann er, einschätzen, Entschlüsse fassen und diese umsetzen in Befehle. Wie durch ein Wunder wächst Organisation aus dem Wirrwarr, Gruppen formieren sich, bewaffnet, und ziehen ab in diese Richtung und jene, ist ja auch jede Bewegung längst exerziert worden, und nicht nur einmal; Egloffstein spürt die starke Hand, die alles wieder beherrscht, und für den Moment wenigstens zieht Vertrauen wieder ein in seine geängstigte Seele.

Dann liegen sie in Stellung, am Waldrand, gedeckt durch die letzten Bäume und einiges Gestrüpp und Brocken Gesteins, er an Stülpnagels Seite, und an den Flanken zur Rechten und Linken die anderen, in Gruppen verteilt und gestaffelt, um so jedweden Angriff abfangen zu können, denn irgendwann müssen die Sowjets ja absitzen zum Gefecht. Oder auch sie, wie anderntags der Haufe aus Schwarzenberg, ziehen es vor, kehrtzumachen, sobald sie merken, daß sie auf ernsthaften Widerstand stoßen; warum, denkt der junge

Egloffstein, soll der Russe sein Leben noch einmal riskieren, nachdem der Krieg doch vorbei ist für ihn.

An diese Hoffnung klammert er sich eine Weile; dann zuckt er zusammen, die Haare im Nacken sträuben sich ihm und der Darm verkrampft sich bei dem lang nicht gehörten und doch so vertrauten scheußlichen Pfeifen und darauf der Detonation, ohrenbetäubend, der die Stille folgt und in diese hinein das Knacken und Splittern der Bäume.

»Viel zu weit«, knurrt Stülpnagel.

»Sie werden sich einschießen«, sagt Egloffstein.

»Du siehst käsig aus«, sagt Stülpnagel. »Geh und scheiß dich aus. Aber duck dich, und daß du mir sofort zurückkommst, ich brauch' dich.«

Wie rücksichtsvoll von ihm, denkt der junge Egloffstein, während er sich hinhockt, dem ist wohl auch nicht so heiter zumute, wie er sich gibt. Und hört wieder die Einschläge, zwei, drei, vier, der vierte schon sehr in der Nähe. Trotzdem fühlt er sich nun etwas besser, zerrt, noch immer kauernd, die Hose hoch und kriecht zurück zu dem anderen. »Vielleicht«, schlägt er zögernd vor, »vielleicht ziehen wir uns doch zurück. In diesen Wäldern finden die uns nie.«

»Zurückziehen«, sagt Stülpnagel, »und wohin? Und«, mit dem Daumen auf die Männer weisend, »meinst du, die kämen je wieder zusammen? Ich habe gesagt, und von Anfang an, wo die Kampfgruppe Stülpnagel steht, da ist Deutschland. Und dabei bleibt's. Kapiert?«

Egloffstein antwortet nicht. Deutschland, denkt er. Ein Fetzen Erde, genannt Schwarzenberg, ist ihr Reich, und nicht einmal der gehört ihnen. Und wieder das Pfeifen, der Einschlag; Dreckkrumen prasseln ihm auf Rücken und Helm. Und dann sieht er, am fernen Ende des Felds, die Schützenkette; aufgereiht wie im Bilderbuch stapfen sie voran, Maschinenpistolen im Anschlag, vor ihnen her der Offizier; fehlt nur die Fahne als lustiger Farbtupfer. Egloffstein blickt sich um: rechts der MG-Schütze, links der MG-Schütze, beide das Auge auf Stülpnagel gerichtet, der das Zeichen geben wird zum ersten Feuerstoß. Er hört Stülpnagel murmeln: »Rankommen lassen!« und noch einmal: »Rankommen lassen!« und Egloffstein denkt: mein Gott, wie nahe heran noch, und dann: jetzt!

Aber da hebt der sowjetische Offizier die Hand, und die Schützenkette bleibt stehen. Welch ein Ziel, denkt Egloffstein und wendet sich Stülpnagel zu, ob der den MG-Schützen nicht endlich das Zeichen gibt; doch Stülpnagel scheint wie erstarrt, während der sowjetische Offizier die Hände vorm Mund zu einer Art Sprachrohr formt und eine Ansprache beginnt, auf deutsch, doch mit unverkennbarem Tonfall: »Deutsche Soldaten! Der Krieg ist zu Ende, lange schon! Was wollt ihr noch sterben und wofür? Ergebt euch!«

Stülpnagel bewegt sich, knirscht mit den Zähnen. »Abschießen den Kerl«, sagt er heiser und berührt Egloffstein mit der Reitpeitsche, fast spielerisch. »Ja, du!«

»Deutsche Soldaten! Der Krieg ist zu Ende...«

»Leg an!«

Egloffstein pariert, doch zittert ihm die Hand.

»Ruhig«, mahnt Stülpnagel. »Ruhig zielen, ruhig abdrücken!«

»...was wollt ihr noch sterben, und wofür?«

»Feuer!«

Egloffstein spürt den Rückstoß. Vor seinen Augen ist Nebel.

»Blattschuß«, sagt Stülpnagel. »Der hält uns keine Reden mehr.«

Dann, auf einmal, kann Egloffstein wieder sehen, er sieht die Schützenkette, breitgefächert, die graubraunen Gestalten, gleich riesigen Puppen riesige Sprünge vollführend an unsichtbaren Drähten, immer näher kommend, durch nichts aufzuhalten, er sieht die beginnende Fluchtbewegung, rechts von ihm, links von ihm, sieht Stülpnagels Visage, knallrot, verzerrt. Und dann ist ihm alles gleich, auch er läuft davon, durch das Gestrüpp hindurch, Dornen, die ihn zerkratzen, zwischen den Baumstämmen hindurch, Zweige, die ihn peitschen, nur weg, weg von den Russen, weit weg, irgendwo muß die Grenze doch sein dieses verfluchten Schwarzenbergs, irgendwo die Amerikaner; sein Atem kommt heiß, die Lunge brennt ihm; eine Straße, hinüber; dann geht es steil aufwärts, dann ein Plateau, scharf abfallender Fels, schwindelnder Abgrund, unten ein Flüßchen, silbrig, eine steinerne Brücke, gegenüber ein viereckiges Zelt, eine Fahne, schlapp in der Stille des Winds. Zitternden Knies, geklammert an Ritzen im Stein, an Klippen und Wurzeln, turnt er hinunter ins Tal.

Und da steht schon einer.

»Der junge Herr Egloffstein«, sagt Stülpnagel, »hat sich abgesetzt.«

Egloffstein spürt, wie sich die Kehle ihm zuschnürt. »War doch – nichts mehr – zu machen«, sagt er mühsam.

»Du Hund.« Stülpnagels Reitgerte zuckt. »Du elender Hund. Von mir hast du dich abgesetzt. Mich hast du im Stich gelassen.«

Und schlägt zu. Der Hieb trifft den jungen Egloffstein voll auf die Lippen, die wild schmerzend sofort platzen; Blut rinnt ihm in den Mund hinein und nach außen über das Kinn.

»Mich«, wiederholt Stülpnagel. »Der ich dich aus dem Dreck geholt hab' und genährt hab' und saubergehalten wie ein Wickelkind. Ist dir das klar?«

Egloffstein nickt.

»Ohne mich wärst du krepiert und verfault. Längst schon krepiert und verfault«, wiederholt Stülpnagel, »wie deine jüdische Hure, die du auch verraten hast. Aber mich verrätst du keinem, mich lieferst du keinem ans Messer. Mich nicht!«

Egloffstein nickt wieder, mechanisch. Daß der andere sich gleichsetzen könnte mit Esther und ihn darum fürchten könnte, hat ihn überrascht und verunsichert ihn gänzlich.

»Desertiert bist du«, sagt Stülpnagel, »von meiner Seite. Vor dem Feind desertiert. Was auf Desertion steht, das ist dir klar?«

Auch dazu wäre ein Nicken nur billig, aber der junge Egloffstein bringt nicht einmal dies jetzt zustande. Die Drohung, so grausig sie ist, hat etwas Lächerliches: der Krieg ist aus, selbst der Russe, den er dann niederschoß, hat es gesagt, und sogar der Krieg des Konrad Stülpnagel gegen die Regierung von Schwarzenberg ist durch die Flucht seiner Truppe beendet; dennoch liegt eine hypnotische Kraft in den Worten dieses primitiven Menschen, die ihn, Egloffstein, festhält, obwohl er weiß, daß es nur fünfzehn Meter sind bis hin zu der Brücke oder höchstens zwanzig, und drüben vor dem Zelt seit kurzem zwei Amerikaner stehen, angelockt durch die Lautstärke der Szene, die sich da abspielt.

»Im Fall militärischer Notlage, die hier gegeben ist«, sagt Stülpnagel, »braucht es kein Kriegsgericht; da entscheidet der Kommandeur.«

Egloffstein schmeckt das Blut auf seiner Zunge, widerlich.

»Das Urteil lautet auf Hängen«, verkündet Stülpnagel, »und ist sofort zu vollstrecken. Los, komm.«

Egloffstein sieht die klobigen Finger und den Strick, den sie plötzlich halten; woher hat der Kerl den, denkt er, hat er den immer schon bei sich gehabt, und wie viele hat er bereits aufgehängt damit. Und da bricht der Bann, die Nerven reagieren wieder, Egloffstein duckt sich, entwischt der Faust, die ihn fast schon gepackt hat; aber dann fühlt er, wie der Verfolger ihn greift, und diesmal kann er sich ihm nicht entwinden und wird zu Boden geworfen mit einer Gewalt, daß er die Knochen krachen hört im Leibe. Gerade noch sieht er den genagelten Stiefel, schwarzer Kloben markiert gegen blauen Himmel, und will sich zur Seite wälzen; zu spät; er schreit auf, der Schmerz schießt, betäubend, von den Weichteilen her zum Herzen und bis in den Hinterkopf; was dann folgt, die splitternden Rippen, die zerreißende Niere, die berstende Schläfe, erzeugt nur noch ein Wimmern. Trotzdem arbeitet ein Teil des Hirns noch. Warum kommen die nicht, denkt er, die dort drüben, stehen da wie die Tolpatsche und lachen sich eins, ein Nazi, der einen anderen Nazi zu Tode tritt, was geht es sie an. Dann taucht der Lieutenant Lambert auf und winkt ihm zu; aber er ist unfähig, sich zu rühren, und Lambert verblaßt wieder und verschwindet im Nebel.

Später, wie lange, bleibt ungewiß, ist Lambert doch wieder da; er neigt sich über ihn in olivfarbener Uniform; sonst aber ist alles weiß, die Wände des Raums, das Krankenhausbett, der Mull der Verbände, der Kittel des Mannes, der dasteht mit gekreuzten Armen und ihn ernsthaft betrachtet.

»Es ist völlig sinnlos, Fragen an ihn zu richten.« Der Weißbekittelte hat sich Lambert zugewandt. »Ich bezweifle, daß er bei Bewußtsein ist, und selbst wenn er es wäre, könnte er wohl kaum reden. Was der Mensch an Innereien mit sich herumträgt, ist bei dem alles kaputt, das habe ich Ihnen doch erklärt; es ist ein Mirakel, daß noch Leben in ihm ist.«

»Aber er sieht mich«, widerspricht Lambert. »Ich habe sogar das Gefühl, er erkennt mich.«

In dem Punkt gibt Egloffstein ihm durchaus recht. Er ist selbst erstaunt über die absolute Klarheit, mit der die Welt sich in seinem Kopfe darstellt: der weiße Arzt, und der amerikanische Leutnant, und Esther, die merkwürdigerweise ein weißgestärktes Häubchen trägt auf ihrem dunklen Haar.

Lambert blickt ihn beschwörend an und ruft, halblaut, doch mit großer Intensität: »Egloffstein!«

Egloffstein bewegt die Lippen.

Lambert beugt sich herab, hält das Ohr dicht vor des jungen Egloffstein geschwollenen, blutverkrusteten Mund.

»Esther...«, sagt Egloffstein, ganz klar.

»Esther!« jubelt Lambert. »Haben Sie's gehört, Doktor, er versteht mich, er weiß, was ich von ihm will!«

Wieder bewegt Egloffstein die Lippen, bringt aber nur ein Röcheln zustande.

»Eine Spritze, Doktor!« fordert Lambert erregt. »Irgend etwas! Wir müssen ihn am Leben erhalten, das muß doch möglich sein, wenigstens eine Weile noch!«

Esther, sieht Egloffstein, ist an sein Bett getreten und blickt herab auf ihn, mitleidvoll, tröstend wohl auch, oder in Liebe zu ihm sogar, die er, weiß Gott, um sie nicht verdient hat. »Esther...«, flüstert er.

Der Weißbekittelte gibt ihr irgendwelche Anweisungen.

Lambert ist immer erregter geworden. »Esther Bernhardt, jawohl!« Er redet eilig und überlaut, vielleicht, daß der Junge ihn noch hört, ihm noch antwortet. »Sie haben sie also gekannt, wo ist sie, was wissen Sie von ihr, sprechen Sie, ich bitte Sie!«

Egloffstein sieht, wie Esther sich von ihm entfernt, gleich wird sie, weiß, mit dem Weiß des Raumes verschwimmen. Noch einmal sammelt er Kraft, zwingt sich, Atem zu holen, tief, tief, Atem; ein Stich geht ihm durchs Herz; ein Schmerz, ganz neu, ganz andersartig, unerträglich.

»Esther!«

Selbst der Arzt erschrickt; die Schwester, schon in der Tür, wendet sich hastig um.

Lambert springt auf. »So tun Sie doch etwas, Doktor!«

Die Augen des jungen Egloffstein sind zu Perlmutt geworden.

»Aber eben noch hat er doch...!« Lambert erkennt die Nichtigkeit seines Protests und verstummt.

Die Schwester fährt dem Toten mit der Hand über die Augen; es ist fast wie eine Liebkosung.

25

Viebig war hilfreich gewesen. Viebig hatte auch für seinen Antrag
gestimmt, nämlich, es möge der Versuch unternommen werden, die
weitere administrative Selbständigkeit des bisher unbesetzten Gebietes Schwarzenberg sicherzustellen und in diesem Sinne mit den
zuständigen Vertretern der amerikanischen wie der sowjetischen
Besatzungsmacht Verhandlungen aufzunehmen. Und dann, als bereits alles ausweglos schien und er, es war schon nach Mitternacht,
seinen trüben Gedanken nachhängend in seinem und Paulas Zimmer am Tische saß, vor sich den leeren Bogen Papier, hatte Viebig an
der Tür geklopft und ihm flüsternd mitgeteilt, in dieser Nacht noch
werde ein Güterzug nach Auerbach abgehen, drei Waggons beladen
mit allerhand Industrieprodukten; in der Nacht deshalb, damit der
Zug nicht gestürmt werde von Haufen von Menschen, die sämtlich
ein Transportmittel suchten in Richtung der amerikanisch besetzten
Zone, auf deren Schwarzmärkten angeblich Milch und Honig flos-
sen; und ob er, Wolfram, mit diesem Zug nicht mitfahren wolle, ar-
rangieren ließe es sich jedenfalls. In den gutmütigen grauen Augen
Viebigs hatte er das Aufglimmen eines listigen Fünkchens zu bemerken geglaubt, doch mochte das auch der Reflex der trübe flackern-
den elektrischen Birne im Vorsaal der Wohnung der Witwe Stolp
gewesen sein. Der Entschluß dann, Viebigs Angebot zu akzeptieren, war ihm weniger schwergefallen als das Bemühen, Paula, die
natürlich nicht geschlafen hatte, solange er nicht schlief, klarzumachen, daß er sie verlassen müßte, aus guten Gründen und auf kurze
Zeit nur, und daß er bestimmt zurückkehren werde und sie sich
nicht zu beunruhigen habe, wie könne er sie denn im Stich lassen, da
er sie liebe, aufs innigste und mehr, als sich in Worten ausdrücken
ließe. Dies alles, Viebig war längst wieder gegangen, langsam und
eindringlich gesprochen, und ein Lächeln eingestreut, wenn er die
Lippen nicht gerade zum Artikulieren benutzte, und mit bedeutsa-

mem Mienenspiel und ausdrucksvollen Gesten der Hand, du, ich, wir beide, und immer die quälende Frage: verstand sie? Verstand sie ihn wirklich, oder würde sie, getrieben von ihren Ängsten, sich ihm entgegenwerfen, Unverständliches herausschreiend, Laute halb tierisch, zu Schreck und Ärger von Mutter und Tochter Stolp und der herbeieilenden Nachbarn?

Zu seinem Erstaunen war nichts von dem gewesen, sondern viel Schlimmeres eigentlich: ein schweigendes Entsetzen, so als sähe ihr aufgerissenes Auge ein Unheil, gegen das sie machtlos war; ihr Mund öffnete sich wie zu einem Klagegeheul, das jedoch auf grausige Art ohne Ton blieb, und sie griff sich an die Kehle mit allen Anzeichen des Erstickens. Er umfing sie. Sie drängte sich an ihn, ihr Körper fleischgewordene Panik, und er hatte sich ernsthaft gefragt, ob irgend etwas auf der Welt, einschließlich der Republik Schwarzenberg, es wert war, einen Menschen, und selbst ein stumpfsinniges, verständnisloses Wesen, so leiden zu lassen. Und war schon zu drei Vierteln entschlossen gewesen, sie mitzunehmen, obwohl das dem selbsterteilten Auftrag hinderlich sein mußte; doch da erschlaffte sie; ihr Herz, dessen rasendes Pochen er durch ihre Brust hindurch hatte fühlen können, beruhigte sich, und sie hockte sich auf den Bettrand, ihr Blick gleichgültig, um nicht zu sagen teilnahmslos; dann hob sie die Hand, und ihre Finger bewegten sich ein wenig, wie bei einem Kind, dem man gesagt hat, mach Winkewinke.

Draußen flogen die Funken ins Dunkel. Man fuhr mit schlechter Kohle und war froh, daß davon wenigstens noch Restbestände da waren. Er kauerte auf dem hölzernen Bänkchen in der Zugbegleiterkabine, die, einem Starenhaus ähnlich, in Höhe des Dachs an die Rückwand des hintersten Waggons geklebt war, und blickte durch das winzige Fenster auf die Schienen, die unter ihm hinweg in die Ferne glitten, ihr Silber rötlich getönt vom Schein der Schlußlampen des Zuges. Der Brotkanten, den Viebig ihm vor der Abfahrt noch zugesteckt, war gekaut; Eisenbahnerration, hatte Viebig gesagt, mehr ist nicht; aber er hatte für die Wegzehrung gesorgt, ein guter Mensch, bedacht auch auf andere, und hatte ihm in letzter Minute noch freundlich grinsend erklärt, warum er bei der Sitzung für seinen, Wolframs, Antrag gestimmt habe: der Briefmarken wegen, denn eigene Briefmarken machten, mehr noch als jede Regierung, den eigenen Staat, und von einem eigenen Staat trennte man sich nicht, wenigstens nicht so mir nichts dir nichts.

Wolfram kicherte in sich hinein. Im Grunde war Viebigs Logik nicht schlechter als die seine, die er aus dem Stegreif hatte entwikkeln müssen, Antwort auf den Genossen Bornemann, nachdem der, in seiner Funktion als Bürgermeister, von einer bisher allerdings noch nicht amtlich erfolgten Mitteilung sowjetischerseits berichtet hatte, der Aktionsausschuß hiesiger Stadt und seine Unterausschüsse in den verschiedenen Ortschaften des Landkreises Schwarzenberg und in der kreisfreien Stadt Aue hätten sich auf die baldige Übergabe ihrer Geschäfte an die sowjetische Besatzungsmacht vorzubereiten, was hieße, daß sämtlicher öffentlicher Besitz, fester wie beweglicher, sowie Akten und andere Papiere zwecks Übernahme derselben durch die Kommandantura in gute Ordnung zu bringen seien und alles beamtete Personal sich an seinen respektiven Dienststellen zur Verfügung zu halten habe.

Diese wohltuend bürokratische Sprache, in der er ohne große Schwierigkeit Reinsiepesche Redewendungen, leicht verklausuliert, wiedererkannte, hatte ihre Wirkung nicht verfehlt; ein Teil der Genossen atmete hörbar auf: hier endlich waren wirkliche Verwaltungsleute am Werk, Menschen, die das Regieren gelernt hatten, nicht Dilettanten wie sie selber, die jeden Schritt erst vorsichtig ertasten mußten, bevor sie ihn taten; und daß es gerade die sowjetischen Freunde waren, die nun die Dinge in die Hand nehmen sollten, beruhigte sie besonders: durch sie, die Repräsentanten der Welt von morgen, war man geschützt gegen alle Gefahren, die, noch aus dem blutigen Gestern stammend, das friedlich aufbauende Heute bedrohten. Und außerdem würde man wohl Anerkennung finden für die Leistung, die man, jedem Gutwilligen erkennbar, erbracht hatte, indem man in der schrecklichen, der herrenlosen Zeit den Landkreis Schwarzenberg vor Chaos und Katastrophe bewahrte; wenn die Kommandantura kam, würde man ihr trotz aller durch den Krieg bedingten Mängel und Schäden ein einigermaßen intaktes Gemeinwesen darbringen können.

Der Zug fuhr langsamer, kam schließlich pufferklirrend zum Stehen: die Grenze etwa schon? Oder war die Maschine angehalten worden von irgendwelchen Bewaffneten? Wurde einer gesucht – er gar? Aber es war nichts; es schritt nur ein Mann in veröltem Kittel den Zug entlang und schlug mit dem Hammer gegen ein paar Räder, während von der Lokomotive her das leise Keuchen des Kessels in die Nacht klang. Dann ein Poltern; es ging weiter. Die Spannung des Augenblicks löste sich; die andere aber, die aus der Tiefe des Bauchs, blieb, denn was er da unternommen hatte, war höchst abenteuerlich, eine Verzweiflungstat, die, nüchtern besehen, kaum etwas erbringen konnte und dazu noch gegen alle Regeln der von ihm stets so prinzipienfest geforderten Demokratie war.

Vernunft. Reinsiepe war Vernunft, Reinsiepe, der in einer Einfügung in seinen Diskussionsbeitrag bemerkt hatte, daß die Verfassung von Schwarzenberg, an welcher der Genosse Wolfram so hingebungsvoll gearbeitet, jetzt leider wohl Utopie bleiben werde, obwohl man natürlich versuchen könne, dies oder jenes davon als Leitfaden für die nunmehr in einem größeren Rahmen zu sehende Zukunft im Gedächtnis zu behalten. Vernunft, dachte Wolfram, gebot, daß man nicht anrannte gegen die Riesenflügel, die da im Wind der Geschichte kreisten, sich nicht festklammerte an ein Märchenland, das aus dem Wirrwarr des Geschehens der letzten Kriegstage irgendwie aufgetaucht war. Und trotzdem, und gegen alle Vernunft, hatte er widersprochen; war aufgestanden, was unüblich war bei den morgendlichen Besprechungen, und hatte versucht darzulegen, daß man nicht mehr von Utopie sprechen könne, wenn es um Schwarzenberg gehe; sie, die hier Versammelten, hätten Fakten geschaffen, und Fakten ließen sich nicht einfach wegwischen; zur Debatte stünde nicht irgendeine utopische Idee, die mehr oder weniger reizvoll sein könne, denn genau das habe man bekanntlich schon damals geklärt, als man sich im Bermsgrüner Arbeiterheim traf und diesen Aktionsausschuß, dem sie hier allesamt angehörten, zu gründen beschloß; zu besprechen sei vielmehr die Frage, ob das, was man inzwischen hergestellt habe, erhaltenswert sei oder nicht, und so man die Frage in positivem Sinne entschied, was zu tun wäre, um es zu erhalten. Natürlich war ihm bewußt gewesen, daß seine Argumentation eine gehörige Prise Demagogie enthielt; wie sie da um den Beratungstisch herumsaßen, der Genosse Schlehbusch, und Bornemann Bruder und Schwester, und Kadletz und Kiessling und die anderen alle, konnten sie ja nicht gut zugeben, daß ihre ehrlichsten Gefühle und besten Gedanken, die sie so freigebig investiert hatten, daß ihr ganzes Streben und ihre Mühe sinnlos und fehl am Platze gewesen sein sollten. Aber auch der Genosse Reinsiepe hatte sich ja der schamlosesten Demagogie bedient, wenn er konstant an die Sehnsucht dieser armen Menschen nach Entlassung von einer Verantwortung rührte, die zu tragen sie nie gewünscht hatten, und mit volltönender Stimme, die der Hohn noch schärfte, von dem Genossen Kiessling wissen wollte, ob der etwa unter schwarzenbergischer Fahne, vielleicht mit dem Stadtwappen drauf oder der Silhouette des Schloßturms wie auf unseren Briefmarken, seine Männer gegen die ruhmreiche sowjetische Armee zu führen gedächte, besonders nachdem diese auch noch den Haufen des Hauptmanns Stülpnagel, dem wir, man erinnerte sich wohl, bedauerlicherweise auszuweichen gezwungen waren, in einem einzigen Ansturm zerschlagen hatte. Und da war, dachte Wolfram, die Hilflosigkeit des Genossen Bornemann gewesen, der sich ihm zugewandt und mit bittend erhobenen Händen gefragt hatte, was er denn eigentlich wolle: daß sie sich gegen die ganze Welt stemmen sollten, gegen Amerikaner wie Russen, nur weil sie einen Frühling lang im Rathaus von Schwarzenberg Regierung gespielt hätten?

Daß er danach überhaupt noch imstande gewesen war, sich Gehör zu verschaffen, war ein rechtes Wunder, zuzuschreiben jener Zähigkeit, die trotz seiner seit je nicht sehr widerstandsfähigen Konstitution in ihm steckte und ihn auch in der hoffnungslosesten Situation nicht in Verzweiflung versinken ließ. Man möge ihn doch nicht für kindisch halten, hatte er gegen das verärgerte Achselzucken und das Stimmengewirr, in dem der Unwille durchklang, gerufen; zwar habe er über Utopien und Utopisten wissenschaftlich gearbeitet, und die großen Träume der Menschheit und ihre Ideen von einer besseren, gerechteren Ordnung hätten ihn immer wieder ergriffen und angeregt, doch mache ihn das noch lange nicht zu einem Phantasten, der die Realität zu erkennen sich weigerte. Aber nicht nur die Beschlüsse der Großmächte und die Befehle ihrer Militärs seien

Realität, auch die Republik Schwarzenberg sei Wirklichkeit, und eine Wirklichkeit möglicherweise, die gerade für diese Großmächte und deren künftige Deutschlandpolitik von Interesse sein könnte; darum bestehe er darauf, daß der Aktionsausschuß sofort darangehe, die notwendigen Kontakte mit den dafür in Frage kommenden Dienststellen der Alliierten aufzunehmen und die notwendigen Rücksprachen zu führen, auf jeden Fall noch bevor der Einmarsch erfolgte und die Keime zertreten sein würden, die in der Zeit der Selbständigkeit der Republik auf ihrem Boden zu wachsen begonnen hatten.

Wenn er die Augen schloß gegen die vor dem Fensterchen der Kabine vorbeischwankenden Schatten der Bäume, sah er das Gesicht des Genossen Reinsiepe vor sich, eine Studie zorniger Erregung. Einmarschieren! hatte der geeifert. Keime zertreten! Warum nicht gleich rauben, morden, sengen, vergewaltigen, die ganze Litanei des Dr. Goebbels! Jawohl! Zu seiner tiefsten Enttäuschung müsse er feststellen, daß aus den Worten des sonst so klar und ausgewogen denkenden Genossen Wolfram plötzlich eine unleugbar antisowjetische Haltung spräche, denn um welch andere Großmacht könne es sich bei dem kommenden Einmarsch wohl handeln, und, das müsse nun auch einmal offen gesagt werden, eine solche Haltung sei eines Mitglieds dieses Aktionsausschusses, der sich nicht umsonst als antifaschistischer bezeichne, einfach unwürdig und könne nicht toleriert werden, weil sie direkt in die Hände des Imperialismus spiele; und was ihn, den Kommunisten Reinsiepe, beträfe, so sei es ihm unverständlich, wie ein Mann, der selber durch das heldenhafte Vordringen der Sowjetarmee aus der Todeszelle eines nationalsozialistischen Zuchthauses befreit wurde, diese rettende Tat in ein paar wenigen Monaten so vollständig vergessen und mit derartigem Undank vergelten könne.

Über dem Geratter der Räder klang ihm der Ton der Denunziation noch immer in den Ohren, das selbstgerechte Beben der Stimme Reinsiepes, die fistelnde Empörung. Und bei ihm nur Leere im Hirn, nichts hatte ihm einfallen wollen, nichts Prägnantes, mit dem man die Absurdität des ganzen gehässigen Schwalls kurz hätte erweisen können. Das einzige, was ihm in den Kopf kam und ihn minutenlang beschäftigte, war: Wann habe ich das bloß schon einmal erlebt? Und dann war es ihm eingefallen: der Ankläger damals, seinen Tod fordernd unter dem dürren Gefieder des Adlers an der kalkgrauen Wand des Gerichtssaals.

Wieder hielt der Zug. Auf der Brücke über das Flüßchen, dunkel gegen den bereits grünlich dämmernden Himmel, der behelmte Posten, glimmende Zigarette im Mund. Der winkte nur: Weiter. Vorbei.

Er hatte noch die Kraft gehabt, seinen Antrag, wie sich's gehört, zu formulieren. Drei Stimmen dafür, seine, Kadletzens, Viebigs, der Rest dagegen. Abgelehnt. Und nun fuhr er, sein Utopia dem Untergange zu entreißen, gegen die Entscheidung der Mehrheit nach Auerbach.

Eine fremde Stadt, mit fremden Wegweisern, schwarze Kürzel auf weißgetünchtem Holz, ihm unverständlich, da wohl auf Armee-Einheiten der Amerikaner sich beziehend, doch dann eines, das er kannte, *AMG,* American Military Government. Seine Knochen, durchgerüttelt von der nächtlichen Fahrt, schmerzten, die schlaflosen Augen brannten, mehrmals ertappte er sich, daß er ins Taumeln geriet beim Gang durch die frühmorgendlich stillen Straßen. Fremd, dachte er; wie die Eindrücke des Menschen und seine Empfindungen sich doch dem Begriffsbild anpassen, das er in sich trägt: hier war, gewachsen in so kurzer Zeit, der Westen. Und dachte sogleich, das Lieblingsadverb des Genossen Reinsiepe nutzend, *noch;* wie auch Schwarzenberg, *noch;* wer war er denn, daß er sich gegen dies Noch zu stellen unterfing, seit wann machte einer allein Geschichte, auch die Größten und Namhaftesten waren nur an die Oberfläche geschwemmt worden von Kräften, deren Untergrund noch immer zu erforschen wäre, und war es nicht besser, er kehrte um, solange noch Zeit war, sowieso würde er hier nur verlacht werden in seiner zerknitterten Hose und mit dem grauen Rand am Kragen des verschwitzten Hemdes: nicht gerade die Amtstracht eines Botschafters eines unabhängigen Staates.

Doch da schlug ihm einer auf die Schulter, der Sergeant und Kamerasammler, der, lange schien es schon her, zusammen mit dem Leutnant Lambert in Schwarzenberg aufgekreuzt war, und sagte überlaut: »Well, well, well! Also doch! Und wo ist die young Lady?«

Womit er ihn, vorbei an mehreren Armeelastwagen, die gerade mit Möbeln verschiedener Art und Gemälden, mit Koffern, Körben, Bündeln von Papieren und anderem Krimskrams beladen wurden, eine Treppe hinaufführte, einen Korridor entlang, durch den ein halbes Dutzend Zivilisten einen barocken Schreibtisch schoben, zu einer Tür hin, die er sehr unzeremoniell mit dem Fuß aufstieß.

»Lieutenant, Sir«, kündigte er an, »schauen Sie mal, wen wir hier haben.«

Lambert schien sich wirklich zu freuen. »Gerade noch rechtzeitig, Herr Wolfram«, hieß er ihn willkommen. »Übermorgen hätten Sie uns schon nicht mehr angetroffen.« Und dann ein Blick, mit fragend erhobener Braue.

»Er ist allein gekommen«, bemerkte Whistler.

Lambert zündete sich eine Zigarette an. »Nun, das ist Ihre Angelegenheit. Ich kann Sie übrigens verstehen. Der Mensch belastet sich nicht gern, wenn er nach neuen Ufern strebt. Der Sergeant wird Ihnen zeigen, wo Sie schlafen können.«

Wolfram fühlte sich geschlagen, bevor er überhaupt ansetzen konnte. Und gedemütigt zugleich, er, der als Fürsprecher einer neuen Zukunft aufzutreten beabsichtigt hatte: nichts als ein Flüchtling, dem man einen Schlafplatz zuwies.

»Noch etwas?« fragte Lambert abrupt.

Der Rauch von Lamberts Zigarette, den er eingeatmet hatte, verursachte Wolfram ein leichtes Schwindelgefühl. »Sie irren sich, Lieutenant«, sagte er mit Mühe. »Ich habe nicht vor, Ihnen zur Last zu fallen.«

»Last«, sagte Lambert. »Wir haben ein paar hundert von Ihrer Sorte abzutransportieren.«

»Ich versuchte Ihnen bereits klarzumachen, Lieutenant«, Wolfram griff nach dem nächsten Stuhl und setzte sich hin, ohne eine Aufforderung abzuwarten, »ich bin nicht gekommen, um mit Ihnen irgendwohin zu fahren.«

Lambert hob den Kopf. »Weshalb sonst?«

»Um der Existenz dieses Schwarzenberg willen, an dem auch Sie, wenn ich mich nicht täusche, einmal eine Art Interesse zeigten.«

Lambert wurde nachdenklich. »Und Sie meinen«, fragte er schließlich, »es ist wert, daß man sich da noch bemüht?«

»Hätte ich sonst die Fahrt hierher unternommen?«

»Und Ihre Freunde in diesem – wie nannten Sie's? – Aktionsausschuß sind auch Ihrer Meinung?«

Wolfram blieb stumm.

»Also«, sagte Lambert, »da sehen Sie.«

Wolfram rieb sich die Stirn. Wie diesem Menschen, der aus einer Welt kam, in der ganz andere Maßstäbe galten, klarmachen, was in den Köpfen der Leute in Schwarzenberg vorging? »Meine Freunde in dem Aktionsausschuß«, erklärte er dann, jedes seiner Worte abwägend, »haben in einer besonderen Situation, die sich aus ich weiß nicht welchen besonderen Umständen ergab –«

»Sergeant«, unterbrach Lambert, »bringen Sie uns doch Kaffee. Und ein Sandwich für Herrn Wolfram, bitte.« Und wieder zu Wolfram: »Ich könnte Ihnen über diese Umstände einiges sagen, aber es würde Ihnen kaum etwas nützen.«

Wolfram straffte sich. »Jedenfalls haben meine Freunde in dieser besonderen Situation durchaus richtig gehandelt, aus Instinkt wohl, einem Instinkt, der sich, wie ich vermute, aus ihrer Klassenlage heraus entwickelt hat. Aber der Besitz eines solchen Instinkts befähigt den Menschen noch nicht, stets auch die besonderen Perspektiven, politische und andere, zu erkennen.«

»Und was«, erkundigte sich Lambert, während Whistler den Kaffee eingoß und dem zum Gast avancierten Wolfram ein belegtes Brot zuschob, »was wäre nun Ihre besondere Perspektive in diesem Falle?«

»Schwarzenberg als Labor.« Wolfram sog den Duft des Kaffees ein und trank in kleinen Schlucken. »Als Labor zur Entwicklung einer echten Demokratie.«

»Bei diesen Deutschen?«

»Diese Deutschen werden sich im Verlauf des Prozesses selber umformen.«

Lambert winkte ab. »Diese Deutschen werden aber auf eine nicht abzusehende Zeit in einem besetzten Lande leben, einem zwiefach besetzten, mit der einen Besatzungsmacht hü kommandierend und der anderen hott.«

»Eben darum«, sagte Wolfram, »das Labor.«

»Und in welcher Richtung würden Ihre Experimente laufen?«

Wolfram zögerte. »Wir haben Anfänge gemacht, und gar keine so schlechten.«

»Sie sind Sozialist?«

»Ich habe«, lächelte Wolfram, »eine vergleichende Studie utopischer Gedankengänge geschrieben.«

»Utopia«, sagte Lambert, »das Land Nirgendwo.« Er stand auf, trat ans Fenster und sah hinaus auf den verwahrlosten Rasen, auf dem eine alte Frau Kaninchenfutter zupfte. »Und selbst wenn Ihr Projekt irgendwie durchführbar wäre«, fuhr er endlich fort, »wer soll es stützen? Vergessen Sie doch nicht, daß Ihre kleine Republik, in der Sie solche Potenzen sehen, nur deshalb existiert, weil auf der einen Seite Ihrer Grenzen die Russen stehen und auf der anderen wir: und wir nur noch ganze zwei Tage.«

»Ich spräche also an der falschen Stelle«, sagte Wolfram müde.

»Lieutenant, Sir!« Sergeant Whistler hatte plötzlich eine Silbermünze in der Hand, warf sie in die Höhe, fing sie, noch in der Luft, mit geschickter Hand auf und verkündete: »Kopf!«

Lambert, als erwache er soeben aus einer Trance, gab sich einen Ruck und kam auf Wolfram zu. »Sie waren es doch, wenn ich mich recht erinnere, Verehrter, der mich zum Hüter meines Bruders ernannte. Nun gut, ich habe mich in dem Fach versucht. Ich habe versucht, Ihr Schwarzenberg zu retten. Ich habe beim Korpshauptquartier in Leipzig interveniert und dort, mit goldenen Zungen, Sie hätten mich hören sollen, mit dem zuständigen Mann gesprochen. Major Pembroke, habe ich gesagt, da ist dieses Schwarzenberg. Schwarzenberg, hat er gefragt, wo liegt das, Schwarzenberg? Dabei hatte ich ihm genau das schon einmal erläutert, aber das ist eine andere Geschichte. Dieses Schwarzenberg, habe ich Major Pembroke gesagt, ist nie besetzt worden, und er hat gesagt, dann lassen Sie's doch besetzen, und vielleicht hätte ich ihn wirklich beim Wort nehmen und mit Sergeant Whistler bei Ihnen im Rathaus einrücken und die Stars and Stripes auf dem Schloßturm hissen sollen, aber ich wußte ja, daß wir sowieso bald mit Sack und Pack abziehen würden, und jetzt ist es soweit. Jetzt bleibt Ihnen, Herr Wolfram, nur noch der Appell an die Sowjets, an Major Bogdanow, empfehle ich, mit dem habe ich nämlich auch über Ihr Klein-Arkadien verhandelt; Sie begreifen also, was für einen Freund Sie an mir haben, ich betrachte mich als den Vorsitzenden der Schwarzenbergisch-Amerikanischen Freundschaftsgesellschaft, aber leider steht der Verein nur auf dem Papier, und ich fürchte, auch dieses Papier wird rasch genug im Winde verweht und vergessen sein; also gehen Sie zu Major Bogdanow, der sitzt in Annaberg, Sie kennen ihn wohl, ich gebe Ihnen Sergeant Whistler mit, Whistler wird Sie bis zu Ihrer Grenze fahren; weiterhelfen kann ich Ihnen bedauerlicherweise nicht, und wenn Sie je etwas von einer Esther Bernhardt erfahren sollten, lassen Sie es mich wissen.«

Wolfram, überwältigt von der plötzlichen Flut von Informationen, Ratschlägen, Forderungen, suchte Ordnung in seine Gedanken zu bringen. Hätte ihm Whistler nicht auf den Arm getippt, er hätte dessen »Come on, Mister!« überhört; so aber erhob er sich schwerfällig und machte eine Bewegung auf Lambert zu, um dem Mann, der trotz seiner zynischen Art und seiner zur Schau getragenen Oberflächlichkeit eine sehr empfindliche Haut zu haben schien, noch die Hand zu drücken; doch der war schon wieder damit beschäftigt, die Schubfächer seines Schreibtisches zu leeren und ganze Aktenfaszikel in den Papierkorb zu werfen.

Whistler war schweigsam. Sein Lenkrad zumeist nur mit zwei Fingern bedienend, beschränkte er seine Kommentare auf den Zustand der Straße, den er mit ein paar der unflätigsten Ausdrücke im Jargon der amerikanischen Armee korrekt genug umriß. Nur einmal wandte er sich geradezu an seinen Fahrgast und sprach, in einem mühseligen Deutsch zunächst, bis Wolfram ihm bedeutete, er verstünde etwas Englisch, von der liebenswürdigen, aber vom Schicksal so hart geschlagenen young Lady, auf die er, Wolfram, nur ja gut achthaben solle; das Schlimme sei, daß die verrohten Sitten, die der Krieg mit sich bringe, sich nicht schlagartig mit dem Tag verbesserten, an dem die Waffen wieder schwiegen, sondern noch lange Zeit weiterherrschten; und er selber habe genug Scheußlichkeiten mit ansehen müssen, um von Herzen zu wünschen, daß der young Lady, hilflos, wie sie sei, zusätzliches Leid erspart bleiben möge. Als dann die Grenzbrücke in Sicht kam und, zu ihrer Seite, das bereits halb abgebrochene große Zelt, bremste Whistler den Jeep, legte mit einer Behutsamkeit, die Wolfram dem lang aufgeschossenen, grobknochigen Manne gar nicht zugetraut hätte, den Arm ihm um die Schulter und sagte: »Mach's gut, Junge.«

Über die Brücke schritt er sehr langsam, blieb sogar einmal stehen, um dem Wasser nachzublicken, das über die gerundeten Steine hinwegperlte. Die Straße am anderen Ufer, dem schwarzenbergischen, lag sonnenüberströmt, aber bald würde der Schatten des Waldes ihn aufnehmen.

Dann sah er den bis dahin durch ein Gebüsch verdeckten Kilometerstein am Waldrand und drauf hingehockt den Genossen Reinsiepe, der sich mit einem großen weißen Taschentuch den Schweiß von der Stirn wischte. Reinsiepe winkte ihm zu, wartete, bis er näher gekommen war, und lächelte ihn an: »Wohin des Wegs, Wandersmann?«

Wolfram überlegte, ob es nicht eher an ihm sei, sich zu erkundigen, wie es käme, daß der Genosse Reinsiepe ausgerechnet um diese Uhrzeit sich an diesem besonderen Kilometerstein eingefunden habe, aber gerade in dem Moment trat der Kapitän Workutin, die Mütze schräg überm Ohr und den Kragen am Halse weit offen, zwischen den Bäumen hervor, und Wolfram entschied, daß die Frage wohl kaum noch lohnte.

»Nun?« blinzelte Workutin; das plötzliche Licht schien seine geröteten Augen zu schmerzen, oder er hatte getrunken. »Nun? Sie waren auf Besuch bei den Amerikanern, Genosse Wolfram?«

Es hatte wenig Zweck, das abzuleugnen, dachte Wolfram und wußte, daß beide, Reinsiepe wie der Kapitän, sein Schweigen als ein Eingeständnis werten würden. Er wünschte nur, das ungute Gefühl, das sich schon auf der Brücke seiner bemächtigt hatte, würde sich nicht gerade in seiner Magengrube zusammenklumpen; er hätte die

Leberpastete aus der amerikanischen Feldration, die Whistler ihm während der Fahrt hinübergereicht hatte, nur ungern so rasch wieder verloren.

»So«, sagte Workutin, »bei unseren tapferen Verbündeten waren Sie also. Und wohin planen Sie sich jetzt zu begeben?«

»Zu Major Bogdanow«, sagte Wolfram, bemüht, Gleichmut zu wahren. »Und da ich Ihr Fahrzeug am Ende des Holzwegs dort zu erkennen glaube, Genosse Kapitän, können Sie mir vielleicht helfen, so bald wie möglich zu ihm zu gelangen.«

Reinsiepes Mund zog sich bedauernd in die Breite, und Workutin sagte: »Der Genosse Major Bogdanow, tut mir leid für Sie, Genosse Wolfram, ist nicht mehr verfügbar. Unser Kyrill Jakowlewitsch« – Workutins Ton wurde wehleidig und er geriet ins Stocken, so als müsse er, die traurige Tatsache zu rechtfertigen, wieder nach Worten suchen, »und ich habe ihn noch gewarnt: ein großer Aufwasch ist besser – und hab's zu verhindern gesucht – aber dann hat er sich doch durchgesetzt – die Genossen in Schwarzenberg, hat er beim Stabe erklärt, vertrauen auf die Sowjetmacht – und so ist er gefallen – als Held, als sowjetischer – im nächsten Krieg schon, könnte man sagen, gegen die Söldner des Imperialismus...«

Wolfram schluckte. Nein, er würde seine Fassung behalten, würde keine Schwäche zeigen, auch wenn nun nichts mehr war, keine Hoffnung, es sei denn auf ein anderes Schwarzenberg irgendwo, das andere Menschen zu errichten haben würden in einer anderen Zeit.

»Wir nehmen Sie aber trotzdem mit, Genosse Wolfram«, sagte Reinsiepe, stand auf von seinem Stein und plazierte sich rechts neben ihn. Wolfram spürte die Finger, die sich um sein Handgelenk schlossen wie eine eiserne Schelle, und er fragte: »Wohin bitte?« und hörte Workutin antworten: »Wir hätten da noch ein paar Fragen an Sie, Genosse Wolfram«, und da war die kurze, sommersprossige Hand des Kapitäns, die sein anderes Gelenk packte, und er mußte mitlaufen, ob er wollte oder nicht, und wurde zu dem Stabswagen am Ende des Holzwegs gezerrt und hinaufgeschoben, und schurrte sich die Schienbeine am Trittbrett des Fahrzeugs blutig, und hörte Workutins Befehl »Paschli!« und fühlte den Stoß im Rücken, als der

Wagen anfuhr, und hätte am liebsten laut geschrien: »Hilfe!« oder sonst etwas, aber das wäre unsinnig gewesen und eine Kräftevergeudung, die er sich nicht leisten konnte, und dann hörte er Reinsiepe sagen: »Um Justine Egloffstein machen Sie sich keine Sorgen, Genosse Wolfram, um die kümmere ich mich schon.«

26
Aufzeichnung Kadletz:
Drei Panzer und eine halbe Kompanie zu Fuß

Sie werden kommen mit einer halben Kompanie zu Fuß und drei
Panzern, so hatte Tatjana gesagt, und so war es tatsächlich; nur daß
die Infanterie auf Lastkraftwagen gepfercht einfuhr, gefährlich
schwankenden Beutestücken, von denen nicht eines dem anderen
glich; Fourage und Gepäck kamen Stunden später, auf requirierten
Bauernfuhrwerken, gezogen von requirierten Bauernpferden.

Am Vorabend waren Quartiermacher dagewesen, zwei jüngere
Offiziere, die mehrmals in Streit miteinander gerieten, ob diese oder
jene Eintragung auf ihrer Stadtkarte von Schwarzenberg nun Gültigkeit habe oder nicht, und jedesmal einigten sie sich, indem sie alles, was auf der Karte angekreuzt, unterstrichen oder sonstwie markiert war, für die Armee mit Beschlag belegten. Über Nacht mußten
diese Baulichkeiten sämtlich evakuiert und Ersatzräume für ihre Bewohner und Benutzer gefunden werden, wodurch ein heilloses
Durcheinander entstand, über dem kein Mensch, und ein Mitglied
des Aktionsausschusses schon gar nicht, zu irgendwelchem Nachdenken kam; zum Glück fiel mir nach Mitternacht noch ein, daß wir
doch mindestens das Rathaus beflaggen müßten, und wahrhaft rüh-
rend war das verschreckte Gesicht des Genossen Bornemann, als ich
ihn auf die möglichen Folgen unserer Vergeßlichkeit aufmerksam
machte, und seine wehenden Arme, als er davonlief, das Nötige in
die Wege zu leiten; am Morgen dann, um das vorwegzunehmen,
wehten rote Fahnen nicht nur über dem Eingang zum Rathaus und
auf dem pickelartigen Türmchen, welches das Dach des Baus krönt,
nein, auch das Landratsamt, in Eile veranlaßt durch Herrn Wesseling, das Gerichtsgebäude, das Schloß, die Realschule mit dem
Wehrmachtslazarett, die Post und der Ratskeller hatten geflaggt,
und sogar aus den Fenstern einer für meine Begriffe recht großen

Zahl von Privathäusern hingen, am Sims befestigt oder an einer Fahnenstange, die roten Tücher, viele davon mit dem verräterischen Dunkel in der Mitte, Spur des ehemals vorhandenen weißen Runds mit dem Hakenkreuz.

Die hektische Geschäftigkeit der Nacht, und das war das Gute daran, verhinderte alle anderen Emotionen; weder für Wehmut war Zeit und Gelegenheit noch für Bedauern, noch für Bangigkeit vor der näheren oder ferneren Zukunft; erst als ich durch die dunklen Straßen nach Hause ging, wurde mir bewußt, daß da noch etwas gewesen war, etwas Störendes, Bohrendes, verdrängt allerdings durch das nächtliche Hin und Her. Jetzt aber war es nicht mehr beiseite zu schieben: einer hatte gefehlt, einer, der, wenn er auch nicht immer praktisch eingriff, kaum je gefehlt hatte – Wolfram.

Dafür war der Genosse Reinsiepe um so auffälliger präsent gewesen; ab wann eigentlich, seit Mittag etwa; hatte sich überall zu schaffen gemacht, im Vorzimmer des Genossen Bornemann im Rathaus, auf dem Bahnhof bei Viebig, in Konferenz mit dem Genossen Kiessling, in der Villa Münchmeyer, die, erfuhr man, von den Freunden gewiß sequestriert werden würde, und sogar dem Landrat Wesseling habe er, hieß es, einen kurzen Besuch abgestattet.

So beschloß ich denn, trotz meiner geschwollenen Füße und trotz der Müdigkeit, die mir schwer in den Gliedern lag, noch erst beim Pfarrhaus anzuklopfen, dessen Obergeschoß die Witwe Stolp bewohnte; vielleicht ließ sich dort etwas erfahren, vielleicht war er sogar selber da, was lag denn näher nach seiner Niederlage bei der Abstimmung, als der Rückzug ins Private, die Dinge einmal gründlich überdenken, zu innerer Ruhe gelangen und zu erquickendem Schlaf. Doch war, dachte ich dann, der Rückzug ins Private nie Wolframs Art gewesen; um wieviel leichter hätte er es haben können, wenn er nach dem, was er, besonders im Zuchthaus, durchgemacht hatte, sich irgendwo hingesetzt hätte mit seiner Paula und versucht hätte, zu sich zu kommen, Kräfte zu sammeln, anstatt sich, kaum daß das Schlimmste zu Ende war, in neue Auseinandersetzungen zu stürzen.

Aber die Fenster im Obergeschoß des Hauses lagen im Dunkel, und auch längeres Klingeln und Klopfen brachten nur den Pfarrer ans Tor, der in den hinteren Parterreräumen hauste; dieser, im Schlafrock, wies anklagend hinauf zum Turm seiner Kirche, von dem die Glocke dumpf dröhnend dreimal schlug: Was ich denn wolle, um diese Stunde, und er könne durchaus verstehen, wenn keine der Damen die Tür in solch wilden Zeiten öffne, nein, er habe den Herrn Wolfram nicht gesehen, schon den ganzen Tag nicht.

Meine Gedanken, während ich langsam den Rest meines Wegs nach Hause ging, waren wenig erfreulich. Daß Wolfram, dem ich doch jederzeit mit der größten Offenheit begegnet war, mir kein Vertrauen geschenkt hatte, war das geringste. Es gab Situationen, da man auch dem Freunde verschwieg, was man vorhatte; mehr noch beunruhigte mich die Befürchtung, er könnte nach dem Zusammenprall mit Reinsiepe, und in Kenntnis dessen, was nun kommen würde, überhastete Entscheidungen getroffen haben, falsche natürlich, denn bei Licht besehen, was sollte ein Mann wie er, mit einer auch im Auge der Freunde untadeligen Vergangenheit, eigentlich zu befürchten haben? Dann aber, kaum hatte ich meine Wohnungstür geöffnet, wurde mir meine Ahnung zur Gewißheit: er war nicht wiedergekommen.

Da saßen die vier Frauen, meine, die Witwe Stolp und ihre Tochter Carolina, die frühzeitig gewelkte, und zwischen diesen beiden Paula, lächelnd wie einer, der weiß, daß von ihm die Rede war, dabei aber kein Wort verstanden hat. Bertha, meine Frau, kam auf mich zu, zog mich beiseite und flüsterte: »Er hat sie sitzen lassen«, und Stolp Mutter und Tochter, zwei Schutzengelchen gleich, streichelten Paula die eine die linke, die andere die rechte Schulter, und die Mutter sagte: »Da hockte es nun, das arme Kind, und die Tränen kullerten nur so die Wangen hinunter, und konnte doch nichts erklären und uns nicht verstehen, es war jammervoll«, und die Tochter sagte: »Wir haben ihr einen Tee gekocht, Pfefferminz, der kann nie schaden, und ihn ihr eingelöffelt, und sie war so dankbar und hat uns angesehen mit großen unschuldigen Augen, es brach einem das Herz«, und die Mutter sagte: »Ja, aber die Verantwortung, sie weiß doch nicht, was sie tut, und es sind etliche Meter Höhe vom Fenstersims bis hinab auf die Straße, und ein Küchenmesser besaßen sie auch, obwohl sie kaum was zum Kochen hatten, der Herr Wolfram und sie, und wie es immer später wurde, da habe ich gesagt, sie muß weg aus dem Haus«, und die Tochter sagte: »Sie muß zu Menschen, habe ich gesagt, die sie besser kennen als wir und die wissen, wie man mit ihr verfährt, wir sind nur die Wirtsleute, bei denen sie einquartiert worden sind, der Herr Wolfram und sie, und am Ende wird es noch heißen, daß wir daran schuld sind, wenn ihr was zustößt«, und die Mutter sagte: »Da haben wir ihre Sachen eingepackt, es war ja nicht viel, und haben das arme Kind genommen und hierhergebracht, obwohl sie erst hat nicht mitkommen wollen; hat wohl geglaubt, sie müßte bei uns auf Herrn Wolfram warten; aber dann sind wir energisch geworden und haben ihr gesagt, es muß sein, Fräulein Paula, und dann wurde sie ganz friedlich, und hier sind wir nun und übergeben sie Ihnen, Herr und Frau Kadletz, zu treuen Händen.«

Zu treuen Händen, das habe ich nicht erfunden; so etwas prägt sich ein. Und dann hatten sie es plötzlich eilig, und ich konnte es ihnen nicht einmal übelnehmen, denn auch sie hatten die böse Zeit sehenden Auges durchlebt und wußten, wenn einer unversehens weg war, aus dem oder jenem Grunde, fiel sein Schatten auch auf die, die zurückblieben. Es brauchte nicht viele Worte zwischen Bertha und mir, sie hat mich seit je besser verstanden als ich sie, und sie wußte, daß ich, ganz gleich, wo Wolfram war und was er getan oder nicht getan haben mochte, Paula im Hause behalten würde, bis sich eine andere, für sie günstigere Möglichkeit ergab, oder bis Wolfram zurückkehrte. Ich entschloß mich, die paar Stunden, die von der Nacht noch blieben, auf dem Sofa in der Wohnstube zu verbringen, nicht nur, weil ich sehr früh wieder auf den Beinen sein mußte, sondern weil ich glaubte, das Mädchen sei jetzt in der Nähe einer mütterlichen Frau besser aufgehoben; und wirklich sei Paula, so berichtete Bertha mir später, an ihrer Seite alsbald eingeschlafen. Mich allerdings floh der Schlaf; ich sah die Sonne, einen Feuerball, aufsteigen und darauf in den rasch aufkommenden Wolken verglühen; der Dämmerzustand, in den ich auf kurze Zeit versank, erfrischte mich nicht, immer wieder schreckte ich auf in dem Gedanken an Wolfram und was sein Verschwinden bedeuten mochte.

Um sieben Uhr früh, wie immer, trat der Aktionsausschuß zusammen. Bis dahin hatte ich, gegen alle Vernunft, noch gehofft, daß Wolfram sich wenigstens hier einfinden würde; ich stellte mir vor, wie die Tür zum Konferenzzimmer sich auftäte und er hereinkäme, zögernd zunächst und sich umblickend, als wollte er feststellen, wer alles anwesend sei und wer nicht und wie die Stimmung denn wäre, und vielleicht würde er sogar eine allen plausible Erklärung für seine lange Abwesenheit vorzubringen haben. Aber nichts dergleichen geschah, selbstverständlich; der Genosse Bornemann eröffnete die Sitzung, die nur einen einzigen Tagesordnungspunkt hatte, die Begrüßung der Freunde, und da war diese Spannung im Raum und der leere Stuhl, der aller Augen immer wieder auf sich lenkte, obwohl, das war das Gespenstische, keiner der Anwesenden des fehlenden Mitglieds des Ausschusses in irgendeiner Weise Erwähnung tat: Bornemann nicht, dessen Obliegenheit es eigentlich gewesen wäre, Kiessling nicht, Viebig nicht, ich selber auch nicht, und Reinsiepe schon gar nicht. Statt dessen redete man des längeren davon, wie man beim Einzug der Freunde der Freude und Ergebenheit der Bevölkerung am besten Ausdruck geben sollte; fast jeder hatte irgendwann, und sei's in der Schule, erfahren, wie man sich in ähnlich gelagerten Fällen verhielt, hatte gehört oder gelesen von Abordnungen städtischer Honoratioren, die, unter Führung des Bürgermeisters, dem siegreichen Feldherrn entgegenzogen und ihn am Stadtrand mit einem Willkommenstrunk erwarteten, von Brot und Salz, die man ihm grüßend darbot, von einem Schlüssel zur Stadt, den man ihm auf grünem Samtkissen überreichte, von Scharen von Einwohnern, die sich längs der Straße aufreihten, um dem Befreier zuzujubeln. All diese nützlichen Vorschläge erwiesen sich jedoch als unbrauchbar, da kein Mensch zu sagen wußte, um welche Zeit und von welcher Richtung her der Einmarsch erfolgen würde; auch die Quartiermacher, die schon am Vorabend wieder abgefahren waren, hatten nichts darüber verlauten lassen. Was blieb uns also, als ohne Beschlußfassung auseinanderzugehen und uns, dem Gebot des Genossen Bornemann folgend, im Rathaus zur Verfügung zu halten; eine Weile standen wir noch, ein bedrücktes Häuflein, unschlüssig im Konferenzzimmer herum, halblaut Worte wechselnd, bis endlich einer nach dem anderen sich aufraffte, um sich in sein Dienstzimmer zu begeben; nur der Genosse Reinsiepe, seit gestern schon unermüdlich tätig, schien Plan und Ziel zu haben und fuhr, ich sah's von meinem Fenster aus, bald nach der Sitzung in seiner holzgasbetriebenen Limousine fort. Dann kam das Gerücht, der Genosse Viebig hatte es angeblich als erster gehört, die Sowjets befänden sich bereits in der Stadt, und jeder im Rathaus, der konnte, lief auf die Straße, es gab ein Gedränge auf der Treppe und im Eingangstor, und Hast und Atemlosigkeit, und dann sahen wir sie wirklich, von Raschau her kommend, die drei Panzer, die Narben des Kriegs sichtbar auf ihrem Stahl, und die halbe Kompanie zu Fuß, bestaubt von ihrer Fahrt, müde, uns musternd ohne jegliches Interesse, noch eine deutsche Kleinstadt nach all den vielen, die sie bereits durchzogen hatten.

Etwas später war Reinsiepe wieder da. Er suchte mich auf in meinem Zimmer, warf sich in den knarrenden Armsessel, den mir irgendein gütiger Mensch hingestellt hatte, fächelte sich Luft ins Gesicht und sagte: »Genosse Kadletz, der Genosse Workutin möchte mit Ihnen sprechen.«

»Wann?« sagte ich.

»Jetzt«, sagte er. »Ich bringe Sie hin.«

Da war wieder der Fahrer mit dem gelbglänzenden Schädel, aber nun trug er Uniform, eine Litewka mit Schulterstücken, und setzte uns vor der Villa Münchmeyer ab. Wir hätten die Strecke auch zu Fuß in zwölf, höchstens fünfzehn Minuten zurücklegen können, aber vielleicht war Workutins Wunsch, mich zu sehen, ein sehr dringlicher, oder Reinsiepe hielt die Fahrt in seinem Auto für die sicherste Art, mich an Ort und Stelle zu bringen, und kaum waren wir angelangt, trieb er mich, vorbei an dem salutierenden Posten, in großer Eile hinein in das Haus und die breite, teppichbelegte Treppe hinauf, so daß mir kaum Zeit blieb, Atem zu schöpfen, geschweige denn meines ersten Besuches in diesen Räumen zu gedenken, den ich, zusammen mit Wolfram, dem Ehepaar Münchmeyer abgestattet hatte. Oben dann wies er mich in ein Zimmer, das einst wohl der Unterbringung von Gästen, möglicherweise gar Minchen Mutschmanns, gedient hatte; ein Bett stand jedenfalls noch darin, darauf hingeworfen ein Offiziersmantel, ein Gurt und anderes Feldzeug, und Workutin saß hinter einem zierlichen Schreibtisch, zu dessen edlem Glanz und verschnörkelten Beinen die zwei Feldtelephone obenauf in keiner Weise passen wollten.

»Towarischtsch Kadletz!«

Workutin machte eine Bewegung, als wollte er sich erheben, um mir die Hand zu schütteln, sank aber zurück auf seinen Stuhl und sagte mit einem verschmitzten Ausdruck um die Augen: »Das Schicksal – wie sagt man auf deutsch – fügt uns wieder zusammen.«

Ich blickte mich um nach Reinsiepe, in der Erwartung, der werde, sobald Workutin wieder in sein Russisch verfiel, übersetzen, aber Reinsiepe hatte sich lautlos entfernt.

»Nein, nein«, sagte Workutin, »Sie können unbesorgt sein, Genosse Kadletz, wir sind unter uns.«

Unter uns, dachte ich, und meine Unruhe wuchs; kann sein, daß er das beabsichtigt hatte. Er betrachtete mich, eine lange Zeit, wie mir schien, bis ich endlich, nur um das Schweigen zu brechen, erklärte, wie froh und erleichtert ich sei, daß die Freunde nun auch bei uns eingerückt wären; unter den Bedingungen, die wir in den Tagen direkt nach dem Kriege vorfanden, sei die Arbeit im Aktionsausschuß für die Beteiligten doch recht schwierig gewesen; noch jetzt, da das Gröbste geleistet sei, erstaune es mich, daß wir je den Mut aufgebracht hatten, sozusagen einen eigenen Staat zu gründen.

Workutin lachte. Gerade das, erwiderte er, beweise, welch große schöpferische Kräfte in der Arbeiterklasse vorhanden seien, auch der deutschen, und er für seine Person und zugleich als Repräsentant der sowjetischen Militäradministration erwarte, auch in Zukunft mit den besten Vertretern dieser Klasse zum Wohle der Bevölkerung zusammenarbeiten zu können, vor allem also, um es deutlich zu sagen, mit den Mitgliedern des ehemaligen Aktionsausschusses, einen oder zwei aus dem Kreise eventuell ausgenommen.

Ich hatte die leichte Betonung, die er dem Wort ehemalig gegeben hatte, bemerkt und nahm widerspruchslos zur Kenntnis, daß wir mit der Besetzung der Republik Schwarzenberg deren provisorische Regierung als aufgelöst zu betrachten hätten. Aber wen wollte er von der Zusammenarbeit mit der sowjetischen Militäradministration ausgenommen wissen? Den Genossen Wolfram?

»Ich möchte, Genosse Kapitän«, sagte ich, »daß Sie mich zu diesen Ausnahmen zählen. Ich bin's müde, Entscheidungen über andere treffen zu müssen, ich bin ein einfacher Mensch, kein Staatsmann, kein Verwaltungsbeamter, und ich möchte zurück ins einfache Leben.«

»Sie?« Wieder lachte er, sein behäbiges, fast gutmütig klingendes Lachen. »Mir ist die Rede zu gut im Gedächtnis, die Sie in Annaberg gehalten haben, Genosse Kadletz, und wie Sie es verstanden, den Massen zu sagen, was ihnen gesagt werden muß. Sie müssen nur noch lernen zu erkennen, wo Macht liegt und wo sie nicht mehr lange liegen wird, und Sie sind perfekt.«

Ich fasse, verstehen Sie, Workutins Äußerungen zusammen und glätte sie; in Wirklichkeit lief das alles viel langsamer und stockend, wobei mir unklar blieb, ob er nur seinen deutschen Wortschatz nach den seinen Gedanken entsprechenden Ausdrücken durchsuchte oder nicht vielmehr in den Pausen zwischen den Bruchstücken seiner Sätze sehr gründlich überlegte, welche Gedanken er mir darlegen sollte und welche er besser verschwieg. In der Tat brach er das ganze Spiel auch bald ab und beschränkte sich darauf, mir konkrete Fragen zu stellen, merkwürdigerweise nicht über Wolfram, wie ich seit Beginn unseres Gesprächs befürchtet hatte, sondern über meine eigene Tätigkeit im Aktionsausschuß, die er, schließlich waren wir einander mehr als einmal begegnet, in Annaberg und dann wieder in Tellerhäuser bei der Festnahme des Gauleiters Mutschmann, mit dem Etikett »Außenpolitik« versah: was ja auch dem mir von den Genossen zugewiesenen Aufgabengebiet ungefähr entsprach. Und im Zusammenhang damit wollte er nun wissen, welche Verbindungen ich zu der anderen Seite, zu den Amerikanern, hergestellt und welcherart Berührungen ich mit ihnen gehabt hätte; daß sich da so gar nichts abgespielt haben sollte, meinte er, sei doch nicht recht glaubhaft.

Ich wurde, ich gestehe das, sofort zurückhaltend, obwohl ich mir, schon aus Gründen meiner Parteivergangenheit, vorgenommen hatte, vor den Freunden keine Geheimnisse zu haben. Ich dachte an Wolfram, den immer noch Abwesenden, der ja nun wirklich mit dem Leutnant Lambert irgend etwas verhandelt hatte; aber auch der

Landrat Wesseling kam mir in den Sinn, dem ich allerdings weiß Gott nicht verpflichtet war, Diskretion zu wahren. Ich könne, sagte ich Workutin also, nur für mich selber sprechen, und meine Angaben seien leicht überprüfbar. Ich wäre, sagte ich, während der ganzen Periode der Unabhängigkeit Schwarzenbergs nicht ein einziges Mal in der amerikanisch besetzten Zone gewesen und natürlich auch nicht in Auerbach, dem Sitz der uns nächstgelegenen Stelle der amerikanischen Militärregierung. Persönlich kennengelernt hätte ich nur einen ihrer Offiziere, einen Leutnant Lambert, und dessen Bekanntschaft hätte ich hier am Orte gemacht, an dem gleichen Tag sogar, an dem der Genosse Reinsiepe und ich bei ihm, Workutin, vorsprachen; bei unserer Rückkehr aus Annaberg hätten wir den besagten Leutnant Lambert im Rathaus angetroffen. Da Workutin es ja ebensogut von Reinsiepe erfahren konnte, verschwieg ich ihm nicht, daß Lambert, als wir eintraten, sich gerade in einem Gespräch mit dem Genossen Wolfram befand; soweit ich verstanden hätte, sagte ich weiter, sei dabei die Möglichkeit erwogen worden, in Schwarzenberg ein Spielkasino einzurichten und überhaupt die Republik in einen Umschlagplatz für Ost-West-Geschäfte umzugestalten, mit entsprechenden Deviseneinnahmen; die Versuche des Aktionsausschusses, eine annehmbare Ordnung in unserem Gebiet zu schaffen, habe Lambert als soziologisch interessant bezeichnet und damit abgetan. Im übrigen habe der amerikanische Leutnant sich auch weniger Sorgen um Schwarzenberg gemacht als um ein Mädchen mit Namen Esther Bernhardt, eine deutsche Jüdin vermutlich, zu der er einst in persönlicher Beziehung gestanden haben mochte.

Ich weiß heute noch nicht, welches Gewicht Workutin meinen Informationen beimaß. Das einzige, was er sagte, war: »Das ist alles?«

Nein, sagte ich, der Leutnant Lambert sei noch ein zweites Mal gekommen, aber da hätte ich ebensowenig Gelegenheit gehabt, mit ihm zu konferieren, denn er habe sich sehr bald zu einer Besprechung mit dem Genossen Major Bogdanow zurückgezogen, der zufällig auch in Schwarzenberg gewesen sei.

»Zufällig«, sagte Workutin, »ja?«

Wie sollte man da antworten.

»Und was, Genosse Kadletz«, Workutins Hand, die bis dahin ruhig auf der Tischplatte gelegen hatte, ballte sich zur Faust, »was waren Ihre Kontakte zu dem Genossen Bogdanow?«

Tatjana. Ich befürchtete, die Hitze, die plötzlich in mir aufstieg, könnte sich in der Färbung meines Gesichts manifestieren. »Da fragen Sie doch lieber Ihren Genossen Bogdanow selber«, sagte ich schließlich und war überrascht, wie beherrscht meine Stimme klang.

»Ich wünschte, ich könnte ihn fragen, Genosse Kadletz«, antwortete er. »Aber er ist tot.«

Ich bin sicher, daß er noch weiter sprach, wahrscheinlich über die Umstände von Bogdanows Tod, und wann und wo es geschah, und wie bedauerlich das Ganze; aber seine Worte erreichten mich nicht, nur der Gedanke an Tatjana erfüllte mich, und daß sie mir nun verloren war, für alle Zeit. Ich hörte etwas von einer Einladung, der Chef der Kommandantura erlaube sich, die Mitglieder des Aktionsausschusses und deren Gattinnen; es blieb mir unverständlich, ebenso wie ihm wohl nicht recht verständlich war, weshalb ich kaum oder gar nicht mehr auf seine Fragen reagierte und, wenn ich etwas sagte, offenbar Unsinn redete. Ich weiß nur, daß er mich endlich bei der Schulter nahm, wie einen Kranken, und mich zur Tür führte. Nur was er, bereits in der Tür stehend, mir noch mitteilte, ist eingebrannt in mein Gedächtnis und wird mir bleiben bis zu meiner letzten Stunde: »Sie hatten doch Erkundigungen eingezogen wegen einer Tatjana Orlowa, Genosse Kadletz. Ich kann Sie da beruhigen. Die Bürgerin Orlowa lebt und befindet sich in staatlicher Obhut.«

27

Im Grunde mochte Reinsiepe ja auch recht haben, dachte Wolfram. Reinsiepe, der wie ein zürnender Engel zu ihm gesprochen hatte; nur daß Workutin, im Hintergrund thronend, die falsche Besetzung für die Rolle des lieben Gottes gewesen war und daß Reinsiepes Mundwinkel jedesmal, wenn er seine Suada unterbrach, um auf eine Replik des Gefangenen zu warten, sich so gar nicht engelhaft in die Schräge gezogen hatten.

Wolfram blickte sich um in dem weißgetünchten, sargähnlichen Raum, in dem dereinst wohl das Dienstmädchen gehaust haben mochte in der herrschaftlichen Villa; vom Fenster aus, wenn man das schmale Guckloch als Fenster bezeichnen wollte, hatte man einen Blick auf die lange nicht geleerten Mülltonnen: wieder eine Gefängniszelle, karg möbliert mit Pritsche, Tisch, Stuhl, Eimer. Wie er das kannte!

Auf dem Tisch lagen Papier und Bleistift, die Reinsiepe ihm hinterlassen hatte, und in der Luft schwebte noch ein leichter Dunst von Schweiß, seinem eigenen, und wohl auch Reinsiepes, der sich während des Verhörs mehrmals die Stirn gewischt hatte, und von dem Veilchenduft, den der Genosse Kapitän um sich verbreitete. Workutin hatte nur wenig gesprochen, hielt es wahrscheinlich für taktisch richtiger, sich und seine Fragen fürs erste in Reserve zu halten. Wir können warten, Genosse Wolfram, hatte er gegen Ende des Verhörs erwähnt, wir haben Zeit, viel Zeit.

Zeit. Wie lange? Wochen, Monate, Jahre?

Daß er Zeit habe und warten könne, hatte der Mensch, der ihn damals in Dresden verhörte, nie gesagt. Der hatte, flaches graues Gesicht mit ewig geröteten Augen, es immer eilig gehabt, hatte vermutlich unter Erfolgszwang gestanden, der Krieg lief schon nicht mehr so prächtig und man wollte Exempel statuieren; möglich aber auch, daß es sich hier um eine Differenz von historischen Dimensionen handelte; wie groß war dieses Rußland, welch weite Räume: andere Distanzen, andere Zeitmaßstäbe.

Das Fenster ließ sich natürlich nicht öffnen, jemand hatte Nägel ins Holz getrieben; eine ordentliche Staatsmacht, die Erfahrung hatte man auch in Schwarzenberg machen müssen, brauchte von Anbeginn an ein ordentlich gesichertes Gefängnis. Dieses hier schien noch dazu ein geheimes, nur wichtigen Persönlichkeiten vorbehaltenes zu sein; die Klopfzeichen, die er gegeben hatte, sobald er sich allein wußte, rechte Wand, linke Wand, waren ohne Antwort geblieben, und keine drei Freunde würden ihn besuchen kommen wie seinerzeit den armen Hiob, um gemeinsam mit ihm sein Elend zu bejammern. Allerdings, wenn er sich recht an seine Lektüre erinnerte, der Dresdner Gefängnispfarrer hatte ihm eines Tages die Bibel gebracht, waren die drei aufdringlichen alten Juden weniger erschienen, um mit Hiob zu trauern, als um dem hilflos auf seiner Matte Liegenden zu predigen und ihm durch ihre frommen Worte beizubringen, daß er doch irgendwie gesündigt haben müsse, denn so ganz ohne Sünde strafe der Herr ja keinen.

Trotz seiner unerfreulichen Situation kam Wolfram ein Kichern an. Genau dieser Gedanke hatte in Reinsiepes Fragen mitgeklungen, ob diese sich nun auf den leider nicht mehr greifbaren SS-Standartenführer Rosswein bezogen oder auf den amerikanischen Leutnant Lambert, und noch mehr in den wohlmeinenden Erläuterungen, die Reinsiepe seinen Fragen je nach Bedarf voraus- oder hinterherschickte. Weder der Genosse Kapitän noch er selber wollten ihm übel, hatte er erklärt; schließlich gäbe es ja, das wisse Wolfram so gut wie er, zweierlei Arten von Fehlern, die objektiven und die subjektiven, und der Unterschied zwischen beiden liege nicht so sehr in der Auswirkung dieser Fehler, wohl aber sei er von Bedeutung für die Beurteilung dessen, der die Fehler beging, weshalb man ja gerade einen so großen Wert auf ein reuiges Geständnis lege. Er, Reinsiepe, hatte er weiterhin gesagt, wolle trotz gegenteiliger Indizien immer noch nicht an eine subjektive Schuld, das heißt an konterrevolutionäre Intentionen Wolframs glauben: warum also nicht offen sprechen; auch dem Genossen Kapitän läge doch nur daran, klare Verhältnisse zu schaffen, denn der Boden, auf dem die Freunde im Zusammenwirken mit den fortschrittlichen Kräften im Lande eine neue, bessere Ordnung zu errichten vorhätten, wäre, wie Wolfram gleichfalls wisse, außerordentlich schwierig, und angesichts einer solchen Lage und solcher Aufgaben käme es darauf an, eine feste Linie zu haben und keinen Fingerbreit von dieser abzuweichen.

Wieder das Warten, das schiefe Lächeln. Wie schön wäre es gewesen, dachte Wolfram, aufzugeben, sich fallen zu lassen, zu gestehen, was sie hören wollten. Sie waren doch die Stärkeren; vielleicht ließen sie einen dann leben, ein kleines, privates Leben, mit seiner Paula, seiner stummen, die irgendwo draußen um ihn bangte. Doch er tat's nicht, so wie er es auch damals nicht getan hatte; er antwortete, wenn überhaupt, einsilbig, sich zu nichts verpflichtend und auf nichts festlegend. Das hatte er gelernt; und außerdem, auch dies war Erfahrungssache, fielen die Antworten, die einer gab, sowieso kaum ins Gewicht: zumeist lag alles, einschließlich des Urteils, von vornherein fest, und es ging den Verhörern nicht so sehr um neue Erkenntnisse als um eine Rechtfertigung ihrer eigenen Haltung und um eine Art Bestätigung der heiligen Weisheit ihrer jeweiligen Kirche.

Aber ließ sich das denn vergleichen, die damals, und *damals* hieß vor wenigen Monaten noch, mit denen von heute und hier? Den Dr. Benedikt Rosswein mit dem Genossen Erhard Reinsiepe? Seine Gefühle sträubten sich dagegen, und mit Grund: die damals waren, da gab's keinen Zweifel, der Feind gewesen; die heute aber waren nach den gleichen Gesetzen angetreten wie er, zu streiten für die gleiche Sache, und waren daher, in der plötzlichen Wandlung ihrer Ziele, ungleich schwerer zu akzeptieren; denn durch sie erhob sich die Frage, die denen damals zu stellen überhaupt kein Anlaß bestand, die Frage nämlich, wer Recht erhalten würde vor dem unerbittlichen Gericht der Geschichte.

Und genau davon hatte denn auch der Genosse Reinsiepe gesprochen: er, Wolfram, der sich so viel zugute halte auf seine Kenntnis utopischer Gedankengänge und auf seine utopischen Verfassungsentwürfe, gerade er müßte doch wohl imstande sein zu erkennen, wer die einzig wahren Vertreter der einzig richtigen und erstrebenswerten Utopie, des Sozialismus, waren. Diese führende Kraft war die Partei, war die ruhmreiche Sowjetunion, und sie hatten dafür gesorgt, daß aus der Utopie trotz einer Welt von Feinden Realität wurde, und hatten das bei Stalingrad unter Beweis gestellt und auch kürzlich wieder, als sie die rote Fahne der Revolution auf der Kuppel des Reichstags hißten. Er aber suche ihnen die Beine unterm Leib wegzuschlagen, indem er seine eigenen kleinen Utopien sich ausdenke und die Wege dorthin, Irrwege natürlich, propagiere. Wer sich aber gegen die Partei und die ruhmreiche Sowjetunion stelle, der werde, ob er es nun wolle oder nicht, zum Feind und zum Verräter an der großen Utopie, die uns alle beflügelt.

Endlich hatte Workutin auf seine Uhr geblickt. Vielleicht war er der Überzeugungsarbeit müde, die der Genosse Reinsiepe da freiwillig leistete, oder er hatte Verpflichtungen anderenorts; jedenfalls erhob er sich, erklärte, die heutige Unterredung sei ein guter Anfang gewesen, aber es gebe noch eine Menge anderer Aspekte, die ihn interessierten, doch man habe ja, und hier fiel das Wort, Zeit, viel Zeit. Und war gegangen, gefolgt von Reinsiepe, und der Wachposten verschloß die Tür.

Wolfram dachte an Paula und an Reinsiepes tröstende Bemerkung im Auto, mein Gott, wie lange war das schon her, eine Ewigkeit von vier, fünf Stunden: um Justine Egloffstein machen Sie sich keine Sorten, Genosse Wolfram, um die kümmere ich mich schon. Dann kam ihm das Buch Hiob wieder in den Sinn. Wie hatte Hiob gesagt? Mein Leben ist nur ein Windhauch, und mein Auge wird das Glück nicht mehr erblicken. Aber Hiob hatte einen Gott, an den er sich halten konnte; und was hatte er?

Keine Antwort auf die Klopfzeichen. Ja, an wen sich halten? Vielleicht an die Stimme in der eigenen Brust, die der einzige Laut war in der ungeheuren Stille.

Aber welche Einsamkeit, in die er sich da begab.

28
Aufzeichnung Kadletz:
Das Gastmahl

Es gibt Ereignisse, habe ich festgestellt, die lassen sich nicht in ruhiger Folge erzählen. Der Grund dafür liegt, glaube ich, in der Intensität, mit der man sie erlebt; diese gestattet es nicht, daß die vollständige Kette des Geschehens sich dem Hirn einprägt; so findet eine Auslese statt: was sich ohne Schaden vergessen läßt, sinkt in Vergessenheit, einzelne Eindrücke aber oder auch kurze Szenen, der Ausbruch eines Konflikts, das Versagen eines Menschen, bleiben um so schärfer gezeichnet in der Erinnerung.

Da ist, bei mir zu Hause an dem späten Nachmittag, das Mädchen Paula; ich sehe ihr Gesicht, ihre Augen, und ich frage mich, wie es kommen konnte, daß die Menschen das Eigenschaftswort »tragisch« so entwertet haben, denn ich empfinde es als zu schwach, um dieses Gesicht und diese Augen ausreichend zu beschreiben, und suche nach einem anderen, geeigneteren; vergebens. Dabei ist sie schön, schöner, als ich sie je sah, ihr Haar ist gewachsen und liegt in natürlichen Löckchen wie ein wohlgeformter Helm um ihren Kopf, ihre Haut leuchtet, und sie trägt ein Unterkleid aus Seidentaft und darüber etwas, das nur aus den feinsten Spitzen besteht, beides in einer Farbe, die Bertha, meine Frau, als Altrosa bezeichnet, dazu seidene Strümpfe und ein paar Schuhe von großer Eleganz, mit Absätzen, die, wie es scheint, die Proportionen ihrer Figur zu ihren Gunsten noch verändert haben, und in einem kleinen Pappkarton liegt eine Orchidee, fertig zum Anstecken. Die ganze Herrlichkeit, hat Bertha mir berichtet, stammt von dem Genossen Reinsiepe, der damit vor etwa einer Stunde hergekommen sei, allerdings ohne von Paula bemerkt worden zu sein, die um die Zeit in einer Art Erschöpfungszustand auf unserm Ehebett im Schlafzimmer gelegen habe; außerdem habe Reinsiepe eine Karte, säuberlich getippt in russischen Lettern, überbracht und habe sie ihr, Bertha, selber übersetzt: danach gestatte sich der Chef der Kommandantura, Major Tsulukidse, sie habe sich den Namen von Reinsiepe zweimal sagen lassen, gestatte sich dieser Major Tsulukidse also, Fräulein Justine Egloffstein, kurz, die Karte ist eine offizielle Einladung für Paula zu dem Festessen am heutigen Abend, welches die Freunde in der ehemaligen Villa Münchmeyer den Mitgliedern des ehemaligen Aktionsausschusses und anderen prominenten Bürgern der Stadt in Anerkennung ihrer Verdienste um die Aufrechterhaltung von Ruhe und Ordnung in Stadt und Landkreis Schwarzenberg zu geben sich beehrten; von ihr, Bertha, befragt, ob von Rechts wegen nicht auch der Genosse Wolfram eingeladen werden müßte, habe Reinsiepe, ohne sich näher festzulegen, erwidert, er hoffe, daß auch Wolfram, sollte ihn eine Einladung erreichen, dieser Folge leisten werde. Worauf er sich kühl, aber höflich verabschiedet habe.

Das Mädchen ist vor den Spiegel getreten; sie betrachtet sich darin, hebt mit graziöser Bewegung der Arme den Rock ein wenig an und tut ein paar tänzelnde Schritte. Bertha und ich schauen ihr zu, ich, muß ich sagen, mit Wohlgefallen, und Bertha erzählt mir, daß sie zunächst ihre Zweifel gehabt hätte, ob Paula in dem Zustand, in dem sie sich befunden habe, das Haus überhaupt verlassen könne, und daß sie befürchtet hätte, man werde es ihr, und damit uns, verübeln, wenn sie eine solche Einladung ausschlüge; dann jedoch sei Paula, Reinsiepe war schon fort, ganz überraschend ins Wohnzimmer gekommen, habe das Kleid, schön ausgebreitet auf dem Sofa, und die anderen Kostbarkeiten erblickt und alles mit größter Selbstverständlichkeit in die Hände genommen, beäugt, betastet und sich angehalten; vielleicht, eine Vermutung Berthas, sei Paula der Meinung gewesen, Kleid, Strümpfe, Schuhe und die Blume wären ein Geschenk an sie von dem fernen Wolfram.

Dann ist da das große Speisezimmer der Münchmeyers, ein Saal fast, im Hintergrund die bunte Weihnachtspyramide, die durch die Decke hindurch bis ins Obergeschoß reicht, mit ihren Engelchen und Bergleuten und Hirtenvolk und der Heiligen Familie, dazu entlang der Wände riesige Ölgemälde, goldgerahmt, in der Mehrzahl Erzgebirgslandschaften, und die schweren Möbel, Kredenz, Porzellanschrank, Musiktruhe und was sonst noch dazugehört, aus solidem dunklen Holz, Reinsiepe spricht von nachgeahmter Renaissance, in der Mitte des Raums der lange Tisch, damastgedeckt, darauf die silbernen Schüsseln, die buntglänzenden Teller, geschliffene Gläser in Grün, Rot, Blau, Gold, und um den Tisch gruppiert, in ungezwungener Folge, der Major Tsulukidse und seine Offiziere, ohne Workutin, die Brust verziert mit Reihen farbiger Bändchen, auch mehrere junge Genossinnen in Armeeuniform, und von Schwarzenberger Seite der Landrat Wesseling mit seiner Gattin in enganliegendem Goldlamé, der Dr. Fehrenbach, der Genosse Bornemann und Helene, seine Schwägerin, sowie bis auf Wolfram die Mitglieder des ehemaligen Aktionsausschusses alle, die meisten von ihnen ein wenig erdrückt von der Pracht, in der sie sich hier befinden, und mit einer Mischung von Scheu und Ehrfurcht die Speisen betrachtend, die von Soldaten aufgetragen werden, und die Getränke: das soll für sie sein, all das Gesottene und Gebratene, die Butter, das frische Brot, die Weine, der Wodka? Und dann dennoch zulangend und all diese Leckerbissen in sich hineinstopfend, daß ihnen das Fett auf dem Kinn glänzt, und lachend und sich verbrüdernd mit den Freunden, die einen wortreichen Toast nach dem anderen ausbringen, sämtlich von Reinsiepe in voller Länge übersetzt, wobei der Major Tsulukidse sich besonders hervortut, indem er, sein Glas erhoben, um den ganzen Tisch herum auf das schöne Fräulein Justine zuschreitet und ihr, hastig atmend von der Anstrengung, einen Kuß mitten auf die Lippen drückt. Paula ist zurückgezuckt und stößt eine Reihe von Lauten aus, die alles Mögliche bedeuten können, Protest, aber auch Belustigung, und die den Major bestürzen, so daß er sich, rückwärts gehend und den Kopf schüttelnd, eilig zurückzieht, während Bertha beschwichtigend auf sie einredet. Der Genosse Reinsiepe, der den Vorfall wie alles, was sich bisher abspielte, mit großer Aufmerksamkeit verfolgt hat, nähert sich Paula, doch bevor ich erraten kann, was er im Sinne hat, erhebt sich auf der anderen Seite des Tisches, die Würde in Person, der Landrat Wesseling und bittet ihn, ein paar Worte, die er zu sagen habe, gütigst für ihn ins Russische zu übertragen.

Ich sehe Wesseling, die Feiertagsweste stramm über dem Bauch, den gesteiften Kragen hineingebohrt in das fleischige Kinn, wie er, die Stimme krächzend vor Eifer, als Haupt der einzigen in Schwarzenberg noch vorhandenen legitimen Behörde, denn der sogenannte Aktionsausschuß sei doch wohl eine Körperschaft nur provisorischer Natur gewesen, den Vertretern der siegreichen sowjetischen Armee sein Willkommen entbietet; sie mögen, sagt er, der loyalen Mitarbeit aller im Gebiet vorhandenen deutschen Dienststellen versichert sein, seiner eigenen in erster Linie. Der Genosse Reinsiepe übersetzt diesen Schwulst, und noch mehr der Art, ohne eine Miene zu verziehen, und der Major Tsulukidse, zurückgekehrt an seinen Platz, nickt beifällig; ich aber spüre, wie Reinsiepes Nähe, er steht noch immer hinter Paula, die Hände auf der Rücklehne ihres Stuhls, auf sie wirkt, obzwar er, wenigstens sieht es so aus, sich gar nicht mit ihr beschäftigt, sondern sich ganz auf des Landrats Rede zu konzentrieren scheint. Es ist, als krümme sie sich innerlich; aber es gibt kein Entrinnen: ich sitze zu ihrer Linken, Bertha rechts von ihr, vor sich hat sie den beladenen Tisch und hinter sich, wie festgenietet, diesen Menschen, der ihr deutlich ein an Hysterie grenzendes Unbehagen erzeugt. In dem Augenblick, bemerke ich, verschiebt sich der Brennpunkt der allgemeinen Aufmerksamkeit, soweit nach dem reichlichen Genuß von Speisen und Getränken von Aufmerksamkeit noch die Rede sein kann, von dem Landrat und dem Major Tsulukidse auf die breite Eingangstür, in deren mit teurem Schnitzwerk umkränztem Rahmen die massige Gestalt des Kapitäns Workutin sich zeigt, und bevor ich sie zurückhalten kann, ist Paula aufgesprungen, hat den Stuhl und, zugleich mit diesem, den Genossen Reinsiepe zurückgestoßen, ist zur Tür gelaufen und wirft sich, schutzsuchend, anders kann man es nicht bezeichnen, Workutin in die Arme.

Nun war dies nicht das erste Mal, daß sie sich, wenn auch nicht so demonstrativ, auf solche Weise aufführte; ganz ähnlich hatte sie dem amerikanischen Sergeanten gegenüber, Whistler hieß er wohl, ihr Zutrauen gezeigt, und auch auf Workutin war sie schon einmal, in jener Nacht in Tellerhäuser, auf dem Bauernhof, in dem der Gauleiter Mutschmann seinen letzten Unterschlupf gesucht hatte, so ohne jeden Argwohn zugegangen. Aber während Workutin sie damals, nachdem er sie, väterlich oder soldatisch, wie man's nimmt, auf beide Wangen geküßt hatte, dem Genossen Wolfram wieder überließ, behält er sie jetzt im Arm, winkt den im Raum versammelten Gästen, deutschen wie sowjetischen, freundschaftlich zu und verschwindet mit ihr, ohne Erklärung oder Entschuldigung.

Auf einmal sehe ich den Dr. Fehrenbach, wie er sich durch die Menge der Gäste hindurch, die inzwischen vom Tische aufgestanden sind, einen Weg zu mir bahnt; endlich bei mir angelangt, erkundigt er sich besorgt, was ich denn von diesem Verhalten des Fräulein Paula dächte; er habe sie nämlich auf Wunsch des Herrn Wolfram einmal untersucht und betrachte sie, Ärzte hätten das an sich, auch weiter als seine Patientin.

Es folgt nun, Sie müssen das bitte verstehen, ein Vakuum in meinem Gedächtnis: ich kann mich nicht erinnern, was ich Dr. Fehrenbach antwortete, ob ich von Wolframs mir immer noch unerklärlicher Abwesenheit sprach und daß Paula, angewiesen auf ihr beschränktes Verständnis von den Vorgängen um sie herum, bei dem sowjetischen Kapitän, dem sie früher schon begegnet war, in ihrer Not Hilfe suchte oder ob ich anderen Vermutungen Ausdruck gab; ich weiß auch nicht mehr, wieviel Zeit verstrich, bis Paula wieder da war, und was während dessen vor sich ging, ob der Major Tsulukidse irgendwelche Fragen an mich richtete oder nicht, möglich ist es, und ob der Genosse Kiessling mit mir über Reinsiepe redete und über die merkwürdige Unsicherheit, die dieser trotz der Gunst, die er sichtlich bei den Freunden genoß, plötzlich an den Tag legte; all das bleibt im Nebel. Das nächste, was ich, jetzt aber in größter Deutlichkeit, vor mir sehe, ist wieder Paula, die jedoch kleiner wirkt als sonst, die Schultern wie unter einer Last, die Hände herabhängend am Leib, das Haar, das heute so attraktiv gewesen, auf sonderbare Art zerstrubbelt und zerzaust und das Kleid in Unordnung, und Bertha, meine Frau sagt: »O Gott!« und will hin zu ihr, wagt es aber nicht, denn da ist diese totale Stille, und in die Stille hinein sagt Paula: »Herr Reinsiepe!«

Bis zum heutigen Tag kann ich, wenn ich an diese Minute denke, die eisige Kälte spüren, die mir den Rücken hinunterlief. Ich drehte mich hastig um: wer noch konnte den Genossen Reinsiepe ange-

sprochen haben; aber der Anruf war eindeutig von der Tür her gekommen, in der Paula stand.

»Herr Reinsiepe«, sagt sie, »bitte bleiben Sie.«

Der Dr. Fehrenbach und ich blicken einander an, und wir lauschen der Stimme nach, die wir beide zum ersten Mal gehört haben
und die hell und mädchenhaft klingt und zugleich doch brüchig und
als hätte sie sich selbst noch nicht ganz gefunden, und dann wenden
sich unsere Blicke Reinsiepe zu, der wohl der einzige ist, der diese
Stimme von früher her kennt, und der dasteht, sehr blaß im Licht
des über ihm hängenden kristallenen Lüsters, und auf seiner Lippe
kaut. Der Teufel weiß, welche Gedanken ihm durch den Kopf gehen, während Paula, Schritt um Schritt, sich ihm nähert; aber dann
hat er sich gefaßt und sagt, unnötig laut und sehr deutlich: »Hab’ ich
doch immer gewußt, daß sie reden kann.«

Paula ist stehengeblieben. Einer der jüngeren sowjetischen Offiziere, ohne eine Ahnung natürlich, was da vor sich gehen mag,
kommt auf sie zu, wahrscheinlich will er sie zum Tisch zurückfüh-
ren, zögert und macht verlegen lächelnd wieder kehrt.

»Mir Vorwürfe zu machen, Justine Egloffstein«, der Mund des
Genossen Reinsiepe hat sich verzogen, »hat keinen Sinn. Es gibt
Momente, das ist so in unserer Zeit, in denen der Mensch Entscheidungen treffen muß, manchmal auch grausame. Ich habe Sie sehr
wohl gesehen, wie Sie da lagen, festgeklemmt unter dem stählernen
Balken, und um uns herum die Flammen, und über uns immer noch
die Bomber, und habe Ihren Hilferuf gehört.«

Ich glaube nicht, daß noch einer außer mir und, wie sich herausstellen sollte, Reinsiepe, bemerkt hat, daß Workutin zurückgekom-
men war; selbst die sowjetischen Gastgeber, die doch nur wenig von
dem verstehen konnten, was da geschah, starrten wie gebannt auf
Paula.

»Aber, meine Pflicht war, am Leben zu bleiben«, sagt Reinsiepe.
»Ich hatte einen Auftrag. Einen Auftrag, ich gestatte mir, das zu erwähnen, der zu tun hatte mit diesem Schwarzenberg und mit dem,
was hier unter der Erde liegt und was bewahrt werden mußte vor
dem Zugriff Unberufener, weil es Urkräfte enthält, die die Zukunft
der Menschheit bestimmen werden so oder so.«

Er mag es mit etwas anderen Worten gesagt haben, aber inhaltlich, versichere ich Ihnen, stimmt es, und auch der Ton stimmt, dieser belehrende, mit einem Quentchen Empörung gemischte, denn wie konnte man von ihm fordern, ein Mädchen unter irgendwelchem glühenden Schutt hervorzuziehen, wenn es seinen Auftrag galt, seinen politischen.

Und ich sehe, wie Paulas Gesicht sich verändert, noch schmaler wird vor Widerwillen, und höre ihre Stimme, die schon wieder fast zu versagen droht: »Und wo, Herr Reinsiepe, ist Max Wolfram?«

Die Frage, das zeigt sein Blick, hat er gerade jetzt nicht erwartet; er ist sich wohl auch nicht sicher, ob er und wie er sie beantworten darf, und wendet sich Workutin zu, der, rosigen Gesichts und frisch gekämmt, nur wenige Meter entfernt hinter Paula steht, und sagt, auf russisch, aber die Bedeutung ergibt sich aus seiner Geste: »Vielleicht beantworten Sie das, Towarischtsch Kapitän.«

Paula dreht sich um und erschrickt, als sie Workutin sich so nahe sieht; aber sie erträgt sein Lächeln und zeigt keinerlei Reaktion, nur eine kurze Handbewegung fällt mir auf, während Workutin, stokkend wie immer, wenn er seine Worte suchen muß, erwidert: »Es ist Grund vorhanden für die Annahme – daß der Genosse Wolfram – mit der Sowjetmacht – feindlich gesinnten Kräften – in Verbindung gestanden hat –«

Was er weiter sagte, ist mir entgangen. Ich sehe mich plötzlich an Paulas Seite und wie ich ihr Handgelenk packe und zudrücke mit aller Kraft. Sie muß wohl aufgeschrien haben, denn ich sehe das Gewirr, das im Raum entstanden ist, und die Leute, die auf uns zustürzen, und den Dr. Fehrenbach, der ihr die Schläfen massiert.

Die Kapsel habe nur ich gesehen, ein winziger weißlicher Gegenstand auf dem goldgelben Parkett des Herrn Münchmeyer. Mit diesem Stiefel hier, diesem Absatz habe ich sie zertreten.

Nachspiel

Es ist Zeit ins Land gegangen, aus Kindern sind junge Männer und Frauen geworden, die Fragen stellen, auch an den Professor Max Wolfram an der Universität Leipzig, der im Zusammenhang mit seiner Vorlesungsreihe »Soziale Strukturen in utopischen Gesellschaften« an diesem Nachmittag ein Seminar für fortgeschrittene Studenten abhält. Die Vorlesungsreihe, der Professor weiß das selber am besten, benutzt zwar gewisse Gedankengänge aus der ähnlich betitelten Dissertation, die er in den dreißiger Jahren unter der wenig wohlwollenden Oberaufsicht des späteren SS-Standartenführers und sächsischen Ministerialdirektors Dr. Benedikt Rosswein schrieb, unterscheidet sich aber ganz beträchtlich von dieser durch die Verarbeitung von Erkenntnissen wissenschaftlicher und anderer Art, die er in den dazwischenliegenden Jahren gewinnen konnte; außerdem ist das persönliche Engagement nicht mehr das, was es war: das Leben hat ihm beigebracht, Distanz zu wahren. Trotzdem genießt er bei den Studenten, schon seiner undogmatischen Redeweise wegen, den Ruf eines unabhängigen Denkers, und seine Vorträge und Seminare sind stark besucht, was wiederum, besonders in Ansehung seiner Kaderakte, von seiten des zuständigen Prorektors nur ungern gesehen wird.

Auf die Frage einer Studentin, worin der Professor den Kern der Gemeinsamkeiten sähe, die sich bei aller Verschiedenartigkeit ihrer Zukunftsentwürfe bei so vielen der Utopisten fänden, erwidert er nach kurzer Überlegung: »Ich sehe diesen Kern in der Kindhaftigkeit dieser Leute, die etwas Liebenswertes hat und die selbst bei den Bösartigsten und Diktaturfreudigsten von ihnen, Plato etwa, noch festzustellen ist. Sie sind verspielt, sie konstruieren Modelle, die trotz all ihrer inneren Logik zuviel Phantastisches enthalten, um irgendwann Realität werden zu können, sie wissen im Grunde, daß niemand sie je zur Verantwortung ziehen kann, weil ihnen nie einer

269

Verantwortung übertragen wird; sogar Robert Owen, der in New Lanark und in seinen amerikanischen Kolonien versuchte, sein Modell in die Wirklichkeit umzusetzen, blieb beim Spiel, denn die Umwelt, in der er seine Experimente vornahm, entzog sich seiner Kontrolle, mit den bekannten Folgen.«

»Und Morus?« sagt ein Student. »Thomas Morus, Kanzler von England? Ihm war doch gewiß Macht gegeben.«

»Ich glaube, ich habe das in einer meiner Vorlesungen erwähnt«, sagt Wolfram. »Als Morus, Jahre nach der Veröffentlichung seines ›Utopia‹, zu Macht und Verantwortung gelangte, war er weise genug, die jugendlichen Phantasien seines Buches Phantasien sein zu lassen.«

»Und wurde dennoch hingerichtet, Herr Professor.«

»Sicher; aber nicht wegen seiner utopischen Konstruktionen oder irgendwelcher Unternehmen zu ihrer Verwirklichung, sondern weil er Prinzip über Notwendigkeit stellte. Das ist bekanntlich auch heute noch ungesund.«

»Dafür wurde er heiliggesprochen«, opponiert der Junge.

Wolfram bleibt freundlich. »Hätten Sie wirklich Lust, sich den Kopf abschlagen zu lassen in der Hoffnung, daß man es vierhundert Jahre später honorieren wird?« Er stockt. In Dresden, hatte der Dr. Rosswein gesagt, wurde gehängt. Dann faßt er sich wieder: »Also üben Sie lieber Zurückhaltung, junger Freund.«

»Und das raten *Sie* uns, Herr Professor?«

Wolfram wendet sich dem neuen Quälgeist zu. Der sitzt am unteren Ende des langen Tisches, ihm direkt gegenüber, und ist ihm schon öfters aufgefallen, auch seines Namens wegen, der ihm vertraut klingt. »Herr Kiessling«, sagt er, »freuen Sie sich, daß Sie in einem Land studieren, das auf Märtyrer verzichten kann.«

»Aber Lenin, Herr Professor«, meldet sich eine zweite Studentin mit lebhaft erhobener Hand, »was hatte Lenin denn anderes als eine unerprobte Theorie, als er auf dem Finnischen Bahnhof in Petrograd eintraf?«

»Wie recht Sie haben!« Wolfram ist froh, daß die kleine Eifrige, sie ist immer dabei, wenn es etwas zu debattieren gibt, ihm gerade mit dieser Frage gekommen ist; Kiesslings kurzer Zwischenruf hat ihn in eine mißliche Lage gebracht, und überhaupt läßt sich heute, vielleicht weil es das letzte Seminar vor Semesterschluß ist, etwas wie Aufmüpfigkeit spüren, eine Haltung, die ihm gegenüber, einem der Tolerantesten in der Professorenschaft, am wenigsten angebracht ist. »Unerprobt, allerdings. Nur vergessen Sie bitte nicht, daß, wie bei Engels nachlesbar, der Sozialismus zu der Zeit längst aus einer Utopie zu einer Wissenschaft geworden war, imstande, in der Auseinandersetzung mit realen Verhältnissen reale Veränderungen zu schaffen.«

»Den real existierenden Sozialismus!« sagt die zweite Studentin triumphierend.

»Und aus ist der Traum.«

»Herr Kiessling!« weist Wolfram ihn zurecht.

»Bitte, Herr Professor?«

»Ich könnte Ihnen jetzt einen Vortrag halten, Herr Kiessling, über die Einflüsse und Auswirkungen utopischer Gedanken auf den mit wohl bedachter Absicht so genannten real existierenden Sozialismus, aber erstens, wenn Sie sich erinnern wollen, habe ich diesen Aspekt im Lauf des Semesters bereits behandelt, und zweitens werden wir in ein paar Minuten dieses Zimmer für eine andere Gruppe Ihrer Kommilitonen räumen müssen. Und schließlich ist die Essenz dessen, was ich Ihnen zu sagen hätte, in den Ihnen sicher bekannten Feuerbach-Thesen so prägnant formuliert, daß ich mir erlauben kann zu zitieren: In der Praxis muß der Mensch die Wahrheit, das heißt die Wirklichkeit und Macht, die Diesseitigkeit seines Denkens beweisen.«

»Wie aber, wenn die Praxis nicht stattfinden durfte?«

»Dann ist gerade die Unterdrückung dieser Praxis die eigentliche Praxis. Und somit die entscheidende Kritik an den Theorien, um die es in dem Falle ging.«

»Und damit sollen wir uns abfinden?« sagt Kiessling. »Wir hatten es doch beinahe geschafft damals, bei uns in Schwarzenberg.«

»Woher wollen Sie das wissen!«

»Mein Vater, Herr Professor, ist der Fritz Kiessling, der mit Ihnen zusammen dort im Aktionsausschuß war. Mein Vater sagt, Schwarzenberg war eine große Hoffnung.«

»Schwarzenberg war eine große Illusion«, Wolfram streicht sich über das in den letzten Jahren schlohweiß gewordene Haar an den Schläfen, »ein Traum.«

Der junge Kiessling zögert: was er ihm antworten möchte, wird den Mann am anderen Ende des Tisches treffen und auch seiner eigenen Laufbahn nicht förderlich sein. Aber dann sagt er es dennoch.

»Es verlangt ja keiner, Herr Professor«, sagt er, »daß Sie irgendeine Fahne schwingen sollen, nach Ihren Erfahrungen im Zuchthaus, in der Todeszelle, und der langen Zeit drüben bei den Freunden. Aber lassen Sie uns doch den Traum. Und die Fahne.«

»Sie sind ein Utopist, junger Mann!« Wolfram blickt auf seine Uhr und steht auf. »Tut mir leid«, sagt er dann, plötzlich lächelnd, »wenn wir jetzt nicht Schluß machen, werden wir Unannehmlichkeiten haben.«